LA *SUPERFICIES* EN DERECHO ROMANO

ANA ZAERA GARCÍA

LA *SUPERFICIES* EN DERECHO ROMANO

Dykinson, S.L.

Colección "Monografías de Derecho Romano y Cultura Clásica"
Dirección del Prof. Dr. D. Antonio Fernández de Buján

Este libro ha sido sometido a evaluación por parte de nuestro Consejo Editorial
Para mayor información, véase *www.dykinson.com/quienes_somos*

Editorial DYKINSON, S.L.
Meléndez Valdés, 61 - 28015 Madrid
Teléfono (+34) 915442846 - (+34) 915442869
e-mail: info@dykinson.com
http://www.dykinson.es
http://www.dykinson.com

ISBN: 978-84-9148-291-8
Depósito Legal: M-20580-2017

Preimpresión:
Besing Servicios Gráficos, S.L.
besingsg@gmail.com

A mis padres, in memoriam.

A Jero y Ángela.

ÍNDICE

TABULA GRATULATORIA

Quiero manifestar mi más sincero reconocimiento y gratitud a mi Maestra, la Profesora Drª. D.ª Amelia Castresana, en quien siempre he encontrado un modelo de seriedad y rigor científico. El presente trabajo, cuyo tema me sugirió en su día, no hubiese sido posible sin su magisterio, su atención y sus muchos consejos.

Así mismo, mi agradecimiento para el Profesor Dr. D. Antonio Fernández de Buján, director de la Colección Monografías de Derecho Romano y Cultura Clásica de la editorial Dykinson, por publicar en ella este trabajo.

ABREVIATURAS

ACC	Atti dell'accademia romanistica costantiniana.
AFDUC	Anuario de Facultade de Dereito da Universidade da Coruña
AG	Archivio giuridico <Filippo Serafini>.
ANRW	Aufstieg und Niedergang der römischen Welt.
AUPA	Annali del Dipartamento di Storia del Diritto Università di Palermo.
AHDE	Anuario de Historia del Derecho Español.
Athenaeum	Athenaeum, Studi periodici di letteratura e storia dell'antichità.
BIDR	Bullettino dell' Istituto di Diritto Romano <V. Scialoja>.
Bull.Comm.Arch.	Bullettino della Commissione Archeologica del governo di Roma e Bullettino del museo dell'Impero romano.
CIL	Corpus Inscriptionum Latinarum.
ED	Enciclopedia del Diritto.
Index	Quaderni camerti di studi romanistici. International survey of Roman Law.
Iura	Rivista internazionale di Diritto romano e antico.
Labeo	Rassegna di Diritto Romano.
MEFRA	Mélanges de l'école française de Rome.
NDI	Nuovo Digesto Italiano.
NNDI	Novissimo Digesto Italiano.
RHD	Nouvelle Revue Historique de Droit français e étranger.
RGDR	Revista General de Derecho Romano.
Rend. Acc. Lincei	Rendiconti dell' Accademia dei Lincei.
RIDA	Revue Internationale des Droits de l'Antiquité.
RISG	Rivista Italiana per le scienze giuridiche.
Riv.Dir.Proc.Civ.	Rivista di diritto processuale civile.

SDHI Studia et Documenta Historiae et Iuris.
Studi Urbinati Studi Urbinati. Rivista per la Scienze Giuridiche.
ZSS Zeitschrift der Savigny-Stiftung für Rechtsgeschichte. Romanistische Abteilung.

CAPÍTULO I
ANTECEDENTES DE LA *SUPERFICIES*.

El origen del instituto de la *superficies* lo encontramos en las primeras concesiones a los particulares de *loca publica* dentro de la ciudad. Estas concesiones parece que se llevaron a cabo desde la etapa monárquica[1], si bien no tenemos constancia de ellas hasta la promulgación de la *Lex Icila de Aventino publicando* en el año 456 a. de C.

Antes de proceder al estudio de la *Lex Icila de Aventino publicando* es necesario ver los motivos que dan lugar a la promulgación de esta ley.

El segundo decenio de vida de la República es uno de los períodos de la historia de Roma en los que la crisis es más acusada. La plebe es protagonista de fuertes agitaciones por diversos motivos: pretende que sea abolida la esclavitud por deudas, el hambre azota a sus estratos más bajos y se solicita el acceso al *ager publicus* que, hasta ese momento, únicamente está en manos de los patricios.

Las circunstancias económicas, sociales y políticas en las que la ciudad se ve envuelta, configuran un panorama de difícil solución, pero que determina el posterior desarrollo que sufre Roma. No podemos obviar las estrechas conexiones entre las circunstancias económicas y las demandas sociales de un pueblo con su producción jurídica: muchos institutos de Derecho romano encuentran su justificación en la atención de aquellas demandas sociales[2].

---

[1] Todo parece indicar que ya en la época de Anco Marcio se cedieron terrenos a los plebeyos, aunque no fuese de forma oficial. Liv. 1.33.1-2.

[2] Vid., en este sentido las contundentes y acertadas palabras de DE MARTINO, F., *Storia della costituzione romana* I, Napoli, 1972, pp. 219-220: "Chi non

Con esta situación, sostiene Capanelli[3], la ciudad sólo podía garantizar su supervivencia a través de la búsqueda en el exterior de aliados seguros y del encuentro de una vía de salida para los conflictos internos. Para ello se requiere de un personaje dotado de autoridad y prestigio suficiente para intentar conciliar los intereses de los etruscos y de la plebe con aquellos de la clase dirigente. En ese momento sólo reunía tales requisitos *Spurio Cassio*[4], un hombre de gran prestigio[5].

La primera medida se toma en el año 486 a. de C., siendo cónsules *Spurio Cassio* y *Proculo Virginio*, Roma firma un tratado con los *Erneci*, por el cual este pueblo cede dos partes de su terreno a Roma. Cassio propone que estos terrenos sean asignados a los latinos y a la plebe[6]. Se trata, por un lado, de la primera propuesta de una ley agraria y, por otro, es la primera vez que tenemos conocimiento de

---

intende queste profonde ragione della politica romana, dipendenti dalla struttura economica e sociale, non potrà intendere nemmeno i problemi particolari della costituzione, del diritto pubblico e privato nell'età arcaica della Republica. Costui sarà indotto a ricercare in affinità etniche o culturali, in astratte derivazioni filologiche l'origine degli istituti e smarrirà l'unica strada, che permitte di raggiungere la verità. La storia del diritto è nient'altro che la storia dell'economia e della società nelle loro nanifestazioni giuridiche ed è assurdo tentare diricostruire gli istituti giuridici, senza avere approfondito la conoscenza della struttura sostanziale, cioè dei bisogni della società, della sua divisione in classi, dell'ordenamento economico; ciò vale per il mondo antico e sovrattutto per la fase più remota della sua storia non meno che per il mondo moderno. In esso le lotte per la sicurezza e gli urti fra le classi sono particolarmente aspri e della loro drammatica descrizione è intessuta la storiografia classica, che invano la critica moderna ha tentato di screditare".

3 CAPANELLI, D., "Appunti sulla rogatio di Spurio Cassio", *Legge e Società nella repubblica romana*, a cura di Feliciano Serrao I, Napoli,1981, pp. 24 ss.

4 I'PPOLITO, F., "La legge agraria di Spurio Cassio", Labeo 21, 1975, p. 200, afirma que "Spurio Cassio es un nombre plebeyo".

5 Cic. *rep.*, 2.35.60.

6 Vid. MOMMSEN, T., *Historia de Roma I*, trad. de A. García Moreno, Madrid, 1985; ROTONDI, G., *Leges publicae populi romani*, Hildesheim, 1966; GABBA, E., "Studi su Dionigi D'Alicarnasso III, La proposta de legge agraria di Sp. Cassio", Athenaeum 52, 1964, pp. 29 ss; Id., "La storia di Roma arcaica di Dionigi di Alicarnasso", ANRW II, 1982, pp. 800 ss; SERRAO, F., "Lotte por la terra e per la casa a Roma", *Legge e società nella repubblica romana*, cit, pp 52 ss; Id,. *Classi, partiti e legge nella repubblica romana*, Pisa, 1974, p. 55; HERMON, E., "La souverainetè populaire: la loi et l'ager publicus au dèbut de la République", IVRA 51, 2000, pp. 55 ss.

que las demandas que la plebe venía haciendo desde bastante tiempo antes fuesen atendidas. Hasta ese momento eran los patricios los únicos detentadores del *ager publicus*, lo que les confería un poder económico y político bastante considerable frente a aquellos a los que no les estaba permitido acceder a esta importante fuente de riqueza. De ahí que en este tiempo de luchas y tensiones entre los dos ordenes sociales, la plebe fije entre sus principales reivindicaciones el acceso a este tipo de terrenos[7].

No debemos olvidar que la plebe presentaba dentro de su misma estructura diferentes estratos sociales y económicos. Así, nos encontramos con grupos dominantes con gran poder económico frente a una masa importante de gente mucho más desfavorecida tanto social como económicamente, que forman el séquito de aquellos que pretenden mejoras políticas, económicas y jurídicas. Probablemente la facción más pudiente de los plebeyos no mantenía demasiada distancia respecto de la situación económica de los patricios; todo indica que de *facto* tenían acceso al terreno público igual que los patricios, aunque formalmente no les estuviese reconocida la *possessio* de ese *ager publicus*[8].

La propuesta de la ley agraria de *Cassio* la conocemos a través de los relatos de Dionisio de Halicarnaso[9] y Livio[10], relatos que no

---

[7] CAPOGROSSI COLOGNESI, L., "*Ager publicus*" e "*Ager privatus*" dall'età arcaica al compromesso patrizio-plebeo", *Estudios en homenaje al profesor Juan Iglesias*, Madrid, 1988, p. 639.

[8] MUSTI, D., "Lotte sociali e storia delle magistrature", en *Storia di Roma I. Roma in Italia*, Torino, 1988, p. 378.

[9] Dion. Hal., *ant. Rom.* 8.68-80.

[10] Liv. 2.41.1-7: *"Sp. Cassio deinde et Proculus Verginius consules facti. Cum Hernicis foedus ictum, agri parte duae ademptae. Inde dimidium Latinis, dimidium plebi divisurus consul Cassius erat. 2. adiciebat huic muneri agri aliquantum quem publicum possideri a privatis criminabatur. Id multos quidem patrum, ipsos possessores, periculo rerum suarum terrebat. Sed et publica patribus sollicitudo inerat, largitione consulem periculosas libertati opes struere. 3. tum primum lex agraria promulgata est. Numquam deinde usque ad hanc memoriam sine maximis motibus rerum agitata. 4. consul alter largitioni resistebat auctoribus patribus nec omni plebe adversante, quae primo coeperat fastidire. 5. munud vulgatum a civibus esse in socios. saepe deinde et Verginium consulem in contionibus velut vaticinantem audiebat pestilens collegae munus esse; agros illos servitutem iis. 6. qui acceperint laturos; regno uiam fieri. quid ita enim adsumi socios et nomen*

coinciden al describir el contenido y el destino de la propuesta. Livio narra que, después de la contienda militar con los hérnicos, Roma firma un tratado con éstos por el que se anexionan dos tercios de sus tierras[11]. El cónsul Casio pretendió dividirlo por mitad, dando una parte a los latinos y otra a la plebe, pero además pensó añadir a esta donación unas tierras, que si bien pertenecían al *populus Romanus*, eran poseídas por los particulares. Se promulga de esta manera la primera ley agraria, cuestión que preocupó a los patricios, no sólo por la amenaza que esta medida suponía para su riqueza personal, sino también porque se creaba un antecedente peligroso para su hegemonía. El otro cónsul, Virgilio, se oponía a esta prodigalidad, contando con el apoyo de los patricios y sin que se le pusiera en contra la totalidad de la plebe, la cual, dice Livio, ya desde un principio había empezado a menospreciar un regalo que se "había degradado al hacerse extensible de los ciudadanos a los aliados".

Narra Dionisio que siendo cónsules en el año 486 a. de C. *Sp. Cassio* y *Verginio* llevaron a la guerra a las tropas romanas y a las aliadas contra ecuos, volscos y hérnicos. Aunque más que una guerra fue un paseo triunfal sobre los territorios enemigos, que fueron arrasados. Así, desde un principio estos pueblos pidieron la paz. Casio les impuso condiciones muy duras, pero el Senado finalmente, de acuerdo al *foedus Cassianum*, le concedió la posibilidad de concertar un tratado con los vencidos[12]. Casio, a tenor de las palabras del historiador griego, pretendía ganar el apoyo de latinos y hérnicos, por ello, propone al Senado la distribución del *ager publicus*, ilegalmente poseído por los patricios, entre los latinos, los hérnicos y la plebe, puesto que la misma había sido útil a la ciudad en muchas ocasiones, ayudando, unas veces, al mantenimiento de la libertad y,

Latinum, quid attinuisset Hernicis, paulo ante hostibus, capti agri partem tertiam reddi, nisi ut. 7. hae gentes pro Coriolano duce Cassium habeant? popuaris iam esse dissuasor et intercessor legis agrariae coeperat. uterque deinde consul, ut certatim, plebi indulgere. Verginius dicere passurum se adsignari agros, dum ne cui nisi civi Romano adsignentur: Cassius, quia in agraria largitione ambitiosus in socios eoque ciuibus uilior erat, ut alio munere sibi reconciliaret ciuium animos, iubere pro Siculo frumento".

[11] Vid. D'IPPOLITO, F., "La legge agraria di Spurio Casio", cit., p. 198.

[12] Dion Hal, *ant. Rom.*, 8.68.2-4.

otras, a dominar a otros pueblos[13]. A dicha *rogatio* se oponen los más ancianos senadores, entre ellos Apio Claudio y especialmente su colega *Virginio*. En el Senado, y para calmar las tensiones producidas, el tribuno de la plebe C. *Rabuleio* propone que se tenga en consideración únicamente la parte de la *rogatio* en la que se asigna *ager publicus* a la plebe, eliminando de tal asignación a latinos y hérnicos.

Los dos autores –pese a su diferente versión de los hechos– nos confirman la novedad histórica de la propuesta de Casio: la asignación a la plebe de *ager publicus* por primera vez en la historia de Roma. Se trataría de una ley agraria, puesto que lo que se pretende asignar son terrenos cultivables. Aunque no debemos dejar de reseñar que ya en este período los plebeyos detentaban tierras cultivables. Así se deduce del texto de Livio[14] cuando narra los acontecimientos de la avanzada de los Volscos sobre Roma: Coriolano establece el campamento a unas cinco millas de la *civitas*, saqueando desde allí las tierras de Roma; pero envió entre los saqueadores a unos vigilantes encargados de impedir que se tocasen las tierras de los patricios, bien porque el blanco principal de sus iras era la plebe, bien para provocar con ello el enfrentamiento entre los patricios y los plebeyos[15]. El relato de Livio evidencia que los plebeyos solicitan el acceso a los terrenos públicos para los de su clase, aunque algunos

---

13 Vid. CAPANELLI, D., "Appunti sulla rogatio agraria di Spurio Cassio", *Legge e società nella repubblica romana I*, cit., pp. 26 ss; SERRAO, F., "Lotte per la terra e per la casa a Roma", *Legge e società nella repubblica romana I*, cit., pp. 51ss.

14 Liv. 2.39.5: *Postremum ad urbem a Pedo ducit, eta adfossas Cluilias quinque ab urbe milia passuum castris positis, populatur inde agrum Romanum, custodibus inter populatores mussis qui patriciorum agros intactos seruanrent.*

15 I'PPOLITO, F., "La legge agraria di Spurio Cassio", cit., pp. 204 ss: "En el comentario Livio observa que probablemente Coriolano había llegado a esto por el deseo de crear discordia entre los romanos, o también por su extremo odio en las relaciones de la plebe. En todo caso la noticia prueba que parte de la plebe tenía tierra cultivada, diferente de aquella de los patricios. Esta noticia permite además afirmar que Coriolano intentaba golpear la clase plebeya en su estructura económica... Es razonable presumir que la acción de Coriolano, lejos de ser dirigida genéricamente contra la clase plebeya, afectaba a aquella parte de la plebe que ya en aquel tiempo se ponía como fuerza económica y clase dirigente, a través de una estrecha política de alianzas con los patricios. Y es justo la *gens* Cassia la que nosotros debemos retener como protagonista de tal historia."

de ellos habían tenido acceso a tierras en Roma. Además, tampoco de las palabras de Livio se puede sospechar que fuese algo extraño o inusual, todo lo contrario.

En realidad, los dos cónsules no difieren en cuanto a la asignación de tierras a los plebeyos, pero mientras uno pretende el reparto entre la plebe y los pueblos aliados, el otro opta porque la provisión se haga únicamente a favor de los ciudadanos romanos. Este diferente criterio de reparto entre los dos cónsules fuerza la búsqueda de apoyos en aquel sector de la plebe que vota en los comicios.

Como las disputas no tenían fin los *patres* intentan adoptar una solución que mediase entre ambas propuestas. Deciden tomar la medida defendida por Apio Claudio: la formación de una comisión de diez senadores con el objeto de que éstos determinen las ocupaciones de *ager publicus* que han sido realizadas de forma fraudulenta, procediendo a su restitución. El terreno recuperado debería ser en parte vendido y en parte arrendado por cinco años. De esta manera se contribuía a los gastos ocasionados por la guerra. Además, *Appio* añade que la plebe tenía derecho a un tratamiento más justo, frente a la posición arrogante de los patricios.

Finalmente se redactó la propuesta del Senado en la cual se establecía que debía elegirse a los diez excónsules más ancianos para que procedieran a delimitar el territorio público y señalaran cuánto debía ser alquilado y cuánto repartido entre la plebe. Este decreto, presentado al pueblo, no sólo puso fin a la demagogia de Casio, también impidió que fuese más lejos la revuelta de los plebeyos que estaba encendiéndose de nuevo[16].

Con el objeto de poner fin a las agitaciones sociales que se venían produciendo, en el año 486 a. de C. fue presentada a la asamblea popular una *rogatio* agraria[17], para que el comicio ratificase la decisión que previamente habían adoptado los *patres*, que determinaba la distribución de tierras públicas a los plebeyos[18].

---

[16] Dion. Hal, *ant. Rom.* 8.76.1-2.

[17] Dion. Hal, *ant. Rom.* 8.69.3 y 4.40.2.

[18] Vid. CAPANELLI, D, "Appunti sulla rogatio agraria di Spurio Cassio", Legge *e società nella repubblica romana I*, cit., pp. 37 ss., sostiene que no era necesario en ese momento que una decisión tomada por el Senado fuese ratificada

Tampoco coincide la versión de los dos historiadores sobre la forma jurídica que adoptó esta medida. Livio dice que fue una *promulgatio*, mientras que para Dionisio se trató de un senadoconsulto, posteriormente sometido a la aprobación de los comicios centuriados[19]. Aunque consideramos que estas diferencias son importantes[20], para nosotros el hecho de que los dos hablen de asignaciones de terrenos públicos a la plebe debe primar sobre esas discrepancias formales, puesto que se trata de la primera vez que la plebe de manera legal accede al *ager publicus* romano.

La propuesta de Cassio[21] va más allá que las anteriores, ya que no sólo pretende asignar terrenos a los plebeyos, sino que esas asig-

---

por la asamblea popular, pues tenía total validez sin la aprobación por parte de la asamblea popular.

[19] Dion. Hal, *ant. Rom.* 8.76.

[20] Sobre las discrepancias a la hora de determinar la forma jurídica que adoptó la propuesta de Casio vid. por todos: CAPANELLI, D, "Appunti sulla rogatio agraria di Spurio Cassio", *Legge e società nella repubblica romana I*, cit., pp. 37 ss: "Sostanzialmente nel 486 a. de C. si sarebbe avuta la presentazione all'asamblea popolare di una *rogatio* agraria; questa non sarebbe giunta a votazione, ma un decreto senatorio ne avrebbe recepito in parte i contenuti, stabilendo una distribuzione di terre publiche a favore della plebe...Non v'era infatti stretta necessità, in quell'epoca, che il provvedimento senatorio fosse approvato dal popolo. Ci troveremmo di fronte ad una misura dello stesso tipo di numerose altre adottate in quell'epoca sia dal Senato, che dai consoli, per fronteggiare gravi circostanze. Tali provvedimiento avrebbero tratto validità dall'autorità donde provenivano, senza ratifiche di sorta da parte popolare."; D'IPPOLITO, F.,"La legge agraria de Spurio Cassio", cit., p. 199, afirma que de acuerdo a las palabras de Dionisio de Halicarnaso, 8.72, la ley no fue votada, pues Cassio se negaba a retirar la parte de su propuesta que afectaba a latinos y hérnicos y desde el día en que Rabuyelo propuso que se sometiese a votación aquella parte de la rogatio en la que ambos cónsules estaban de acuerdo, no volvió a bajar al Foro; DE MARTINO, F., *Historia económica de la Roma antigua* I, trad. al español de E. Benítez, Barcelona,1985, p. 29, para quien no se sabe nada concreto sobre la suerte de la rogatio de Casio. Dionisio nos habla de un senadoconsulto que posteriormente fue sometido a la aprobación del pueblo. Livio no habla de tal medida, pero da diversas noticias en años siguientes que permiten pensar que proseguía la lucha para obtener la aplicación de la ley de Casio.

[21] A propósito de la *rogatio* de Sp. Cassio no hay unánimad en la doctrina a la hora de admitir la veracidad, no sólo de los relatos literarios de Livio y Dionisio de Halicarnaso, a través de los cuales conocemos los hechos, sino que hay quien niega que la propuesta de una ley agraria como la que analizamos se llevase a cabo en ese

naciones se hiciesen en propiedad. Esta forma de asignación no era la que en Roma se venía practicando, todo lo contrario, los patricios detentaban el *ager publicus* en calidad de poseedores, pero nunca como *domini*. Se ha operado un cambio importante en el régimen de asignación, ahora el *populus romanus* ya no cede la posesión de esos terrenos de los que es propietario, sino el *dominium*. Por ello, la propuesta de *Cassio* no sólo es absolutamente novedosa por permitir por primera vez a los plebeyos el acceso a los terrenos públicos, sino también porque pretende que accedan en calidad de propietarios. Ello trae consigo un cambio en las condiciones de detentación de estas tierras, por lo que el régimen jurídico de las mismas pasa a *ager divisus et ager adsignatus*[22].

Se puede, por tanto, pensar que la plebe demanda la asignación en propiedad contrariamente a la orientación patricia de conservar la máxima cantidad de terreno en la forma de *ager publicus*, y dejar-

momento histórico. Así, PAIS, E.,*Storia critica di Roma durante i primi cinque secoli I*, Roma, 1918, p. 437; MOMIGLIANO, A., *Quarto contributo alla storia degli studi classici*, Roma, 1969, p. 437; DE SANCTIS, G., *Storia dei romani II*, Firenze, 1964, p. 9 CAPOGROSSI COLOGNESI, L., "Ager publicus" e "Ager privatus" dall'età arcaica al compromesso patricio-plebeio", cit., p. 642, para quien ninguna de las hipótesis legislativas adelantadas parecen destinadas a convertirse en operantes en el curso del siglo quinto, por lo que se deberá concluir que el régimen vigente en este periodo debía consistir en la mera apropiación de estas tierras para los patricios sin ningún vinculo, salvo quizá la posibilidad efectiva de cultivar o la *spes colendi*. Por el contrario admiten la veracidad de los hechos: MOMMSEN, T., *Historia de Roma*, cit., p 347, para quien a pesar de la falta de datos el relato puede ser admitido; CAPANELLI, D, "Appunti sulla rogatio agraria di Spurio Cassio", *Legge e società nella repubblica romana I*, cit., pp. 3 ss.

22 CAPOGROSSI COLOGNESI, L., "Ager publicus" e "Ager privatus" dall'etá arcaica al compromesso patricio-plebeo", cit., p. 641: la dificultad de lectura de la larga lucha en torno a la tierra en el siglo V a. de C. ha sido agravada por la tendencia constante en la moderna historiografía, de Niebuhr y Savigny, de interpretar la misma mención del *ager publicus* contenida en las fuentes en términos de continuidad. De tal manera que el valor atribuido a la figura del *ager publicus* en la etapa monárquica y en la primera etapa republicana queda como aquel elaborado en la práctica y en la ciencia jurídica para el final de la República... Por ello, esta versión adolece de debilidad cuando afronta los problemas del siglo V a. de C. fundada sobre la idea de una realidad del *ager publicus* no modificada desde la etapa monárquica hasta el final de la República.

lo para disfrute de los particulares, puesto que la plebe acusa a los *patres* de dejar el terreno en propiedad del *populus* con el objeto de disfrutarlo únicamente ellos, sus clientes y amigos, ya que las condiciones de la concesión las fijaba el Senado. A este respecto manifiesta Oliviero[23]: "que los plebeyos más que luchar por la abolición de una prohibición normativa, parecen interesados en la instauración de una situación más favorable a su clase social, es decir, la *divisio et adsignatio* en propiedad de la tierra pública".

A la hora de analizar la propuesta de *Cassio*, debemos tener en cuenta el relato de Livio:

> 4.48.2-3: *Ei cum rogationem promulgassent ut ager ex hostibus captus uiritum diuideretur, magnaeque partis nobilium eo plebiscito publicarentur fortunae- nec enim ferme quicquam agri, ut in urbe alino solo posita, non armis partum erat, nec quod uenisset adsignatumue publice esset praeterquam plebs habebat.*

A juicio de Capogrossi "cuando las tierras se asignaban a los patricios era necesario hacer la *publicatio* de los bienes de los patricios, ya que toda la tierra conquistada por Roma pasaba a ser *ager publicus* (por tanto en posesión de los patricios), mientras *quod venisset adsignatumve* se convertía en propiedad de los plebeyos"[24].

A pesar de que la asignación en propiedad pudiese encajar mejor en la estructura de la plebe, no debemos olvidar en este punto que la admisión de la propiedad privada en este periodo histórico no es unánime[25], creemos que dicha concesión no era en propiedad, sino de posesión, como era habitual en Roma entre los que hasta ese momento venían detentando el uso de la tierra común. Además, la propuesta de Sp. Casio pretendía equiparar a los dos ordenes sociales, cosa que no ocurriría si se dan en propiedad terrenos a la plebe.

---

[23] OLIVIERO, G. M., "La Lex Icilia de Aventino publicando", INDEX 26, 1997, p. 522.

[24] CAPOGROSSI, L., "Ager publicus" e "Ager privatus" dall'età arcaica al compromesso patricio-plebeo", cit., p. 643.

[25] Vid., por todos, TORELLI, M., "Le popolazioni dell'Italia antica", *Storia di Roma I. Roma in Italia*, Torino, 1988, pp. 55 ss.

Sin embargo, la ley de *Sp. Cassio*[26] no llegó a cumplirse, y año tras año los plebeyos demandaron la aplicación de la misma, contibuyendo al aumento de las agitaciones sociales. Las luchas de la plebe se prolongaron por espacio de treinta años. En el año 483 a. de C., como consecuencia del incumplimiento de la ley, la plebe rechaza acudir a la guerra que Roma mantenía con los *anciatos*. Dos años más tarde el tribuno de la plebe Icilio vuelve a solicitar que se mantenga lo acordado.

Dionisio de Halicarnaso narra como Icilio solicitaba continuamente del orden senatorial que se cumpliesen las disposiciones acordadas sobre la división de los *agri*, amenazando, en caso contrario, con sabotear las medidas que sobre la guerra tomase el Senado y proponiendo la leva si la ley agraria no se llevaba a efecto[27]. Sin embargo, a tenor de las palabras de Dionisio, el resto de los tribunos de la plebe no compartían la postura de Icilio, por lo que a pesar de que los plebeyos seguían sin acceder a tierra pública alguna, la *plebs* mantuvo su participación en todos aquellos frentes que Roma tenía abiertos con otros pueblos[28].

Una vez más en el año 480 un tribuno de la plebe, *Tib. Pontificio*, propone que se apruebe una nueva ley agraria[29], ya que de lo contrario se opondrá al reclutamiento militar de los suyos.

Con esta situación, al año siguiente, siendo cónsul *Caeso Fabius*, con el apoyo de un grupo de patricios, y con el claro propósito de bajar el grado de crispación entre los dos ordenes sociales, habiendo llegado incluso a la desobediencia militar[30], propone que sean repartidas entre los plebeyos las tierras confiscadas a los ene-

---

[26] Liv. 3.1.5: "*Antium, propinquam, opportunam et maritimam urbem, coloniam deduci posse: ita, sine querellis possessorum, plebem in agros ituram civitatem in concordia fore.";* Dion. Hal. ant. Rom. 9.59.2.

[27] Dion. Hal. ant. Rom. 9.1-2. Vid. Serro, F., "Lotte per la terra e per la casa a Roma", *Legge e società nella repubblica romana I*, cit., p. 63.

[28] De los distintos pasajes de la obra de Dionisio de Halicarnaso se observa como el historiador griego se posiciona en contra de las demandas de la plebe, empleando, en más de una ocasión duras palabras en contra de la misma.

[29] Liv. 2.44.1: "*Et hic annus tribunum auctorem legis agrariae habuit. Tib. Pontifucius fuit*".

[30] Liv. 2.45.10-128.

migos, el *ager captivum*[31]. Si bien, tampoco en esta ocasión se procedió al reparto de tierra alguna. La asignación de tierra intentaba calmar los ánimos de un orden cada vez más empobrecido, cansado de contribuir a la defensa y expansión de Roma e ignorado a la hora de los favores. Las palabras de Livio parecen indicarnos que en esta ocasión no se trataba de volver a plantear la propuesta aprobada en el año 486, sino que era una nueva propuesta de asignación de terreno: *tribuni pleben agitare suo veneno, agraria lege; in resistentes incitare patres, nec in universos modo sed in cíngulos. Q. Considius et T. Genucius, auctores agrariae legis, T. Menenio diem dicunt*[32].

Año tras año los plebeyos continuaron haciendo idénticas peticiones y siguieron encontrando la misma respuesta: el *ager publicus* quedaba para disfrute de la clase dirigente, los patricios. Ante esta situación la cólera de los plebeyos aumenta considerablemente. La violencia y las acusaciones en contra de dirigentes patricios se agudizan de forma vertiginosa[33].

---

[31] Liv. 2.48.1-3.

[32] Liv. 2.52.2-3. De nuevo las palabras de Dionisio de Halicarnaso, *ant. Rom.* 9.27.2, difieren de las de Livio, si bien en esta ocasión, no sólo hay diferencias en la calificación de la asignación de terrenos, sino que también las posturas divergen a la hora de tratar los acontecimientos históricos. Para el historiador romano los dos tribunos de la plebe incitadores de nuevas agitaciones proponen una nueva ley agraria, los patricios resisten las revueltas y como consecuencia de ello acusan al cónsul *Menenio*. Sin embargo, para el historiador griego primero se había producido la acusación de *Menenio* y como consecuencia de ello los patricios se oponen a las medidas agrarias propuestas por los tribunos.

SERRAO, F., "Lotte per la terra e per la casa a Roma", *Legge e società nella repubblica romana*, cit., pp. 68 ss., manifiesta que entre los dos relatos es difícil escoger uno, pero el de Livio presenta una mayor credibilidad. Pues parecería cuando menos demasiado ingenuo el comportamiento de los tribunos, que, según Dionisio van a solicitar la concesión de tierras públicas después de haber hecho condenar a un destacado miembro del patriciado. No parece por ello muy factible que, después de haberse celebrado el juicio ante el concilio de la plebe y haberle impuesto una condena pecuniaria de 2.000 ases, que para ese momento histórico si era una cifra relevante, los mismos tribunos solicitasen de la plebe concesión alguna.

[33] En el año 473 a. de C. Roma continua presa de violentas agitaciones, a pesar que en los alrededores de la *civitas* la paz reinaba en esos momentos. El tribuno de la plebe *Genucius*, quien de nuevo había propuesto la repartición de *ager publi-*

En el año 470 a. de C. cuando los tribunos de la plebe vuelven a plantear la aplicación de la *lex* agraria del año 486 a. C. a los cónsules Valerio y Emilio, hartos, quizá, de tanta violencia, aceptan la solicitud y prometen presentarla al Senado e intentar la *auctoritas patrum*. Ello viene a suponer un cambio drástico en las posturas que hasta ese momento habían mantenido los patricios. El debate en el Senado fue tenso: Apio Claudio sostiene que la medida aprobada en el 486 no puede ser aplicada puesto que sólo obligaba a los cónsules a los que iba dirigida, de modo que al cabo de diecisiete años y después de la continua negativa de todos los cónsules precedentes, su aplicación no tenía sentido alguno. Una postura totalmente contraria mantiene el senador Lucio Emilio, padre del cónsul Tiberio Emilio, quien apoya el reparto de *ager publicus* entre los plebeyos[34]. Finalmente, una vez más, se deniega el triunfo de los más desfavorecidos y con ello se incrementa el clima de tensión y violencia. Al año siguiente, en el 469 a. de C., se produce la guerra con los volscos y patricios y plebeyos acuden juntos a la contienda, aunque una vez que la misma termina, la lucha interna reaparece.

Ese mismo año, en el 467, es elegido cónsul Emilio, quien como ya había hecho años antes apoyó el reparto de tierra entre los plebeyos, lo cual le acarrea el odio y la enemistad de la mayoría de los *patres*.

Con este clima de tensión – nos informa Livio[35]– el otro cónsul sugiere la entrega a los plebeyos de una colonia de Anzio, colonia que pertenecía al territorio tomado a los volscos. Sin embargo, todo indica que la plebe prefería seguir demandando tierra a Roma antes que irse a otro lugar como proponía la clase dirigente. Esta asignación de terrenos fuera de Roma no supuso la victoria de las demandas plebeyas, sino otro triunfo de los patricios, puesto que la reclamación que venían sosteniendo desde antiguo se centraba en el *ager publicus* de Roma, motivo por el cual la asignación de terrenos confiscados a otros pueblos no satisface las aspiraciones de igualdad

cus, iba a ser juzgado, pero mientras la plebe esperaba reunida, dicho tribuno fue encontrado muerto en su propia casa. Liv. 2.54.1-9; Díon. Hal., *ant. Rom.*, 9.37.

[34] Liv. 2.61.1-4; Dion. Hal. *ant. Rom.* 9.51.

[35] Liv. 3.1.7.

con los patricios, hasta ese momento únicos detentadores de la tierra de Roma.

Probablemente no hubiese unanimidad dentro de la propia plebe sobre el objetivo de sus demandas: así, aquellos que se veían asfixiados por el hambre y las deudas, lo que anhelaban era acceder a terrenos públicos que le permitiesen sobrevivir; sin embargo, para aquellos otros cuya situación económica era favorable la conquista del *ager publicus* significaba la equiparación con la clase dirigente. De ahí que en esta pretensión existe, además de un trasfondo económico, una reclamación política. Para los patricios ceder a las pretensiones plebeyas supone no sólo ver mermada su capacidad de disfrute exclusivo de los terrenos públicos y por ello tener perjuicios económicos, sino también ceder posiciones en el plano político al equipararse en igualdad de oportunidades con los plebeyos. La conquista del *ager publicus* se presenta como una lucha con tres frentes: social, político y económico.

1. LA *LEX ICILIA DE AVENTINO PUBLICANDO*

En el año 462 el tribuno de la plebe *Terentilio Harsa* presenta una nueva propuesta política, propuesta que no fue nunca admitida, dando lugar a que el clima de tensión entre ambos ordenes se recrudezca[36]. En el 460, una vez más, la plebe se encoleriza cuando en la *civitas* se difunde la idea de que los *patres* quieren abolir la *tribunicia potestas*, para volver a las formas antiguas[37]. El temor a que todas sus conquistas políticas decaigan, junto con la inobservancia por parte de los patricios de la propuesta de *Terentilio* produce una situación cada vez más crispada. Tal es así, que los *patres* comienzan a ceder a determinadas demandas plebeyas: se aprueba que el número de tribunos se duplique, pasando de cinco a diez[38]. Además, se aprobará una ley que viene, en cierto modo, a satisfacer las demandas que durante tres decenios había venido sosteniendo la ple-

[36] Liv. 3.9.5.
[37] Liv. 3.15.1-5.
[38] Liv. 3.30.

be: el acceso de la plebe al *ager publicus*. La *Lex Icilia de Aventino publicando*, del año 456 a. de C. pone a disposición de los plebeyos los terrenos de la colina del Aventino, pertenecientes al *populus Romanus*. Esta zona, aunque era una zona más de pastoreo que cultivable, era habitada desde antiguo[39], en ella Servio Tulio[40] construye el templo de Diana convirtiéndola en un centro de culto, no sólo de los ciudadanos romanos, sino también de los extranjeros. Debido a ese carácter de santuario acabó siendo sede de inmigrantes.

Sabemos de la existencia de la *Lex Icilia de Aventino publicando* a través de los relatos de Livio[41], que hace alusión a la misma en dos epígrafes de su obra y, especialmente, por Dionisio de Halicarnaso[42], quien dedica dos capítulos completos a narrar las vicisitudes de la *lex*, lo que nos permite conocer tanto el *iter* seguido hasta la aprobación de la ley, como el texto detallado de la misma.

La ley supuso para la plebe una gran conquista, no sólo en el plano político, en cuanto viene a equipararla con los patricios al acceder por primera vez al *ager publicus*, también en el plano económico: representó un gran avance para todos aquellos que no tenían ni tan siquiera una casa propia donde poder alojarse. Sin embargo, a nuestro juicio, la importancia de dicha ley radica en que por primera vez en la experiencia jurídica romana se hace una concesión de terreno para edificar una vivienda. Dichas concesiones, como veremos, dieron lugar a la aparición de las relaciones superficiarias y a su posterior configuración en el instituto de la *superficies*, que siglos más tarde se convierte en un *ius in re aliena*. Esto nos hace sostener que el antecedente de las relaciones superficiarias se encuentra precisamente en la *Lex Icilia de Aventino publicando*, por ello es necesario acometer un análisis del contexto social, económico y político del momento, así como del texto de la ley, tal y como aparece, pricipalmente, en la obra de Dionisio de Halicarnaso y en Livio[43].

---

[39] Vid. FRANCISCI, P., *Primordi civitatis*, Roma, 1959, pp. 657 ss.

[40] COARELLI, F., "Lo sviluppo urbanístico della cittá nel primo periodo repubblicano", en *Roma Repubblicana fra il 509 e il 270 a. C.*, Roma, 1982, p. 25.

[41] Liv. 3.31.1 y 3.32.7.

[42] *Ant. Rom.* 10. 31 y 32

[43] Contrarias a esta tesis se muestran: CASADO CANDELAS, M.J., "Enfiteusis y Superfice", Base de conocimiento jurídico, *www.iustel.com*; CALZADA, A.,

Narra Dionisio[44] que siendo cónsules Marco Valerio y Espirio Virginio de nuevo surgieron algunos desacuerdos políticos entre los tribunos y los cónsules, a raíz de los cuales los tribunos les arrebataron algo del poder consular. Antes de esa época, los tribunos sólo tenían autoridad en la asamblea del pueblo, pero no les estaba permitido convocar al Senado ni expresar opinión allí, esto era un privilegio de los cónsules.

Icilio propone que la colina del Aventino sea dividida entre los plebeyos para la construcción de viviendas:

> Dion. Hal. *ant. Rom.* 10.31.2: εἰέσφερε γάρ τι αἰκ οὗτος πολίτυμα καινὸν ἀξιῶν ἀπομερισθῆυαι τοῖς δημόταις τόπον εἰς οἰκιῶν κατασευάς τόν κατασκευὰς τὸν καλούμενον Αὐεντῖνον.

También Livio se hace eco de esta noticia, si bien de forma más escueta, informando que, siendo cónsules Marco Valerio y Spurio Virginio, fue presentada una ley para transformar en suelo público los terrenos del Aventino:

> Liv. 3.31.1: *Deinde M. Valerius, Sp. Verginius consules facti. Domi forisque otium fuit; annona propter aquarum intemperiem laboratum est. De Aventino publicando lata est lex tribuni plebis ídem refecti.*

Según Dionisio una vez que Icilio propuso el lugar elegido, se presentó ante los cónsules y el Senado para informarles que la ley por él propuesta primero debería ser deliberada por ellos y posteriormente se sometería al pueblo. Ante la falta de respuesta de los cónsules, Icilio decidió enviar un lictor con el mandato de seguirle al lugar donde desempeñaban su cargo los tribunos y de este modo convocar al mismo tiempo a todos en el Senado. En ese momento uno de los lictores, cumpliendo las órdenes de los cónsules, expulsó al lictor provocando la cólera de Icilio y sus colegas que, indignados,

---

"El Derecho de superficie. Punto de partida y de llegada de una evolución", Actas del II Congreso Internacional y V Iberoamericano del Derecho Romano. Los Derecho Reales, Madrid, 2001, p. 775, nota 6.

[44] *Ant. Rom.* 10. 31.1.

cogieron al lictor y se lo llevaron con intención que intimidar a los cónsules y forzarles a decidirse, sin embargo, ante la negativa de éstos, los tribunos decidieron hacer uso de la violencia[45].

Los cónsules incapaces de usar la violencia y quitarles al hombre que se llevaban recabaron la ayuda de los demás tribunos; pues a ninguna otra persona le era posible suspender o impedir ninguno de los actos de los tribunos. A pesar de ello ningún otro tribuno intercedió para que el lictor fuese liberado, aunque no se opusieron a prestar dicha ayuda, la realidad era que ningún tribuno estaba capacitado para actuar contra un colega, debido a que cuando iniciaban el año en el cargo, al objeto de reforzar su propia potestad, habían tomado la resolución de no introducir ninguna nueva medida decidida por propia iniciativa, a no ser que todos estuviesen de acuerdo en ello, ni oponerse a aquellas acciones que aprobara la mayoría. Y precisamente en el momento de recibir la magistratura habían ofrecido sacrificios y se habían dado mutuos juramentos relativos a esta cuestión[46].

Para mantener este juramento dijeron que se llevaban al lictor de los cónsules, afirmando que era criterio común de todos. Sin embargo, no persistieron en su indignación sino que, ante la petición de los más ancianos del Senado, dejaron libre al lictor. De otro modo habrían suscitado el odio de los patricios y probablemente también una reacción desesperada de los mismos ante aquella primera condena a muerte de un hombre que se había limitado a cumplir las órdenes del magistrado.

En el siguiente capitulo Dionisio narra la ley aprobada por el Senado[47]. Cuenta que después del suceso del lictor, se reunió el Senado y los cónsules dirigieron numerosas acusaciones contra los tribunos. En ese momento Icilio tomó la palabra: intentaba explicar la cólera que sentía hacia el lictor apelando a las leyes sagradas, según las cuales a ningún magistrado ni particular le estaba permitido hacer nada en contra de un tribuno[48]; y en cuanto al asunto

---

45 Dion. Hal. *ant. Rom.* 10.31.3.

46 Dion. Hal. *ant. Rom.* 10.31.4-6.

47 Recordemos en este momento que Dionisio de Halicarnaso habla siempre de un Senadoconsulto para referirse a la propuesta de Spurio Cassio, mientras que para Livio era una *rogatio*.

48 Dion. Hal. *ant. Rom.* 10.32.1.

de convocar al Senado, declaraba que no había hecho nada insólito, preparado para esta defensa argumentos de todo tipo. Una vez hubo justificado de estas acusaciones, propuso la ley relativa a la colina:

> Dion Hal. *ant. Rom.* 10.32.2: ὅσα μὲν ἰδιῶταί τνιες εἶχνο ἐκ τοῦ δικαίου κτησάμενοι, ταῦτα τοὺς κυρίους κατέχειν· ὅσα δὲ βιασάμενοί τιυες ἢ χλοπῇ λαβόντες ᾠκοδομήσαντο, κομισαμένους τὰς δαπάνας, ἃς ἂν οἱ διαιτηταὶ γνῶσι, τῷ δήμῳ παραδιδόναι· τὰ δὲ ἄλλα, ὅσα ἦν δημόσια, χωρὶς ὠνῆς τὸν δῆμον παραλαβότα διελέθαι.

Los tribunos de este año fueron los primeros en convocar al Senado haciendo el ensayo Icilio, dirigente del colegio tribunicio, y a tenor de las palabras del historiador griego, hombre emprendedor y, como buen romano, capacitado para la elocuencia. Icilio propuso que el lugar llamado Aventino fuera dividido entre los plebeyos para la construcción de viviendas. Dionisio nos ofrece detalles curiosos en su descripción topográfica y geográfica: se trataba de una colina moderadamente elevada, con un perímetro de no menos de doce estadios, situado dentro de la ciudad, aunque entonces no estaba habitada, era un terreno público lleno de bosque. Si bien, el terreno del Aventino que estaba en manos de particulares, cuando lo hubiesen adquirido de forma justa, lo podrían seguir conservando; pero aquellos otros que habían procedido a edificar en este lugar por la fueza, deberían entregar estos terrenos al pueblo una vez que los nuevos dueños abonasen los gastos de construcción determinados por los árbitros. El resto de terreno público debería ser entregado gratuitamente al pueblo para repartirlo entre ellos.

Llama la atención este último epígrafe especialmente por la propuesta de reparto del terreno que, según Dionisio, hace Icilio. Parece que Icilio distingue tres tipos de terrenos:

a) Los terrenos que los ciudadanos particulares, especialmente los patricios, habían ocupado por la fuerza o con robo deberían ser devueltos al pueblo, si bien los nuevos dueños deberían rembolsar los gastos que éstos habían realizado en las construcciones, de acuerdo a la tasación fijada por los árbitros.

b) Aquellos terrenos que con anterioridad a esta propuesta habían sido ocupados legítimamente por los ciudadanos, deberían seguir en las mismas condiciones.

c) El resto de terrenos que conformaban la colina del Aventino se entregarían a la plebe de forma gratuita para ser repartidos entre ellos.

La primera clase de terrenos a la que hace referencia el texto, los ocupados de forma violenta, o simplemente la disposición de las tierras en precario, es un tanto controvertida, puesto que, si a tenor de lo explicado por Dionisio dichas tierras habían sido ocupadas de forma fraudulenta, no parece lógico que a renglón seguido se establezca la obligación por parte de los nuevos ocupantes de rembolsarle los gastos que los primeros ocupantes hubiesen realizado en las mismas. Entendemos que dicho terreno había sido ocupado con violencia, y por tanto, no cabe presumir buena fe en tal ocupación, de ahí que Icilio estableciese su expulsión[49]. No parece lógico que un árbitro determine la cantidad que el nuevo ocupante debe pagar a aquellos que, habiendo realizado una ocupación de terreno público de forma violenta, hubiesen construido en el mismo. Estaríamos ante una situación carente de fundamento independientemente de quienes fuesen sus ocupantes. A este respecto Serrao[50] supone que dichos ocupantes de mala fe eran patricios y que la ley propuesta pretendía la exclusión de éstos de la colina del Aventino, quedando en manos únicamente de los plebeyos. Más conveniente nos parece la tesis de Oliviero[51] para quien estas tierras habían sido ocupadas por los patricios sin autorización previa, pero no por el hecho de que dichas ocupaciones fuesen o no realizadas de mala fe, sino porque aquéllos eran los que disponían de los recursos económicos necesarios para hacerlo. Capogrossi[52] señala que el régimen vigente en este periodo debía consistir en la mera apropiación de este tipo de tierras por los

---

[49] OLIVIERO, G., "La Lex Icilia de Aventino publicando", cit., pp. 528 ss.

[50] SERRAO, F., "Lotte per la terra e per la casa a Roma", *Legge e società nella repubblica romana I*, cit., p. 142.

[51] OLIVIERO, G., "La lex Icilia de Aventino publicando", cit., p. 529 nota 236.

[52] CAPOGROSSI, L., "Ager publicus" e "Ager privatus" dall'età arcaica al compromesso patrizio-plebeo", cit., p. 642.

patricios sin ningún vínculo, salvo quizá la posibilidad efectiva de cultivo.

La cuestión más controvertida será determinar a quién le corresponde abonar los gastos que han de pagarse a los ocupantes de mala fe que van a ser desalojados, ¿Al *populus* o a los particulares que reciban en asignación dichos terrenos ya construidos? Todo parece indicar, como manifiesta Niebuhr[53], que debían ser los particulares quienes reintegrasen los gastos realizados en la construcción de las casas que iban a ser entregadas a los plebeyos. Y si esto fue así debemos pensar que la propuesta de Icilio iría encaminada únicamente a los estratos económicamente más pudientes de la plebe, pues si durante treinta años se habían venido demandando terrenos para atender las necesidades económicas que los plebeyos padecían, parece difícil admitir que quienes no tenían para pagar cuanto debían, pudiesen pagar los gastos que los ocupantes anteriores habían empleado en construir.

Para Serrao[54] la única hipótesis válida para sostener este argumento, es que los terrenos ya construidos fuesen atribuidos a la plebe que ni tan siquiera hubiese realizado solicitud, por tanto, a los más ricos. Esos miembros del orden plebeyo que disfrutan de buena posición económica, tendrían acceso a los terrenos que habían sido ocupados y construidos por los patricios, a cambio de que pagasen el valor, fijado por un árbitro, de las construcciones existentes. Esta situación a priori inadmisible, en cuanto se otorgan terrenos a plebeyos que económicamente no lo necesitan, mientras que la mayoría de ellos no tienen donde construir su casa, encuentra explicación únicamente si consideramos que los gastos de edificación deben ser reembolsados por los nuevos ocupantes y no por el *populus Romanus*. Una hipótesis en todo caso demasiado forzada.

La segunda categoría de terrenos en la propuesta de Icilio eran aquellos que habían sido ocupados por algunos particulares de forma justa, según el derecho, y que por tanto debían permanecer en manos

---

[53] NIEBUHR, M.B., *Histoire romanine I*, trad. del alemán M. P. A. de Golbéry, Paris, 1830-1840, p. 182.

[54] SERRAO, F., "Lotte per la terra e per la casa a Roma", *Legge e società nella repubblica romana I*, cit., p. 144.

de éstos. En este caso los ocupantes debían ser en realidad plebeyos a los que en la época de Marco Anzio se les otorgó una parte del Aventino[55]. Concesión que en aquel momento debió tener por objeto la posesión de aquellos terrenos y que ahora podrán conservase[56].

En la tercera categoría entrarían las tierras del *populus*, tierras que estaban todavía sin habitar y que ocupaban la mayor parte de la colina: éstas serían repartidas entre todos los plebeyos. Entendiendo que éstos eran los terrenos asignados a la parte más desfavorecida de la plebe, aquellos cuyas mermadas condiciones económicas no les permitían tener una vivienda.

Continúa Icilio su discurso con la intención de convencer al Senado de las ventajas que la ley por él propuesta traería a la ciudad: se mitigaba el clima de crispación de los últimos treinta años, al considerar que si bien el acceso a la tierra cultivable era casi imposible, al menos la plebe obtendría terrenos para edificar la vivienda[57]:

---

[55] Liv. 1.33.1-2: *Ancus demandata cura sacrorum flaminibus cacerdotibusque aliis, exercitu nouo conscripto profectus, Plitorium, urben Latinorum, ui cepit; secutusque morem regum priorum, qui rem Romanam auxerant hostibus in ciuitatem accipiendis, multitudinem omnem Roman traduxit. Et cum circa Palatium, sedem ueterum Romanorum, Sabini Capitolium atque arcem, Caelium montem Albani implessent, Auentium nouae multitudini datum. Additi eodem haud ita multo post, Tellenis Ricanaque captis, noui ciues.*; Dion. Hal. *ant. Rom.* 3.43.

[56] OLIVIERO, G., "La lex Icilia de Aventino publicando", cit., pp. 528 ss., la autora se muestra perpleja ante los relatos tanto de Livio como de Dionisio acerca de las asignaciones en la época de *Anco Marcio* en el Aventino. A este respecto observa como el concepto de propiedad pudo haber surgido ya en ese momento, si se considera que de propiedad se puede hablar únicamente dentro de un sistema jurídico-estatal que permite la privatización de los medios de producción, el cual no se desarrolla en Roma hasta los tiempos de la dominación etrusca, ya que el objeto de la propiedad originariamente parece por tanto limitado únicamente a las cosas muebles como la misma terminología más antigua relativa al patrimonio, es decir, la *familia pecuniaque*. De ahí que la autora disienta de Serrao a la hora de calificar a los patricios como usurpadores del *ager* y a los plebeyos como legítimos ocupantes.

[57] MERLIN, P., *L'Aventino deans l'antiquitè*, Paris, 1906, p. 87, en estas páginas el autor sostiene que la colina del Aventino había sido entregada no a los plebeyos más necesitados, sino contrariamente a aquellos plebeyos que disfrutaban de mejores condiciones económicas, quienes se dedicaban al comercio y que se instalaron en las orillas del Tiber, próximos al Foro Boario. Para Merlin Dionisio confunde lo ocurrido con la *Lex Icilia de Aventino publicando*, con los acontecimientos

Dion. Hal., *ant. Rom.*, 10.32.3: ἐδίδασκέ τε ὅτι τοῦτο τὸ πολίτευμα εἰς πολλά μὲν καὶ ἄλλα συνοίσει τῇ πόλει, μάλιστα δὲ εἰς τὸ μὴ στασιάξειν ἔτι περὶ τῆς δημοσίας χώρας τοὺς πένητας νῆ οἱ πατρίκιοι κατεῖχον. ἀγαπήσειν γὰρ αὐτοὺς τῆὑός πόλεως λαχόντας μέρος, ἐπειδὴ τῆς χώρας οὐκ ἔξεστι διὰ τοὺς ἐσφετερισσμένους αὐτὴν πολλοὺς ὄντας καὶ δυνατοὺς.

Según Dionisio, cuando Icilio hubo expuesto tal argumento, Cayo Claudio fue el único que se opuso mientras que la mayoría dio su consentimiento, y se decidió entregar ese lugar al pueblo. A continuación en el mismo comicio centuriado convocado por los cónsules, estando presentes los pontífices, los *augures* y dos intendentes de sacrificios, hicieron los votos y ruegos habituales y la ley fue ratificada[58].

Una vez que la ley entró en vigor, se reunieron los plebeyos, sortearon los terrenos y empezaron a construir, cada uno tomando una parcela tan grande como pudo. A veces, se reunían de dos en dos, de tres en tres e incluso más para construir una sola casa, tocándoles en suerte a uno la parte de abajo y a otros, la de arriba. Así pues, aquel año se empleó en la construcción de casas:

Dion. Hal. *ant. Rom.* 10.32.5: κυρωθέντος δὲ τοῦ νὸμου συνελθόντεες οἱ δημοτικοὶ τά τε οἰκόπεδα διελάγχανον καὶ κατῳκοδὸμουν ὅσον ἕκαστοι τόπον δυνηθεῖεν ἀπολαμβάνοντες. εἰσὶ δ᾽ οἵ σύνδυο καὶ σύντρεις καὶ ἔτι πλείους συνιόντες οἰκίαν κατεσκευάζοντο κατεσκευάζοντο μίαν, ἑτέρων μὲνν τὰ κατάγεια λαγχανόντων, ἑτέρων δὲ τὰ ὑπερῷα. ὁ μὲν οὖν ἐνιαυτὸς ἐκεῖνος εἰς τὰς κατασκευὰς τῶν οἰκήσεων ἐδαπανήθη.

En este último párrafo Dionisio atestigua la forma en la que las asignaciones de terreno fueron llevadas a cabo: por un lado, refiere

---

de la etapa de los Gracos. Sin embargo, como correctamente sostiene SERRAO, F.,"Lotte per la terra e per la casa a Roma", cit., pp. 170 ss., quedaría fuera del contexto histórico limitar las asignaciones de terreno a los más ricos, mientras que los pobres se sublevaban. Además, tampoco se puede sostener que el Aventino dejase de ser una zona agrícola para convertirse en una zona comercial. La ley lo que en realidad hizo fue asignar terrenos a todos los estratos sociales que componían en aquel momento el orden plebeyo.

[58] Dion. Hal. *ant. Rom.* 10.32.4:

el sorteo y, por otro, cada uno tomó tanto terreno como pudo. Esta última alusión se refiere a la costumbre, muy arraigada en la sociedad romana, cada uno tomaba tanto *ager* como pudiese cultivar: *tantum occupabat unus quisque quantum colere praesenti tempore poterat*[59]. En cualquier caso la forma de reparto resulta un tanto peculiar ya que alude a dos modelos totalmente diferentes: por un lado, el sorteo de terrenos y, por otro, tomar tanto terreno como cada uno fuese capaz de construir. Aunque la posibilidad de dos tipos de reparto pueda resultar una contradicción, la adjudicación probablemente se realizó de este modo. De los tres tipos de terrenos existentes en el Aventino dos fueron entregados a la plebe y el tercero, aquél que era poseído legalmente desde antiguo, quedó en la misma situación. Así, por un lado, aquellos plebeyos que accedieron a los terrenos poseídos por los patricios llevaron a cabo entre ellos la *sortitio* de estos terrenos; y, por otro lado, el resto de los terrenos fueron ocupados por los más pobres, ocupando cada uno tanto terreno como fuese capaz de construir. De esta manera, la confusión que parece extraerse del texto de Dionisio cuando refiere los modos de asignación queda perfectamente clara si entendemos que se está refiriendo a los dos tipos de terrenos que se asignaron: el terreno ocupado por los patricios que se asignó mediante una *sortitio* entre los más adinerados y el terreno perteneciente al *populus* del que cada uno tomó tanto como fuese capaz de construir[60], según los *mores maiorum* arraigados en la *civitas*[61]. Por lo que, como acertadamente observa Oliviero, realizar

---

[59] Esta era la forma habitual de disposición de terreno público en Roma, y así queda atestiguado en diferentes fuentes literarias: Sicul. Flacc., *de condic. agr.* I. 136; II 11-13, 137; II 19-20, 138; II, 11-15 y Col. *r. r.* 1.3.12. Vid. por todos: TIBELTTI,G., "Il possesso del ager publicus", Athenaeum 36, 1948, p. 221, para éste autor la asignación de terreno dependiendo de la capacidad para poder disponer no es más que una vieja costumbre de los mayores, la cual prohibía la ocupación de terrenos públicos superior a la capacidad patrimonial del propio usuario; BURDESE, A., *Studi sul possesso*, Torino, 1952, p. 49; MANTOVANI, D., "L'occupazione del *ager publicus* e le sue regole prima del 367 a. de C.", Athenaeum 85, 1997, pp. 550 ss.

[60] OLIVIERO, G., "Lex Icilia de Aventino publicando", cit., p. 529.

[61] Vid. FALCONE, G., "Ricerche sull'origene dell'interdetto *uti possidetis*", AUPA, 44, 1996, pp. 192 ss., se plantea el problema de la ocupación del *ager publicus* y el viejo *mos* de ocupar cada uno tanto terreno como fuesen capaces de

un sorteo que incluyese a todos los estratos sociales hubiese resultado discriminatorio para quienes carecían de medios suficientes para pagar las construcciones ya realizadas; aunque no habría ningún inconveniente en admitir un sorteo entre los más pobres de los terrenos pertenecientes al *populus Romanus*.

Es el último inciso del epígrafe final de este capítulo 32 el que plantea mayores controversias: en ocasiones se reunían de dos en dos, de tres en tres e incluso más para proceder a la construcción de una sola casa y a unos le tocaba en suerte la parte de abajo y a otros, la de arriba.

Esta última parte del texto no resulta fácil de admitir en el siglo V a. de C. ya que, aunque la construcción de casas de varios pisos apareció temprano en la *civitas*, concretamente entre el siglo IV y III a. de C., en el momento al que hace alusión el relato de Dionisio todavía no se construía este tipo de viviendas. En aquel tiempo la coyuntura urbanística, económica y demográfica de Roma no hacía necesaria la construcción de viviendas de varios pisos como ocurrirá después de la II Guerra Púnica cuando se produce un aumento espectacular de habitantes. Las excavaciones arqueológicas tampoco otorgan fiabilidad a aquella afirmación[62], más bien podemos asegurar que en esa época la ciudad estaba dominada por casas de una sola planta[63]. Probablemente Dionisio, que escribe en la época de Augusto, momento en el cual las construcciones por pisos eran habituales en Roma, realizase este comentario en el relato de la ley influenciado por cuanto ocurría en su época. Sin embargo, aunque se había producido una primera evolución de la cabaña a la *domus*, la casa romana

---

cultivar, estableciendo de esa manera una perfecta correlación entre el trabajo y el *ager* ocupado. Siendo esta una práctica frecuente en Roma en ese momento. Puesto que es posible admitir que la ocupación del *ager publicus* podía ser revocada como consecuencia de la suspensión de la actividad de trabajo.

Entendemos, según las palabras de Dionisio, que en este caso el sentido económico de cultivar se transforma en edificar.

[62] GROS, P., TORELLI, M., *Storia dell'urbanistica. Il mondo romano*, Roma-Bari, 1988, pp. 65 ss., de los hallazgos arqueológicos se deduce que las casas de planta horizontal comenzaron a construirse en Roma a partir del siglo IV a. de C.

[63] DE RUGGIERO, E., *Lo Stato e le opere pubbliche in Roma antica*, Torino, 1925, p. 12.

en el siglo V a. de C. seguía siendo de planta horizontal. Esta afirmación excluye el estudio de la condición jurídica de estas viviendas como ha hecho Serrao[64].

Precisamente la doctrina romanística no ha mostrado unanimidad a la hora de admitir los hechos relatados por los historiadores como acontecimientos devenidos en el transcurso del siglo V a. de C. De Sanctis[65] cree que estos relatos no merecen ninguna credibilidad, todos ellos son invenciones de la etapa de los Gracos y de Sila, admitiendo únicamente la *Lex Icilia de Aventino publicando*, pero no como ley agraria, sino como una concesión de terreno público para la construcción de vivienda, aunque se duda de su datación. Serrao[66], por el contrario, sostiene que aunque algunos datos no se correspondan con la realidad "el relato en lo sustancial debe retenerse como verdadero". A pesar de las pocas fuentes que poseemos y de que la mayoría de las veces no son ni claras, ni unívocas, la última doctrina se ha mostrado favorable a la admisión del relato[67].

---

64 SERRAO, F., "Legge per la terra e per la casa", cit., pp. 147 ss., en estas páginas Serrao realiza un interesante estudio del problema jurídico que la admisión de esta noticia puede traer. Se pregunta si estaríamos ante un condominio *pro indiviso*, un derecho de superficie, donde el "Estado" sería el dueño del terreno y los particulares que han construido el edificio tienen únicamente el derecho de aquello que nace de la concesión; o, si por el contrario, se podría tratar como un *consortium ercto non cito*. Es esta una cuestión difícil de determinar, y en este mismo sentido se manifiesta el romanísta italiano después de realizar el estudio de cada una de las posibles calificaciones; DUBOULOZ, J., *La propriéte inmobilière à Rome et in Italie (Ier Ve siècles)*, Rome, 2011, pp. 320 ss., para quien a tenor de las palabras de Dionisio parece que la propiedad de las construcciones se presenta como una suerte de condominio de naturaleza convencional y no familiar.

65 DE SANCTIS, G., *Storia dei romani, II*, cit., pp. 12 ss.

66 "Legge per la tierra e per la casa, en Legge e società I", cit., pp. 128 y 172. En este mismo sentido MOMIGILIANO, A., "Le origini della repubblica romana", Rivista Storica Italiana 81,1969, pp. 5-42; DE MARTINO, F., *Storia della costituzione romana I*, cit., p. 216; Id., *Historia económica de la Roma antigua* cit., p. 14.

67 Vid. BOZZA, F., *La possessio del ager publicus*, Napoli, 1938, p. 59; RAINER, M., "Superficies und Stockwerkseigentum im klassischen römischen Recht", ZZS CVI, 1989, p. 349; FALCONE, G., Ricerche sull'origene dell'interdetto *uti possidetis*, cit., p. 308; OLIVIERO, G., "La Lex Icila de Aventino publicando", cit., p. 532. Como ya hemos apuntado contrarias a admitir la ley se manifiestan: CASADO CANDELAS, M.J., "Enfiteusis y Superfice", cit; CALZADA, A., "El Derecho de

El relato de la Lex Icilia se encuadra perfectamente en el contexto histórico y económico del siglo V a. de C., lo cual nos permite concluir que dicha ley, tal y como la transcriben los historiadores, es perfectamente admisible. No podemos olvidar que precisamente en estos momentos, cuando la actividad comercial desarrollada en la época monárquica ha caído y cuando además surgen nuevos asentamientos de la población, la demanda de terrenos, bien para cultivar o para edificar viviendas, crece. El hecho de admitir que algunos de esos datos incorporados al comentario de la ley puedan haber sido inventados, no es óbice para reconocer la existencia de la misma puesto que la mayoría del texto resulta perfectamente creíble. No resulta extraña una ley que pretende el reparto de terrenos cuando desde el 486 a. de C., con la propuesta de *Spurio Cassio*, la plebe comienza a demandar el acceso a la tierra pública, hasta el momento exclusivo de los patricios, lo que motiva treinta años de duros combates entre los dos órdenes sociales. La oscuridad de la época no nos debe llevar a calificar de "imaginaria" o "inventada" la situación que hemos venido describiendo. Como manifiesta Serrao[68], el estilo del lenguaje utilizado, "seco e icástico" acerca más el texto a la Ley de las XII Tablas que aquel otro, pleonástico y redundante, de las leyes epigráficas tardo-republicanas.

No es factible intentar encuadrar estos relatos dentro de los siglos siguientes, especialmente en la época de los Gracos, ya que los acontecimientos de la época de Graco y el reparto de terrenos llevados a cabo por éste no se corresponden a lo acontecido en el siglo V a. de C.[69]. La ley de Icilio propone el reparto de terrenos situados dentro de los límites de la propia ciudad, *loca publica*, mientras que la de Graco es una ley agraria, que adjudica tierra para cultivar lejos de Roma. Por tanto, no hay razón para pensar que la *Lex Icilia de Aventino publicando* haya podido confundirse con la ley agraria de Graco.

superficie. Punto de partida y de llegada de una evolución", cit., p. 775, nota 6; DUBOULOZ, J., *La propriéte inmobilière à Rome et in Italie*, cit., p. 322, para quien los hechos narrados por Dionisio se inspiran en figuras jurídicas propias del derecho griego y de la Roma augusta.

[68] "Lotte per la terra e per la casa", cit., p. 141.

[69] En este sentido se manifiesta NIEBUHR, *Historie romanine, II*, cit., p. 309.

La existencia de esta ley[70] no es cuestionable aunque, como acertadamente sostiene Oliviero[71], el procedimiento de aprobación de la misma no sea el habitual. Es más, creemos que en esta ley se encuentra el germen de lo que siglos más tarde conocemos como *ius superficiei*. Aunque dicha norma no dispone una relación superficiaria puesto que no se trata de una concesión en arrendamiento, ni tampoco alude a contraprestación alguna que hayan de pagar los beneficiarios de la asignación[72].

Otra cuestión controvertida que suscita la ley es su calificación como ley sagrada. Curiosamente Dionisio, a pesar del relato tan detallado que hace, no menciona el carácter sagrado de esta ley. El historiador griego únicamente refiere que la ley se encontraba grabada en una estela de bronce que colocaron en el Aventino después de haberla llevado al templo de Diana. Será Livio quien califique como tal a la *Lex Icilia*.

> Liv. 3.32.7: *Admiscerenturne plebei controversia aliquamdiu fuit; postremo concessum patribus, modo ne lex Icilia de Aventino aliaeque sacratae leges abrogarentur.*

---

[70] En este sentido no compartimos la postura de CALZADA, A., "El Derecho de superficie. Punto de partida y de llegada de una evolución", cit., p. 775, nota 6, donde afirma: "Pese a la incerteza que planea sobre el origen del derecho de superficie la doctrina mayoritaria considera que las concesiones realizadas por los magistrados a los particulares para la construcción y disfrute del edificio en suelo público, están en el origen de las relaciones superficiarias. Algunas de las teorías de carácter mitológico que pretendían explicar el origen de la superficie, han quedado en la actualidad desautorizadas; así, la teoría que señalaba como origen del derecho de superficie la *Lex Icilia*, en virtud de la cual se concedió a la plebe la posibilidad de habitar en el monte Aventino…".

Bien es verdad que no hay unanimidad, ni mucho menos certeza sobre el origen del derecho de superficie, pero no por ello la *Lex Icilia* es mitológica, esta. Como ha quedado de manifiesto en el estudio que hemos realizado la mayor parte de la última doctrina constata la existencia de la misma, lo que no quiere decir que todos ellos la consideren el origen del instituto de la superficie; pero desde luego no se trata de una ley mitológica, otra cosa es que compartamos o no que la misma sea el origen más arcaico del derecho de superficie.

[71] OLIVIERO, G., "La Lex Icila de Aventino publicando", cit., p. 528.

[72] Vid., FRANCIOSI, G., *Corso istituzionale di diritto romano* 3, Napoli, 2000, p. 333.

Las palabras de Livio no dejan lugar a dudas: la plebe se excluye de formar parte del decenvirato a cambio de que la *Lex Icilia* y otras leyes sagradas no sean derogadas. Resulta significativo que Livio, que ha tratado escuetamente la aprobación de la ley, haga posteriormente referencia a ella y la encuadre dentro de las leyes sagradas que la plebe no estaba dispuesta a perder.

La doctrina a este respecto mantiene una posición acorde: Magdelain[73] ve la *Lex Icilia de Aventino publicando* como "una ley sagrada, no por el hecho de que haya sido votada por la plebe, sino porque la misma fue votada por las centurias, lo cual la consagra como una ley inviolable."

Para Serrao el carácter sagrado de la ley se deduce no solo de las palabras de Livio, también al observar que la misma cumple con los caracteres de otras leyes anteriores como: la *Lex sacrata de tribunis plebis de postulatione tribunatus* del año 494 a. de C. y *Lex Icilia de tribunicia potestate*, del 492 a. de C.[74].

En cuanto al juramento éste no era un requisito absolutamente necesario, así la *lex sacrata de tribunis plebis de postulatione tribunatus* había sido jurada, mientras que la *Lex Icilia de tribunicia po-*

---

[73] MAGDELAIN, A., *La loi a Rome: histoire d'un concept,* Paris, 1978, p. 67; en este mismo sentido ROTONDI, G, *Leges publicae populi Romain*, cit., p. 193, para quien la *lex Icilia* es una representación de las leyes sagradas; DI PORTO, A., "Il colpo di mano di Sutri e il *plebiscitum de populo non sevocando.* A proposito della Lex Manila di vicensima manumissionum", cit., pp. 354 ss., afirma que la *Lex Icilia de Aventino publicando* es una ley sagrada que expresa la lucha politica mantenida por la clase plebeya: "la plebe riuscisse dapprima ad imporre con la forza al senato una rivendicazione fissata in una legge sacrata e poi, ottenuta l'approvazione del senato, a farla, su proposta dei consoli, approvare dal comizio centuriato onde garantirne l'aplicazione"; FIORI, R., *Homo Sacer. Dinamica político-costituzionale di una sanzione giuridico-religiosa*, Napoli,1996, pp. 322 ss.

[74] SERRAO, F., "Lotte per la terra e per la casa", cit., pp. 163 ss., para el autor toda *lex sacrata* requiere el cumplimiento de los siguientes requisitos: a) El nacimiento de las leyes como deliberaciones revolucionarias tomadas por la asamblea de la plebe sobre propuestas de los tribunos; b) Debe tratarse de leyes fundamentales para la defensa de la plebe, de su ordenamiento y de sus magistrados; c) Estas leyes deben prever y conminar con la *sacratio capitis o bonorum* del infractor. Aunque Livio no menciona la existencia de este requisito debe suponerse.

testate[75] no se juró y también fue considerada como tal[76]. Sin olvidar que las leyes plebeyas fueron consideras *sacrata genere ipso*[77] y de esta manera lo transmite Livio[78].

En todo caso no podemos poner en duda la importancia que esta ley tuvo para la plebe tanto en el plano económico, como en el social y político. La *Lex Icilia de Aventino publicando* suponía para el orden plebeyo la conquista de las demandas que durante largos años habían mantenido, por lo que si adquiría el carácter de sagrada, cualquier acto que condujese a la falta de aplicación de la ley hubiese sido considerado como un atentado contra los intereses plebeyos[79]. Se garantizaba de esta forma que no sucediese con esta ley lo mismo que con la de Spurio Casio del año 486 que nunca llegó a ser aplicada.

Con todas las cautelas propias de períodos arcaicos es innegable que la *Lex Icilia* representa un importante hito histórico y jurídico en la materia superficiaria. El hecho de que la misma venga a dar solución al problema de la escasez de terreno para construir viviendas dentro de la ciudad, unido a que la concesión de terreno fuera la fórmula empleada en las relaciones superficiarias, tanto en el ámbito público, como en el privado, demuestra la importancia de esta ley en el desarrollo del derecho real de superficie. Creemos que la *lex Icila* constitu-

---

[75] Sobre las dos leyes sagradas de la plebe Vid. por todos, ROTONDI, G., *Leges publicae populi romani*, cit., pp. 192-193.

[76] SERRAO, F., *Classi partiti e legge nella Repubblica Romana*, cit., p. 40, desvincula de la *lex sacrata* de la necesidad de *ius iurandum* que le era atribuida históricamente.

[77] Cic. *Bal.* 14. 33; Fest., *verb. sign.*, v. *sacratae leges: ... sunt qui esse dicant sacratas, quas plebes iurata in monte Sacro sciverit.*

[78] BARBAGALLO, C., *Il problema delle origini di Roma*, Roma, 1970, p. 82: "Livio es un orador histórico. La obra de Livio conoce el arte de la verdad histórica que la ciencia de los modernos ha olvidado y que es capaz de las más grandes revelaciones. Sin la obra de Livio no habríamos conocido la historia de Roma".

[79] Vid. MANZO, A., *La Lex Licinia Sextia de modo agrorum. Lotte e Leggi agrarie tra il V e il IV secolo a. C.*, cit., pp. 79 ss., para la autora la importancia de esta ley radica, por un lado, en que por primera vez en la historia de Roma surge una ley que obliga a quienes ilegítimamente poseen *ager publicus* a devolverlo. Es decir, que incide sobre situaciones de hecho ya consolidadas y, por otro, la ley supone una importante conquista para la plebe, sobretodo para la plebe urbana, mientras que las solicitudes de la plebe rústica de tierra no para edificar sino para cultivar permanecen en esos momentos desatendidas.

ye un interesante antecedente de las concesiones de suelo público para edificar, concesiones que mucho más tarde justificarán las relaciones superficiarias y la configuración jurídica de la *superficies*.

2. CONCESIONES DE *LOCUS PUBLICUS*

Labeón[80] engloba dentro de los lugares públicos tanto los solares, como los edificios, los campos, las vías públicas y los caminos públicos. Estos lugares, en principio, sirven para el uso de todos los particulares y ninguno debe aprovecharse de él edificando en el mismo, salvo que estuviese autorizado a ello mediante concesión[81].

La concesión de *locus publicus*[82] dentro de la ciudad a los particulares para construir se vino desarrollando desde antiguo, aunque es desde la *Lex Icilia de Aventino publicando* cuando se hacen más frecuentes, lo que nos lleva a sostener que estamos ante el germen de lo que siglos después fue el *ius superficiei*[83]. Sin embargo, he-

---

[80] D. 43.8.2.3 (Ulp. 68 ed.) *Publici loci appellatio quemadmodum accipiatur, Labeo definit, ut et ad areas, et ad insulas, et ad agros, et ad vias publicas itineraque publica pertineat.*

[81] D. 43.8.2.2 (Ulp. 68 ed.) *…loca enim publica utique privatorum usibus deserviunt…*

[82] Los terrenos del pueblo romano situados dentro de la ciudad reciben en las fuentes literarias y epigráficas romanas el nombre de *loca publica*. Así: Front., *aq.*, 118.2: *Ea constant ex locis aedificiisue quae sunt circa ductus aut castella aut munera aut lacu; Tabula Heracleensis* II. 29-31. *Quae loca publica porticusve publicae in urbe Roma propiusve urbei Romae passus M sunt erunt, quórum locorum quoiusque porticus aedilium eorumve mag(istratuom), quei vieis loceisque publiceis u(rbis) R(omae) p(assus) M purgandeis praerunt, legibus procuratio est erit, nei quis in ieis loséis inve ieis porticibus quid inaedificatum immolitumve habeto, neve ea loco porticumve qum possideto, neve eorum quod saeptum clausmve habeto, quo minus eis loséis porticibusque populus utatur pateantve, nisi quibus uteique legibus plebeive scitis senatusve consultis concessum permissumve est.* Sobre el origen del término *locus* vid. SACCHI, O., *Regime della terra e imposizione fondaria nell'età dei Gracchi*, Napoli, 2006, pp. 90 ss., *locus* es el terreno sin contrucción, en este sentido D. 50.16.60 (Ulp. 69 ed.) y 50.16. 27 pr. (Ulp. 17 ed.)

[83] GROSSO, G., *Schemi giuridici e societá*, Torino, 1971, p. 348, donde manifiesta que las formas más antiguas de concesión de *ager publicus*, a parte de las *asignationes*, son las *occupationes*, las cuales tenían su precedente en el periodo monárquico. Debemos recordar aquí que ya desde los tiempos del rey Tarquino se

mos de esperar hasta las concesiones a los *argentarii* de *loca publica* del foro para hablar de las relaciones superficiarias[84]. Según las fuentes literarias entre los años 335-355 a. de C. los *argentarii* se asientan en las *tabernae veteres* del lado septentrional del foro[85]. El asentamiento de los *argentarii* en el foro de forma estable motiva la necesidad de regular la utilización que de estos terrenos, *res publicae*, estaban haciendo los ciudadanos particulares[86]. Esta regulación termina otorgando a esta práctica una configuración jurídica bastante diferente que la utilizada en la antigüedad. Así, ya no basta el simple consentimiento por parte del *populus*, sino que se instaura todo un procedimiento de adjudicación de estos terrenos, que generalmente lleva a cabo el censor[87].

---

habían repartido terrenos a particulares para edificar en torno al foro, habiéndose construido pórticos y tiendas. Vid. Liv. 1.35.10, aunque parece que su utilización no conllevaba obligación de pagar contraprestación pecuniaria.

[84] Tert. *Apolog. 13*, parece ser que todo el *forum olitorium* fue arrendado a los mercaderes que habitualmente se instalaban en el mismo, cobrándoles además una cantidad fija.

[85] Liv. 9.40.16: Vid. MASELLI, G., *Argentaria. Banche e banchieri nella Roma repubblicana. Organizazione prosopografia terminológica*, Bari, 1986, p. 13; ANDREAU, J., *Banking and Business in the Roman World*, Cambrig, 1999, p. 30.

[86] CASTAN PEREZ-GOMEZ, *Régimen jurídico de las concesiones administrativas en el Derecho Romano*, Madrid, 1996, p. 31; ALBURQUERQUE, J.M., "A propósito de los bienes de dominio público en el Derecho Romano" Derecho y Opinión, 1997, n.º 5, pp. 267 ss; ZOZ, M.G., *Riflessioni in tema di res pubblica*, Torino., 1999, p. 9, quien afirma que en la terminología de las fuentes las cosas *res publica* han sido denominadas con un doble criterio: a) la posición *in pecunia populi* o *in patrimonio fisci*, la cual reclama la pertenencia al Estado, que se señala a propósito de los *agri*, caracterizándose tales bienes por una disciplina esencialmente privatista. Son las cosas destinadas a sostener las cargas del Estado mediante los réditos que ellas dan, por ello aún perteneciendo al Estado no son sujetas al uso público: D: 43.8.2.4 (*Ulp. 68 ed.*), similar al régimen de los bienes patrimoniales modernos; b) las destinadas a un uso público: donde se destaca el ejercicio natural y el genérico uso de todos los ciudadanos sobre estos bienes (ejemplo de ello son los teatros, los foros, las termas…); en este mismo sentido PONTE, V., *Régimen jurídico de las vías públicas en derecho romano*, Madrid, 2007, pp. 55 ss; FERNÁNDEZ DE BUJÁN, A., *Derecho público romano*, 19 ed., Madrid, 2016, p. 231, para quien estos bienes están sujetos a un régimen jurídico semejante a los bienes de los particulares, por lo que pueden ser objeto de negocio jurídico.

[87] BRANCA, G., *Le cose extra patrimonium humani iuris*, Bologna, 1946, pp. 136 ss., para quien la libertad de construir, dentro de ciertos límites, habría esta-

En este punto debemos diferenciar la asignación a los particulares de *locus publicus* y de *ager publicus*, aunque en algunos aspectos sean paralelos. La concesión de *ager publicus* era un acto de soberanía popular, que emanaba normalmente de los comicios, por tanto se realizaba mediante una *lex agraria* o mediante magistrados extraordinarios investidos de poderes constituyentes, *tres viri agris dandis asignati*. Por su parte, la concesión del suelo urbano era un acto de pura administración, que competía a los magistrados ordinarios, confiriendo la asignación, en algunos casos por tiempo indeterminado y bajo el pago de una contraprestación pecuniaria. En el primer supuesto se habla de *dare asignare ager publicus* y en el segundo de *adtribuere* o *adsignare loco publicus*[88].

La *adsignatio*[89] debe entenderse como un acto de soberanía política, mediante el cual el *populus*, a través de una ley o por el poder delegado al magistrado competente, concede a un ciudadano *agri publici*. Se tata de una de las más antiguas instituciones de Roma, la cual podía tener como objeto bien la propiedad de la tierra, o bien simplemente el uso de esos terrenos[90]. Los ejemplos de una y otra forma son múltiples en las fuentes[91]. En la *adsignatio* las tierras di-

---

do reconocida desde antiguo, especialmente cuando el concepto de *populus* impedía distinguir éste de la suma de *cives*. Dado que la actividad del ciudadano en los lugares públicos podía ser útil, he aquí que se introduce el régimen de la concesión, la cual supones una fuente de ingresos para el erario público.

[88] CIL II. 1721*...loco asignatio ponendas curavit*...; X 1782: *...eius statuam ponere Annio Modesto loco adsignato a IIviris nostris...*

[89] DE RUGGIERO, E., *Dizionario epigrafico*, pp. 102 ss: voz *Asignatio*: "Nel diritto pubblico l'adsignatio è un istituto speciale, con forme e regole proprie e determinate, di cui il concetto sostanziale consiste nel passaggio della proprietà demaniale dal dominio dello Stato in quello diretto o utile dei privati. Fuori di questo campo, un concetto análogo ricorre pure in altri usi della stessa parola, sia che si tratti di destinazione o attribuzione di cose per opera sopratutto dei privati.... In un senso affine a questo, cioè di disposizione in genere di obbietti patrimoniali, *adsignare* è anche comune nel linggaggio giuridico, tanto se l'atto si compie da privati (D. 10.2.39.3; 28.5.88; 45.49.3), quanto se dal giudice nei giudizzi divisorii (D. 10.2.22.1; 20.5.14), nel qual caso ha il significato stesso di *adiudicare*".

[90] Esta práctica fue efectuada normalmente en las provincias. Vid., GRELLE, F., "Asignatio y publica persona nella terminologia dei gromatici", Synteleia Vincenzo Arangio-Ruiz, Napoli, 1964, pp. 1136 ss.

[91] CIL VI.197; CIL VI.198; Cic. *leg.* 3.2.7; 1.3.17; 3.3.12; *Phil.* 5.19.53; Liv. 2.48.2.

vididas se convertían, por regla general, en propiedad privada *optimo iure*, si bien continuaban siendo parte del *ager Romanus*, pero separadas del *ager publicus*. Esta asignación además estaba libre de tributo alguno y es considera el origen de la propiedad privada[92].

Por *adtributio* se entiende: "toda concesión de lugares públicos o privados en la que el derecho de propiedad sobre los mismos queda en quien concede"[93]. Ésta era la forma de concesión utilizada tanto para los inmuebles urbanos como para el suelo urbano. La principal diferencia entre ambas figuras es que la *adtributio* no transmite la propiedad, porque el acto no implica el ejercicio de poder soberano, no siendo necesaria una ley para ordenarlo, ni tampoco se requieren magistrados especiales para su ejecución.

Roma dispone mediante la *adtributio* de los bienes inmuebles –edificios y suelo urbano–. En el periodo republicano la asignación del suelo público estaba en manos de los censores[94]. Mediante estas prácticas dichos magistrados contribuían al sostenimiento económico del "Estado" romano. Para Zoz[95] en la práctica administrativa estas *res publicae* aportaban al *populus Romanus* un rédito similar a la que los particulares obtenían con los bienes de su propiedad.

Son numerosos los ejemplos en los que se recoge la obra del censor en relación con las concesiones de bienes públicos. El propio Alfeno da fe de locaciones llevadas a cabo por el censor:

> D.39.4.15 *(Alf. 7 dig.) "Caesar cum insulae Cretae cotorias locaret ..."*

También la *lex agraria* alude a las locaciones censorias en varios párrafos:

> *"...locus populorum leiberorum perfugarum non fuerit, pro eo agro aedifcio locoque ex lege dicta, quam L. Caecilius Cn.*

---

[92] Cic. *rep.* 2.14.26; Varr. *r.r.* 1.10.2.

[93] DE RUGGIERO, E., *Dizionario epigrafico*, cit., p. 114, voz *Adtributio*

[94] MOMMSEN, T., *Compendio de Derecho público romano*, traducción de P. Dorado, Madrid, 1898, p. 455.

[95] *Reflessioni in tema di res publicae*, cit., p. 68.

> *Domitius censores agri aedificii loci vectigalibusve publiceis fruendis locandeis vendundeis legem deixerunt...*"[96].

Y la *lex Iulia municipalis* hace expresamente referencia a la *adtributio* de suelo edificable en Roma del cual puede disponer el censor a favor de esclavos públicos:

> *Quae loca serveis publiceis ab cens(oribus) habitandei utendei caussa adtributa sunt, ei quominus eis loséis utantur, e(ius) h(ac) l(ege) n(hil) r(ogatur)*

En un primer momento, el suelo público solía concederse a colegios profesionales, artesanos, corporaciones dedicadas al culto o a las propias *tabernae argentariae,* de las que ya hemos hablado. Posteriormente el propio *populus* dispuso de edificios ya construidos, especialmente en las ciudades conquistadas[97]. Con el tiempo esta práctica se extendió a los ciudadanos particulares con el fin de que edificasen sus propias viviendas.

Sin embargo, falta información precisa sobre la forma mediante la cual se realizaban las concesiones. Sabemos que el magistrado otorgaba las *leges censoria*[98], una especie de pliego de condiciones establecido previamente por magistrados competentes, en el que constarían las obligaciones y facultades del concesionario, la duración de la locación, la modalidad del pago, las garantías que debería prestar el concesionario y demás requisitos que debería cumplir el adjudicatario. En palabras de Fernández de Buján[99], auténticos

---

[96] *Lex agraria*, c. 85, p. 119 (FIRA I²). Vid. SACCHI, O., *Regime della terra e imposizione fondaria nell'età dei gracchi*, cit., pp. 454 ss.

[97] Liv. 27.3: *Capuae milites aedificiis emotos, simul ut cum agro tecta urbis fruenda locarentur...* Con estas prácticas el *populus Romanus* no sólo obtenía más ingresos, sino que controlaba las ciudades conquistadas, pues despojaba de sus casas a sus habitantes originarios y otorgaba el disfrute de esos edificios a aquellos ciudadanos romanos dispuestos a trasladarse a las nuevas colonias para controlar indirectamente las ciudades.

[98] CASTAN PEREZ-GOMEZ, S., *El régimen jurídico de las concesiones administrativas*, cit. pp. 102 ss.

[99] FERNANDEZ DE BUJÁN, A., *Derecho público romano: ...*, cit., p. 231; Id., "Perspectivas de estudio en temática de Derecho administrativo romano, surgidas a

contratos administrativos a los que el beneficiario se adhiere. Con todo, falta una ley general que regule todos los aspectos de la concesión[100].

Dada la ausencia de una ley que regule el procedimiento de las concesiones de *locus publicus* a los particulares para construir en él, debemos acudir a las fuentes, especialmente las epigráficas[101], para constatar que en los primeros desarrollos de este tipo de concesiones el medio jurídico utilizado era la *locatio-conductio* llevada a cabo por los magistrados, especialmente el cesor[102], mediante de las *leges locationes*. Especeamente esclarecedoras resultan la *Lex Flavia Malacitana* o la *Lex Irnitana* las cuales, como veremos, dedican una serie de capítulos a las concesiones administrativas, que nos permite elaborar lo que entendemos fue el régimen jurídico de las concesiones de *loca publica*.

En primer lugar cuando el censor, o magistrado competente, ofrecía el terreno o edificio público fijaba las condiciones de tal asignación en las *leges locationes* o *leges censoriae*[103]. Se trata de "leyes" impuestas por el *locator*, en las que el magistrado encargado de llevar a cabo la concesión fijaba en un edicto las bases de la subasta;

---

tenor del pensamiento y de la obra de Giambattista Impallomeni", INDEX 26, 1998, p. 471; LONGO, S., "*Interdictum de loco publico fruendo*, NNDI, p. 802.

[100] BIONDI, B., *La categoria romana delle servitutes*, Milano, 1938, p. 567; CASTAN GOMEZ-PEREZ, *El régimen jurídico de las concesiones administrativas*, cit., pp. 96 ss.

[101] BISCARDI, A., "Sul regine delle locazioni amministrative in Diritto Romano", Studi in onere di A. Amorth I, Milano, 1982, pp. 83 ss., sostiene que son las fuentes epigráficas las que aportan una información más detallada de las concesiones de suelo público, especialmente del periodo republicano.

[102] FERNANDEZ DE BUJÁN, A., "Perspectivas de estudio en temática de Derecho administrativo romano, surgidas a tenor del pensamiento y de la obra de Giambattista Impallomeni", cit., p. 472, afirma que tanto el *populus Romanus* como los entes locales menores – ciudades, municipios y colonias – tuveron compentencia para conceder los bienes de dominio público, siendo significativo el amplio número de magistrados y funcionarios encargados de llevar a cabo las mismas: cónsules, pretores, censores, quienes pricipalmente ejercieron la competencia, el Senado, el *curator rei publicae*, los *quattuorviri*, *duoviri*, ediles y el propio Principe.

[103] Varr. *ling. lat.*, 6.11; *Lex Malacitana*, capítulo 63 (FIRA I^2); DE RUGGIERO, E., *Lo Stato e le opere pubbliche in Roma antica*, cit., p. 46; BONFIGLIO, B., "<Lex locationis> di Pozzuoli", INDEX 24, 1996, p. 301.

dicho edicto debía de exponerse en un lugar público y bien visible, normalmente el lugar de trabajo del magistrado.

El interdicto *ne quid in loco publico vel itinere fiat* establece la obligación de autorización previa para poder construir en suelo público, la cual podía ser otorgada por ley, senadoconsulto, edicto o decreto del emperador. De lo contrario, cuando el particular construye sin autorización expresa de la administración se aplicará el interdicto *ne quid in loco publico facias*[104], que faculta al "Estado" a derribar el edificio construido sin autorización, cuando dicho edificio impida el uso público[105]. Aunque no en todos los supuestos se adoptó esta medida; cuando el edificio levantado de manera ilegal no estaba perturbando los intereses de la comunidad se optó: a) por reivindicar el mismo *in publicum*, pasando a ser propiedad de la comunidad; b) por permitir el uso del mismo al particular, pero imponiéndole a cambio el pago de una contraprestación económica, es decir, se legitimaba el uso del suelo como si se tratase de una concesión ordinaria[106].

En este mismo sentido la *lex Iulia municipalis* refiere la ley y el senadoconsulto como vías jurídicas necesarias a través de las cuales se han de realizar las concesiones de suelo público:

> *"Quae loca publica porticusve publicae in urbe Roma propiusve urbei Romae passus M sunt erunt...nei quis in eiis loséis inve eiis porticibus quid inaedificatum immolitumve habeto, neve ea loco porticumve quam possideto, neve eorum quod saeptum clausumve habeto, quo minus eis loséis porticibusque populus utatur pateantve, nisi quibus uteique legibus plebeive scitis senatusve consultis concessum permissumve est"*[107].

---

[104] D. 43.8.2. pr. *(Ulp. 68 ed.) Praetor ait: ne quid in loco publico facias inve eum locum immittas, qua ex re quid illi damni detur, praeterquam quod lege senatus consulto edicto decretove principum tibi concessum est. de eo, quod factum erit, interdictum non dabo.*

[105] Liv. 39.44.4, recuerda como ya los censores en el año 184 a. de C., ordenaron derribar todos los edificios particulares levantados en suelo público.

[106] Vid. BRANCA, G., *Le cose extra patrimonium humani iuris*, cit., pp. 133 ss; CASTAN PEREZ-GOMEZ, S., *El régimen jurídico de las concesiones administrativas*, cit., pp. 169 ss.

[107] FIRA, *Leges*, p. 146. En este mismo sentido la *Lex Agraria*, 85, FIRA, *Leges*, pp. 119-120; *Lex Municippi Malacitini*, cap. 63 FIRA, *Leges*, p. 215.

La concesión del terreno o del edificio se realizaba mediante *sub hasta*[108] a favor del mejor postor[109], es decir, a aquel cuya pretensión se ajustaba más a los términos fijados en la ley de arrendamiento, garantizando de esta manera que la adjudicación se hiciese en igualdad de condiciones para todos los aspirantes, además de evitar posibles fraudes por parte de los magistrados.

En este punto son esclarecedores los capítulos 63 y 65 de la *Lex Malacitana* dedicados a la regulación de las concesiones administrativas. En la ley se establecen dos requisitos: 1) la obligación de anunciar públicamente las condiciones en las que se realizaba la concesión; 2) la necesidad de inscribir la concesión en un registro municipal[110].

Además, la ley malacitana cuando se refiere a los datos que han de constar en el archivo municipal alude en primer lugar a la prestación de garantías por parte del particular beneficiado con la concesión, o bien un *praedes* garante de la misma[111]. Una garantía que, según la doctrina[112], se realizaba de forma verbal y solemne, siendo una ga-

---

[108] BOVE, L., *Ricerche sugli agri vectigales*, Napoli, 1969, p. 6; TRISCIUOGLIO, A., *Sarta tecta, ultro tributa, opus publicum faciendum locare*. Sugli appalti relativi alle opere pubbliche nell'età repubblicana e augustea, Napoli, 1998, pp. 181 ss; por el contrario SUÁREZ BLÁZQUEZ, G., *Roma: edificiación en altura. El negocio urbanístico-inmobiliario de la superficie en el derecho clásico*, Vigo, 2010, p. 41, afirma que el "*loco publico* susceptible de uso privado era concedido por el Senado de Roma, y administrado y vigilado por los cónsules".

[109] BURDESE, A., *Studi sull'ager publicus*, cit., p. 46, cree que la locación de suelo público al mejor postor es una práctica de origen romano.

[110] MENTXAKA, R., Algunas consideraciones en torno a las concesiones administrativas y sus garantías: capítulos 63-65 de la *Lex Malacitana*", MAINAKE. Las leyes municipales en Hispania. 150 aniversario del descubrimiento de la Lex Flavia Malacitana, Málaga, 2001, p. 76.

[111] Vid. MENTXAKA, R., "Algunas consideraciones en torno a las concesiones administrativas y sus garantías: capítulos 63-65 de la *Lex Malacitana*", cit., pp. 82 ss., donde la autora estudia de forma detallada las garantías prestadas en las concesiones administrativas en general en la colonia malacitana, pero que sin duda podemos extrapolar del régimen de una ley de colonias al régimen aplicable en la Urbe.

[112] D'ORS, X., "Las relaciones contractuales con la administración pública a la luz de las leyes municipales en Derecho Romano", Congresso internazionale sul tema I rapporti contrattuali con la pubblica amministrazione nell'esperienza storico-giuridica, Torino 17-19 ottobre 1994, Napoli, 1997, p. 109; TRISCIUOGLIO,

rantía personal, en los casos en los que el garante era notablemente solvente, aunque en otros supuestos se añadía una garantía real[113].

Otro requisito que ha de constar en toda locación de terreno público es el tiempo. Las concesiones de *loca publica* no tenían un periodo de duración predeterminado, si bien parece que en un principio debieron ser quinquenales[114]. Son numerosos los ejemplos de concesiones realizadas por un periodo de cinco años. Así, entre otros, el capítulo 82 de la Ley de Urso[115] establece una limitación temporal de cinco años [*neve...longius quam in quinquennium*]; también la propia *Lex Malacitana* en el capítulo 63 [*per omne reliquom tempus honoris sui*] y en D. 49.14.3.6 (*Call. 1 de iur. fisc.*) *Quum quinquennium, in quo quis pro publico conductore se obligavit, excessit, sequentis temporis nomine non tenetur...*

Sin embargo, esta limitación temporal de cinco años entra, como observa d'Ors[116], en contradicción con las concesiones a largo plazo de las que informa Gayo 3.145[117]. Por ello, entendemos que esta

A., *Sarta tecta, ultro tributa, opus publicum faciendum locare,* cit., p. 204; MENTXAKA, R., "Algunas consideraciones en torno a las concesiones administrativas y sus garantías: capítulos 63-65 de la *Lex Malacitana*", cit., p. 81.

[113] D'ORS, A., *Epigrafía jurídica de la España romana*, Madrid, 1953, pp. 331 ss.

[114] BOVE, L., *Ricerche sugli agri vectigales*, cit., pp. 40 ss., sostiene que las concesiones censorias no excedian de los cinco años, ya que cada vez que un censor entraba en el cargo uno de sus primeros cometidos consistía en verificar los contratos existentes, una verificación que asumía el valor y la naturaleza de control de las condiciones establecidas por los censores precedentes que se hallaban en vigor, aunque que estaban próximas a cumplirse. Sin embargo, para el autor el hecho de que las concesiones quinquenales fuesen siempre renovadas conlleva que socialmente no se tuviese en cuenta la duranción quinquenal. De modo que entre la situación *de iure* y la *de facto* no existe correspondencia; LONGO, S., *Locare in perpetuum. Le concessioni in godimento di ager municipalis*, Torino, 2013, p. 7, la renovación tácita de los sucesivos censores era una práctica habitual que conlleva concesiones por períodos notablemente más largos que los iniciales.

[115] Vid. BISCARDI, A., "Sul regine delle locazioni amministrative in Diritto Romano, cit., p. 101, nota 49, con varios ejemplos de inscripciones epigráficas donde la duración de la concesión administrativa es de cinco años.

[116] D'ORS, A., *Epigrafía jurídica de la España romana*, cit., pp. 211 ss.

[117] Este texto de las Instituciones de Gayo se refiere a la confusión que surge en las concesiones a largo plazo, en las cuales se discute si se está ante un arren-

limitación de cinco años no era tal en realidad, pues habitualmente se procedía a la renovación tácita de la concesión. Lógicamente el concesionario que toma un terreno público y construye en él no puede a los cinco años ser privado de la concesión, puesto que se trata de concesiones destinadas a edificar a cargo del concesionario y de cuyo edificio, que tendrá carácter público, dispondrá de la forma más amplia posible[118]. Sin duda esto da lugar a que las concesiones acaben realizándose por periodos superiores a los cinco años, siendo habitual encontrar una limitación temporal de 99 o 100 años, o incluso concesiones realizadas a perpetuidad, *in perpetuum*, transmitiéndose a los herederos del concesionario con la obligación de cumplir las condiciones impuestas en la *lex locationis.* Como afirma Fernández de Buján superan la vida del propio concesionario[119].

Estas locaciones administrativas distan de la *locatio-conductio* entre particulares en lo referente a la protección jurídica otorgada al concesionario; no es la *actio ex conducto* el medio jurídico de defensa con el que cuenta el concesionario, sino los interdictos. En un primer momento será el *interdictum de loco publico fruendo*, el que podrá ejercitar el concesionario contra todo el que le perturbe el pacífico goce de la concesión[120].

> D. 43.9.1 pr.(*Ulp. 68 ed.*) *Praetor ait: "quo minus loco publico, quem is, cui locandi ius fuerit, fruendum alicui locavit, ei qui conduxit sociove eius e lege locationis frui liceat, vim fieri veto"*[121].

---

damiento o ante una compraventa. El texto será analizardo cuando estudiemos las formas de constitución de la *superficies.*

118 BISCARDI, A., "Sul regine delle locazioni amministrative in Diritto Romano", cit., p. 87.

119 *Derecho privado romano,* 9ª. Ed, Madrid, 2016, p. 429.

120 ALBURQUERQUE, J.M., "A propósito de las providencias administrativas urgentes: los interdictos en Derecho Romano", Derecho y Opinión 4, 1995-1996, pp. 208 ss., para quien del texto del interdicto (D. 49.1.3) se desprende una protección a los concesionarios de los lugares públicos con el objeto de garantizar el pácifico goce de dicha concesión.

121 Vid., BERGER, A., "Interdictum", PW, p. 1644; LONGO, S., "Interdictum de loco publico fruendo", NNDI, p. 802; LANFRANCHI, F., *"Studi sull ager vectigalis", I. La classicità dell'actio in rem vectigalis*, Faenza, 1938, pp.101 ss;

La protección del interdicto *de loco publico fruendo* se basa en la concesión de terreno público al particular para la disposición en exclusiva del mismo. Parte, por tanto, de la existencia de la previa concesión administrativa al particular para el uso y disfrute de un lugar público. Si bien, en el supuesto de las concesicones superficiarias el presupuesto para conceder el interdicto se basa en la concesión mediante la *lex locationis* del *locus publicus* con el objeto de construir un edificio en el mismo.

La relación jurídica entre el *populus* y los concesionarios amparada en la *locatio-conductio*, acaba configurando un instituto *sui generis*: las relaciones superficiarias. Las mismas nacen amparadas por el esquema jurídico del arrendamiento, si bien las peculiaridades de la relación superficiaria no permiten considerarla una locación ordinaria. A estas relaciones el pretor otorga una tutela más específica mediante la concesión de un nuevo interdicto, el de *superficie*, momento en el que las concesiones de suelo destinado a la construcción de edificios dispondrán de una tutela propia.

Debemos tener presente que la concesión de suelo cuenta con una serie de peculiaridades. Así, cuando al particular se le otorga *loca publica* se le confiere la posibilidad de construir en el mismo, de manera que el objeto de concesión va a experimentar una transformación sustancial con la incorporación al mismo de un nuevo elemento, la construcción, lo que motiva una regulación específica. En este sentido el comentario de Ulpiano al interdicto *ne quid in loco publico facias* recoge la obligación de autorización previa para construir en suelo público[122].

BURDESE, A., *Studi sull'ager publicus*, cit., p. 106; PASTORI, F., *La superficie nel diritto romano*, Milano, 1966, pp. 33 ss; PLESCIA, J., "The development of the exercise of the ownership right in roman law", BIDR, 1985, pp. 181 ss; ALBURQUERQUE, J.M., "Reflexiones sobre el arrendamiento y disfrute de un lugar de dominio público en Derecho Romano", Iuris Tantum, 2001, pp. 3 ss; ID., "A propósito de las providencias administrativas urgentes: los interdictos en Derecho Romano", cit., pp. 208 ss; ID., *La protección o defensa del uso colectivo de dominino público: Especial regencia a los inerdictos de publicis locis* (*loca, itinere, viae, flumina, ripae*), Madrid, 2002, pp. 151 ss.

[122] Vid. CASTAN PEREZ-GOMEZ, S., *El régimen jurídico de las concesiones administrativas*, cit. pp. 164 ss.

3. ESTUDIO DE *VECTIGAL*, *PENSIO* Y *SOLARIUM*

Elemento esencial en las concesiones de *loca publica* es el pago de la prestación pecuniaria. Esta prestación recibe en las fuentes diferentes acepciones: *vectigalia*, como nombre genérico que designa cualquier imposición fiscal[123], y *vectigal*, *pensio* y *solarium* como acepciones específicas.

Vectigal se corresponde con la cantidad de dinero pagada por el disfrute del *ager publicus* o por los arrendamientos públicos llevados a cabo por los *publicani*. Etimológicamente Walde-Hofmann[124] explica *vectigal* como toda contribución hecha al *populus*. Contribución que en este caso debemos entender como la contraprestación que ha de pagarse por el uso y disfrute de un terreno público. Así:

> D.50.10.5.1 (*Ulp., de off. Cur. r. p.*) *Fines publicos a privatis detineri non oportet. curabit igitur praeses provinciae, si qui publici sunt, a privatis separare et publicos potius reditus augere: si qua loca publica vel aedificia in usus privatorum invenerit, aestimare, utrumne vindicanda in publicum sint an vectigal eis satius sit imponi, et id, quod utilius rei publicae intellexerit, sequi.*
>
> D. 13.7.17 (*Marcianus l.S. ad form. Hypoth*). *Sane divi Severus et Antoninus rescribserunt, ut sine deminutione mercedis soli obligabitur.*
>
> D. 30.39.5. (*Ulpianus 21 ad Sab.*) *Heres cogitur legati praedii solvere vectigal praeteritum vel tributum vel solarium vel cloacarium vel pro aquae forma.*

CLERICI[125] señala los diversos significados asignados en todos los tiempos al término *vectigal*, que en ocasiones ha sido confundido

---

[123] Vid. CLERICI, L., *Economia e finanza dei romani*, (Dalle origini alle fine delle guerre sannitiche), Bologna, 1943, pp. 489 ss.

[124] WALDE-HOFFMANN, *Lateinisches Etymologisches*, Heidelberg, 1972, voz *Vectigal, -alis*.

[125] *Economia e finanza dei romani*,(Dalle origini alle fine delle guerre sanniti-che), pp. 489, nota 1.

con *tributum* o *stipendium*[126]. Festo[127] lo define como "*aes quod ob tributum et stipendium et aes equestre et hordiarium populo debetur*".

Para Solazzi[128] *vectigal* puede ser utilizado como un término genérico sinónimo de *solarium*, aunque ambos se refieren a dos realidades diversas. El primero se corresponde con el ámbito público, mientras que el segundo está circunscrito únicamente al derecho privado lo cual implica que el término *solarium* no debe atribuirse a las relaciones superficiarias de carácter público, debiendo en este supuesto utilizarse *vectigal*. Y ello a pesar de que en determinados supuestos los jurisconsultos romanos extendieron al campo del derecho público la terminología propia del derecho privado, denominando el pago que el particular realiza al "Estado" romano como *solarium* en lugar de *vectigal*.

Se puede pensar que, probablemente, debido a esa primera acepción de *vectigal* –toda contribución hecha al *populus romanus*– éste acabó convirtiéndose en un término fácil de adoptar, siendo utilizado tanto para señalar la contraprestación pagada por los *agri vectigales*, como aquella otra que pagaban los *publicani* por los arrendamientos públicos. Aunque también, en algunas ocasiones, se denomina *vectigal* a la contraprestación pecuniaria pagada por concesiones superficiarias:

---

126 Vid. MILAZZO, F., *La realizzazione delle opere pubbliche in Roma antica e repubblica. Munera e ultro tributa*, Napoli, 1993, pp. 29 ss., interesante el análisis realizado por el autor, especialmente en lo relativo a la etimología del término y la comparación de la utilización del mismo por los diversos autores literarios. En este sentido destaca el estudio de las fuentes literarias sobre el término "*vectigal*". Así, para Plinio, *Nat. His.* 18.3.11, el *vectigal* del pasto público fue el único reconocido.

ÑACO DEL HOYO, T., Vectigal incertum: : guerra y fiscalidad republicana en el occidente romano: su impacto histórico en el territorio (218-133 a.C.), Oxford, 2003, p. 57; ZAERA GARCÍA, A.; "La tributación de la Roma Republicana", Revista Brasileira de Direito Tributario e Fanças Públicas 36, 2013, pp. 161 ss.

127 V. *s., v. vectigal*.

128 "Studi romanistici, Vectigales aedes", RISG 24, 1949, p. 27. En este mismo sentido BIONDI, B., *La categoria romana delle servitutes*, cit., pp. 562 ss., afirma que los romanos no gustaban de incluir en el ámbito del derecho público términos propios del derecho privado, por ello probablemente las concesiones de suelo público para construir no fuesen llamadas superficie, ni tampoco el término que indica la contraprestación económica sería *solarium*.

Front., *aq. 118: Comoda publicae familiae ex aerario dantur; quod impendium exoneratur vectigalium reditu ad ius aquarum pertinentium. Ea consta<n>t ex locis aedificiisue quae sunt circa ductus aut castella aut munera aut lacus*[129]...

Por tanto, es posible afirmar que este término fue utilizado de forma genérica para referirse a toda contraprestación económica pagada por los ciudadanos particulares al *populus* por el uso o disfrute de bienes públicos.

Pensio, término aún más genérico que *vectigal*, es utilizado en las fuentes para indicar cualquier renta. Así:

D. 6.1.74 *(Paul. 21 ed.)id est qui in alieno solo superficiem ita habet, ut certam pensionem praestet*, también en 20.4.15 (Paul. 68 ed.) *...superficies in alieno solo posita pignori dari potest, ita tamen, ut prior causa sit domini soli, si non solvatur ei solarium* y D. 39.2.39.2 *(Pomp. 21 Sab.) enim dominus soli in pensione percipienda.*

Pensio es la locución utilizada en la inscripción de *Lis fullonum*[130] en lugar de *solarium*. Si bien, es el término menos utilizado en las relaciones superficiarias, a peser de la vinculacion de éstas con el arrendamiento.

Solarium es un término más preciso, se utiliza de forma más concreta para indicar el pago que ha de realizar aquel que utiliza un terreno, ya sea público o privado. Orestano[131] define *solarium* como el canon anual que el superficiario paga al *dominus soli*. Arangio-Ruiz[132] señala que el término *solarium* se utiliza en las concesiones de *loca publica* en lugar de *vectigal*. Por el contrario, Solazzi[133], como ya hemos dicho, afirma que *solarium* únicamente se utiliza en las relaciones superficiarias de carácter privado. Esta tesis podría

---

[129] Las concesiones de fuentes y otros lugares públicos son consideradas como superficiarias.

[130] CIL VI. 266.

[131] NNDI., voz *Solarium*, p. 825.

[132] FIRA, *Negotia*, Firenze, 1969, pp. 356 ss. Vid. DE RUGGIERO, E., *Lo Stato e le opere pubbliche*, cit., p. 147.

[133] "Studi romanistici, Vectigales aedes", cit., p. 29.

ser mantenida durante el periodo republicano, pero no en la etapa clásica, donde en las concesiones de suelo público, como en la inscripción *Hospitium procuratoris columnae Divi Marci*, se utiliza el término *solarium* para designar el pago que el particular debe realizar al "Estado". Es probable que en los primeros desarrollos de la relación superficiaria el término utilizado en el ámbito público fuese *vectigal*, pero, como demuestran las inscripciones, posteriormente se acoge *solarium* como vocablo habitual que define la contraprestación económica que paga el detentador de suelo público.

Ulpiano define *solarium* como la renta que el particular debe pagar por el solar. Debe entenderse que se paga por el solar para poder construir en él, es decir, para su transformación mediante la construcción de un edificio.

> D.43.8.2.17: (*Ulp. 68 ad ed.*) *Si quis nemine prohibente in publico aedificaverit, non esse eum cogendum tollere, ne ruinis urbs deformetur, et quia prohibitorium est interdictum, non restitutorium. si tamen obstet id aedificium publico usui, utique is, qui operibus publicis procurat, debebit id deponere, aut si non obstet, solarium ei imponere: vectigal enim hoc sic appellatur solarium ex eo, quod pro solo pendatur*[134].

El pago de una contraprestación en las relaciones superficiarias, tanto en aquellas de carácter público como en las realizadas posteriormente entre particulares, se muestra como requisito necesario:

> D.30.39.5 *(Ulp.* 19 ad *Sab.) Heres cogitur legati preadii solvere vectigal praeteritum, vel tributum, vel solarium, vel cloacarium, vel pro aquae forma.*

---

[134] BRANCA, G., *Le cose extra patrimonium humani iuris*, cit., pp. 138 ss; SOLAZZI, S., "Studi romanistici, Vectigales aedes", cit., p. 29, para quien tanto este texto como D. 13.7.17 son una excepción de los juristas clásicos al extender la terminología propia del derecho privado al ámbito público. Así, aunque D. 43.8.2.17 no es para el autor un texto genuino no cree que el término utilizado fuese *vectigal*, simplemente Ulpiano no recordó que en las relaciones superficiarias de carácter público no se utilizaba *solarium*.

Igualmente las inscripciones epigráficas hablan de *solarium* para referirse a la renta que se debe pagar por la construcción de un edificio en suelo ajeno[135].

La obligación del pago del *solarium* queda constatada en la inscripción denominada *Hospitium procuratoris columnae Divi Marci*[136]. Dicha inscripción comienza con la súplica del liberto imperial *Adrastus*, custodio de la columna imperial de Marco Aurelio en el campo de Marte, al emperador *Septimio Severo* en la que pide la concesión de un terreno público para levantar en el mismo un *hospitium*.

> *"Libellus L. (Septimi Aug(usti) l(iberti) Adrasti ex officio operum pblicorum in haec verba / scripta*[137]:
>
> *Severo (Augusto). Domine permitta(s rogo, ut rectius fungar of)ficio meo, post colu(mnan centenariam divorum) Marci et Faustin(ae pecunia mea loco publico) pedibus plus min(us…aedificium me exstruere et in matri(culam referri, quod sine in)iura cuisqua(m fiat; et reliqua fieri) secundum litter(as Aeli Achillis Cl. Perpetui) rationalium (tuorum, quas huic libello) subieci".*

El fisco, a través de los *rationales*, responde al liberto concediendo el terreno público solicitado y permitiéndole la construcción y el uso de un edificio, pero le impone la obligación de pagar el correspondiente *solarium*:

> *"Exemplaria litterarum rationalium dominorum n(ostrorum) scriptarum, pertinentes ad Adrastum Aug(ustorum) n(ostrorum) quibus aei permissum sit aedificare loco cannabae a solo iuris sui pecunia sua, praestaturus solarium sicut caeteri".*

---

135 Vid., CIL VI 1585.

136 Sobre la inscripción vid., DE RUGGIERO, *Lo Stato e le opere publiche in Roma antica*, cit., pp. 151-158; HOMO, L., *La Roma imperial y el urbanismo en la antigüedad*, cit., pp. 171 ss; CASTAN GOMEZ-PEREZ, S., *El régimen jurídico de las concesiones administrativas*, cit., pp., 165 ss; DAGUET-GAGEY, A., "Adrastus et la Colonne Antonine. L'administration des travaux publics à Rome en 193 ap. J.-C", MEFRA 110, 1998, pp. 893 ss; BECKMANN, M., "The meaning of pons in the inscription of Adrastus (CIL VI.1585)", Mouseion, Journal of the Classical Association of Canada, LI, Vol. 7, 2007, pp.123 ss.

137 FIRA, *Negotia*, cit., pp. 360 ss.

Además, en la respuesta se ordena a otro liberto imperial, *Epaphoroditus*, que suministre de forma gratuita los materiales de construcción necesarios para realizar la casa, añadiendo que la misma podrá ser disfrutada por el concesionario y por sus herederos[138]:

> "*Aelius Achilles, Cl(audius) Perpetuus Flavianus Eutychus Epaphodito suo salutem. Tegulas omnes et impensam de casulis, item cannabis et aedificiis idoneis adsigna Adrasto, procuratori columnae divi Marci, ut ad voluptatem suam hospitium sibi exstruatm, quod ut habeat sui iuris et ad heredes transmittat*".

Ordena también el fisco al ciudadano *Aquilius Felix* que le haga entrega al liberto *Adrasto* de unos carros de madera al precio que ésta había sido cobrada al "Estado" romano:

> "*Aelius Achilles, Cl(audius) Perpetuus Flavianus Eutychus Aquilio Felici. Hadrasto Aug(usti) lib(erto) ad aedificium quod custodiae causa colunmae centenariae pecunia sua exstructurus est, tignorum vehes decem, quanti fisco constiterunt, cum pontem necesse fuit compingi, petimus, dari iubeas*".

Y, finalmente, la carta acaba solicitando que le sea concedido el terreno solicitado al liberto Adrasto, con la condición de que éste pague, como el resto de concesionarios imperiales, el correspondiente *solarium*[139].

> "*Rationales Seio Superstiti et Fabio Magno. Procurator columnae centenariae divi Marci, exstruere habitationem in*

---

[138] Sobre los beneficios que puedan tener los empleados públicos subalternos al habérsele entregado gratuitamente los materiales vid., DAGUET-GAGEY, A., "Adrastus et la Colonne Antonine. L'administration des travaux publics à Rome en 193 ap. J.-C", cit., pp. 905 ss; HOMO, L., *La Roma imperial y el urbanismo en la antigüedad*, cit., pp. 172 ss., para el autor la forma en la que está redactada la contestación demuestra que se trata de un empleado de inferior rango.

[139] Para BECKMANN, M., "The meaning of pons in the inscription of Adrastus (CIL VI.1585)", cit., p. 124, el orden de las cartas carece de lógica, ya que lo primero que se necesita para construir es el terreno que le es concedido en la tercera carta. Aún así el orden de las cartas se puede explicar debido a que los materiales procedían de las dependencias temporales que se ponen para la construcción de la columna y a que la concesión del terreno era lo más complejo.

conterminis locis iussus, opus adgredietur, si auctoritatem vestram acceperit. Petimus igitur aream, quam demostraverit Adrastus Lib(ertus) domini n(ostri), adsignari ei iubeatis, praestaturo secundum exemplum cetororum solarium".

El documento resulta especialmente revelador a la hora de determinar la obligatoriedad del pago del *solarium*, aunque estamos ante una concesión de *loca publica sui generis*. Se trata del siguiente caso: un liberto imperial solicita que se le conceda un terreno público para construir una casa donde también poder trabajar, además, que se le entregue de forma gratuita parte de los materiales, siendo el resto suministrados al precio que paga el fisco por ello. Esta no fue la forma ordinaria de solicitar *loca publica*, ni tampoco el método común de concesión imperial. De manera que el hecho de que una concesión privilegiada y especial, como es ésta, imponga la necesidad de pago del *solarium* avala la presencia necesaria de este elemento en cualquier variedad de concesión.

Las mismas fuentes epigráficas constatan que en determinadas concesiones de *loca publica*, especialmente las realizadas a las corporaciones y asociaciones religiosas, se podía dispensar del pago del *solarium*. Precisamente la posible dispensa de dicho pago viene a corroborar la presencia regular del *solarium* en las concesiones, siendo otorgada la exención del pago como un privilegio por la autoridad competente[140]. Ejemplo de la exención del pago es la concesión realizada por Augusto a los *fullones*, conocida como "*Lis fullunum*"[141]. La inscripción relata el litigio mantenido en tiempos de Alejandro Severo, en el 226 d. de C., entre los *fullones*, ocupantes de un *locum publicum*, y los *praefecti vigilium* en representación de la administración. Se trata de un litigio, que dura unos veinte años, del cual nos interesa resaltar la importancia que en las concesiones de suelo público tenía el pago del *solarium*.

---

140 D. 50.15.4.3. (*Ulp. 3 de cens*).

141 La inscripción fue descubierta en torno al año 1700, en el Esquilino consta de dos caras, la primera mucho más clara que la segunda. CIL VI 1585; ARANGIO-RUIZ, V., FIRA, *Negotia*, p.165; Vid. DE ROBERTIS, F., "Lis fullonum Notazioni critiche e ricostruttive" SDHI 43, 1977, pp. 113 ss; MUSCA, D., "Lis fullonum de pensione non solvenda", LABEO 16, 1970, pp. 279 ss.

Sabemos que el *locus* objeto de la controversia se encontraba dentro de la ciudad, siendo utilizado por los *fullones* para el ejercicio del *ars fullonica*[142], pero no tenemos datos acerca de la extensión o naturaleza del lugar, ya que a lo largo de toda la inscripción únicamente se utiliza la palabra "*locus*"[143].

El *iter* seguido en el proceso se explica en la inscripción de forma bastante detallada: los *praefecti*[144] reclaman a los fullones en el año 226

---

142 DE RUGGIERO, E., *Dizionario epigrafico*, voz *ars*: "Di fronte al grandísimo numero de iscrizioni che, sotto diversi titoli, rocordano esercenti vari di arti, professioni, mestieri e simili, sono relativamente scarse quelle, nelle qualli ricorre la parola *ars* in senso tecnico speciali."; voz *fullones*, éstos realizaban todo tipo de trabajos de lavandería. En Roma únicamente las grandes casas patricias y la casa imperial realizaban éste tipo de tareas en casa. El ejercicio de esta profesión podía tener carácter privado o público, indistintamente, si bien generalmente esta industria era pública (Plin. *nat. his.* 35.197 hace referencia la *Lex fullonibus dicta quam*), estableciéndose la sede en un lugar público con la concesión del uso de los acueductos, por los que debían pagar la *pensio* establecida. Los operarios desde la época de la monarquía solían reunirse en corporaciones (Plut. Num. 17), siendo numerosas las inscripciones que aluden a colegios y asociaciones: *conlegium aquae* de Roma (CIL VI 10298); *collegium follunum* (CILVI 266); *collegi huius loci fullo* [*nes*] (CIL VI 9428), en cuanto al funcionamiento de las asociaciones parece ser que era similiar a cualquier otra asociación: el magíster –elegido mediante sufragio por la asamblea– tenía la autoridad suprema: la administración de los bienes y una cierta jurisdicción sobre los componentes.

143 DE ROBERTIS, F., "Lis fullonum (CILVI 266)", cit., p. 116. nota, 12, para quien el hecho de que únicamente se use el anodino "locus" se debe a que el mismo debía de comprender un local y un terreno anexo como era corriente en estos casos.

144 Los trabajos realizados sobre esta inscripción especialmente MOMMSEN, T., *Gesammelte Schriften. 1. Abteilung, Juristischen Schrifen I*, Berlin, 1907, p. 98, nota 35 y los más recientes de DE ROBERTIS, F., "*Lis fullonum*", cit., p. 114 y MUSCA, D., "Lis fullonum de pensione non solvenda", cit., pp. 293 ss., dedican una parte importante al estudio de la competencia que los *praefecti* tenían en ese momento para actuar contra los *fullones* en calidad de jueces y el hecho de que se produjesen tres sentencias. Para Mommsen el hecho de que se produjesen tres juicios diferentes se debió a las apelaciones que los *curatores locum publicorum* realizaron. En cuanto a la competencia de los *praefecti vigilii* Musca sostiene que en el momento en el que se produce este litigio, época de los Severos, los *praefecti* habían alcanzado en el ámbito jurídico un primer plano sin depender del *praefectus urbi*, ya que se trataba de una división laboral llevada a cabo entre ambos (D. 1.15.4). Parece que los juristas de la época establecieron los problemas relativos a

d. de C.[145] el pago del *solarium* que adeudan por la concesión de un *locus publicus*, a lo que éstos alegan que están exentos de dicho pago por la autorización imperial realizada por el propio Augusto[146]; aún así se les obliga a demostrar que la dispensa es "*ex sacra auctoritate*"[147].

Los *fullones* representados por su *magister* afirman estar en posesión de la prueba de exención de pago solicitada *quibuscumque rationibus*. De manera que el *magister* declara públicamente: *ex eo tempore inquit ex quo Augustus rem publicam obtinere coepit usque in hodiernum numquam haec loca pensiones pensitasse*. Inspeccionado el lugar, el *praefectus Florentianus* confirma la dedicación del mismo a imagenes sagradas: *vidi locum dedicatum imaginibus sacris*. Sin embargo, el litigio no acaba aquí y un segundo *praefectus Modestinus* afirma que ante la existencia de un *iudicatum*, a él no le han sido presentadas las pruebas que confirmen la existencia de esa exención: *interim aput me nullae probationes exhibentur, quibus doceantur fullones in pensionem iure convenire*. A pesar de esta decisión el pleito entre los *fullones* y los *praefecti* continuó hasta la tramitación de un tercer proceso en el que actuó como juez *Restitutianus*. Éste manifiesta que lo actuado por *Florentianus* es incensurable, dado que había procedido a la inspección del lugar y tras examinar todos los indicios, dictó sentencia. En el fallo, al igual que hiciera antes *Modestinus*, prohíbe que le sean solicitas las pensiones a los *fullones*, por lo que de nuevo *Restitutianus* afirma que los *fullones* podrán seguir disponiendo del lugar sin necesidad de pagar la correspondiente prestación[148]. Aunque, como indica De

---

los ciudadanos particulares y el fisco en términos privados, considerando al fisco como sujeto de derecho privado, por lo que el juicio en estudio entra dentro de las controversias privadas.

[145] La fecha ha sido deducida por la indicación que aparece en la misma inscripción sobre la pareja consular de ese momento (líneas 39-41).

[146] DE ROBERTIS, F., "*Lis fullonum*", cit., p. 120, nota 40, cree que probablemente los *fullones* disponían de la concesión tiempo antes de que Augusto decidiese dispensarles del pago del *solarium*, algo que no debe de extrañar puesto que cuando Augusto reordena la ciudad hizo dispensas de este tipo.

[147] Las exenciones de pago en las concesiones de un lugar público eran frecuentes: CIL VI 10810 se refiere a una exención hecha a los *fullones* en Pompeya.

[148] DE ROBERTIS, F., "*Lis fullonum*", cit., p. 118, los veinte años a los que hace alusión la inscripción fueron el tiempo total por el que los juicios se prolon-

Robertis[149], nada impedía a la administración imperial revocar la concesión gratuita hecha por Augusto, lo cierto es que los *fullones* en realidad apelaron a la consolidación de una práctica consentida por muchos años. Esta costumbre aparece confirmada en un texto del Digesto: 39.4.4.2 (*Paul.* 52 *ed.*) *In omnibus vectigalibus fere consuetudo spectari solet dique etiam principalibus constitutionibus cavetur.*

La inscripción de *Lis follunum* es, sin duda, un documento importante, por un lado como exponente del carácter esencial que en las concesiones de terreno público tenía el pago del *solarium* y, por otro lado, la confirmación de que la posible exención de dicho pago constituía un privilegio imperial concedido frecuentemente a aquellos que realizaban servicios públicos, como ocurre en este caso[150]. Privilegio que se recoge en D.50.15.4.3(*Ulp. 3 de cens.*) ...*cum gerenaliter locis aut cum civitatibus immunitas sic data videtur.*

En este supuesto concreto la exención del pago se mantuvo en la medida en que los *fullones* siguieron utilizando el lugar para el uso que en el momento de conceder la exención se había indicado, es decir, en cuanto que la causa que motivó el privilegio siguió subsistiendo. De la inscripción se desprende que la prueba solicitada a los *fullones* para demostrar que tenían una exención se verifica con la inspección del lugar que lleva a cabo el primer juez *Florentianus.* En este caso nos inclinamos a pensar que se mantuvo ese privilegio en la medida en que el lugar conservaba el mismo destino que en el momento de la concesión.

El carácter obligatorio del *solarium* también aparece en la inscripción CIL X 1783[151], datada en el siglo II d. C.

---

garon, pero en realidad cada uno de ellos no excedió de un año; además fue encausado por tres jueces diferentes, todos ellos *praefecti*, con tres sentencias siempre pronunciadas a favor de los *fullones*.

149 DE ROBERTIS, F., "*Lis fullonum*", cit., p. 120, nota 41.

150 DE RUGGIERO, E., *Dizionario epigrafico*, voz *fullones*: "E invero la consacrazione di un luogo pubblico portava di conseguenza la esenzione dalle imposte (CIL VI 266), onde i fulloni pompeiani avevano il libero godimento d'un luogo pubblico perchè Eumachi l'aveva dedicato alla Concordia augusta e alla Pietas, e parimenti i fulloni dell'Esquilino a Roma, non avevano mai patago tasse allo Stato per l'uso dell'acquedotto e del suolo pubblico, perchè il luogo da loro occupato era sacro (CIL VI 266; 267; 268).

151 FIRA, *Negotia*, pp. 361-362.

> "*Cum M. Laelius Atimetus vir probissimus et singulis et universis Karus petierit in ordine nostro uti solarium aedifici quod extruit in transitorio remitteretur sibi ea condicione, ut ad diem vitae eius usus et frutus potestasque aedifici sui ad se pertineret, postea autem rei p(ublicae) nostrae esset, placere huic ordini tam gratam voluntatem optimi civis admitti remittique ei solarium, cum plus ex pietate promissi eius res publica nostra postea consecutura sit.*"

M. Laelius Atimetus, supuestamente un liberto, solicita se le exima de la obligación del pago anual del *solarium* correspondiente por la concesión de un terreno público para construir en él, a cambio de reintegrar el terreno y la construcción a su muerte. Es decir, renuncia a su derecho a transmitir *mortis causa* la concesión de terreno público que detentaba, a la que el propio *Atimetus* califica como de *usus et fructus potestasque*[152].

La inscripción muestra una concesión superficiaria singular en varios puntos: primero, en la exención del pago de *solarium*; segundo, en el tiempo de duración de la concesión y tercero, en la calificación que el propio concesionario hace de la misma (*usus et fructus potestasque*).

Como hemos visto, la exención del pago del *solarium* era admitida excepcionalmente en determinados casos[153]. Ahora bien, lo que podemos calificar de extraordinario es el tiempo de duración: la vida del concesionario. Se trata de un supuesto totalmente anómalo, más cercano al usufructo que a la concesión superficiaria propiamente dicha[154]. De ahí que esta concesión haya llegado a ser calificada como usufructo. Sin embargo, la calificación de usufructo resulta impropia, puesto que cuando *Atimetus* solicita la exención del pago a cambio de reintegrar la construcción edificada en el solar público

---

[152] En este momento las relaciones superficiarias están reguladas a imagen del *ager vectigales*, permitiendo la transmisión *mortis causa.*

[153] Vid. C. Th. 13.4.4., donde determinados profesionales quedan excluidos de la obligación de pago del *solarium.*

[154] RAINER, J.M. "Superficies und Stockwerkseigentum im klassischen Recht", cit., p. 330, para quien la concesión es en realidad un supuesto de locación a perpetuidad.

todo parece indicar que dispone de un *ius superficiei*[155]. Un derecho que no deja de detentar por el hecho de que se le exima de pagar el canon que toda atribución de un terreno público, por regla general, entrañaba; a ello sumamos el hecho de que ya había construido el edificio y disfrutaba de él como un superficiario más. Por tanto, no por renunciar a la facultad de transmitir su derecho y extinguir dicha relación a su muerte se puede afirmar que estamos ante un supuesto de usufructo[156].

Una nueva inscripción referente a las concesiones superficiarias en la ciudad de *Putteoli* es la comentada por Camodeca[157]:

> *Idibus Iunis/ In basilica Aug(usti) Anniana./ Scribundo adfuerunt L. Oppinus Rufin(us),/ M [L]aelius Placidus, T. Apusulenus [Lu]percus./Qod L. Annius Modestus, Q. Tédius Ri(v) us/Iivir(i) v(erba) f(ecerunt) de loco dando Augustálibu(s),/ q(uid) d(e) e(a) r(e) f(ieri) p(laceret), d(e) e(a) r(e) i(ta) c(ensuerunt);/ placere huíc órdinì petentibus augustàl(us)/ locum iter ampithearum et stràtam/viam publicam novo aédificio exstrùctum,/ quem publicì iúris esse coneniébat, splendidi-/ ssimo corporì concédì eá condicióne/ né ab eó tránsferátur dominium, quando/ rés publica suúm crédat esse quod áb tám/ multis possidétur. Cénsuérunt. / Decuriónés adfuérunt CXIIII*

---

155 Vid. CAMODECA, G., "Un nuovo decreto decurionale puteolano con concessione di *superficies* agli Augustali e le entrate cittadine da solarium", Il capitolo delle entrate nelle finanze municipali in occidente ed in oriente", Actes de la X Recontre franco-italiane sur l'épigraphie du monde romain, Rome, 27-29 mai 1996, Rome,1999, pp., 8 ss., para el autor se trata de un derecho de superficie que al ser eximido del pago del *solarium* y limitado temporalmente a la vida del superficiario se acaba transformando en una especie de usufructo. Sin embargo SOLAZZI, S., "Usus proprius", SDHI 7, 1941, p. 378 y ARANGIO-RUIZ, V., FIRA, *Negotia*, p. 362 y en *Istituzioni di Diritto Romano*, Napoli, 1977, p. 259, sostienen que no se puede utilizar el término *superficies* en las relaciones públicas, pues el mismo se circunscribe únicamente al ámbito de los particulares, mientras que en las relaciones de carácter público se utiliza el término *usus proprius*.

156 SOLAZZI, S., "Usus proprius", p. 377, para quien el término" *potestasque*" corrobora que no se puede calificar esta relación como de usufructo.

157 "Un nuovo decreto decurionale puteolano con concessione di *superficies* agli Augustali e le entrate cittadine da solarium", cit., pp. 8 ss., este es el único trabajo que hasta el momento exite sobre esta inscripción.

La inscripción comienza con la *praescriptio* del decreto, sin embargo no consta el año en el que fue otorgado[158]. A partir de la línea sexta se da noticia del objeto del decreto: la concesión, tras la solicitud previa, de un lugar público a los Augustales. Sobre el lugar los Augustales habrían levantado un edificio (se concede para transformarlo) *locum... novo aedificio extructum.*

También en esta inscripción encontramos una excepción a las características propias de las concesiones superficiarias, la prohibición de venta que el *ordo decurionum* impone a los *Augustales*. Es decir, se excluye aquí una de las facultades que ordinariamente le es atribuida a todo superficiario: la de poder transmitir su derecho de superficie mediante venta: *quando res publica suum cedat esse quod ab tam multis possidetur*. Prohibición que Camodeca entiende que se produce con el fin de mantener el carácter público del que gozaba el edificio, puesto que los *Augustales* eran un colegio de naturaleza pública. Motivo por el que también la concesión se hace a perpetuidad, creemos, previo pago de la contraprestación económica, puesto que en la inscripción nada se dice al respecto y, por tanto, debemos afirmar la obligatoriedad de dicho pago[159].

Del estudio de las concesiones *ad aedificandum* se desprende que el instrumento jurídico utilizado por las mismas fue, sin lugar a dudas, la *locatio-conductio*. Esto coloca las concesiones de suelo público en el ámbito de las relaciones obligatorias y, por lo mismo,

---

[158] CAMODECA, G., "Un nuovo decreto decurionale puteolano con concessione di *superficies* agli Augustali e le entrate cittadine da solarium", cit., p. 3 por el nombre de uno de los duunviros L. Annius Modestus afirma que debió de ser concedido en los primeros decenios del siglo II d. de C., pues en esas fechas ese mismo nombre aparece en una inscripción de esa fecha (CIL X 1782), donde se lamenta de la prematura muerte. Por tanto, casi con seguridad el decreto se otorgaría entre los años 110 y 130. Camodeca también observa como el decreto debió de ser contemporáneo con el recogido en el CIL X 1783, ya que ambos se refieren a la misma parte de la ciudad, una zona destinada a monumentos desde la reestructuración urbanística propuesta por Nerón para Pozzuoli.

[159] CAMODECA, G., "Un nuovo decreto decurionale puteolano con concessione di *superficies* agli Augustali e le entrate cittadine da solarium", cit., p. 21, para el autor toda concesión realizada de forma gratuita debía de ser justificada con una ventaja pública: el acrecimiento del patrimonio, la pronta recuperación del edificio...

fuera de los *iura in re aliena*. Si bien, todo parece indicar que una propia relación de arrendamiento de carácter privado no podía surgir, puesto que una de las partes, el *populus Romanus*, disponía de una posición jurídica privilegiada frente a la otra parte, el ciudadano particular, que no podía utilizar la tutela *ex conducto* contra el "Estado" romano. Sin embargo, ambas partes, *populus* y ciudadano particular, debían cumplir las cláusulas acordadas, lo que nos permite afirmar que el "Estado" romano, aunque en una posición siempre de supremacía frente al particular, no podía revocar unilateralmente la concesión[160]. Más aún, los posibles litigios estaban sujetos desde la época republicana a la jurisdicción administrativa[161].

Como hemos apuntado, estas concesiones que nacieron al amparo del arrendamiento, especialmente desde el siglo III a. de C., van evolucionando hasta acercase al *ius superficiei*. Así, en las inscripciones de la época imperial[162] se aprecia una notable distancia del contrato de arrendamiento y la correspondiente aproximación a institutos de carácter real y, sobre todo, a ciertas características de tales institutos: concesiones a largo plazo; facultad de transmitir *inter vivos* o *mortis causa* su derecho; facultad de transformación de lo edificado... Facultades más propias del titular de un *ius in re aliena*, incluso de las del *dominus*, que de las del arrendatario.

En todo caso, el *populus* se valió de este tipo de concesiones para permitir el uso de bienes de dominio público a determinados ciudadanos romanos, excluyendo al resto del uso y disfrute de ese edificio

---

160 ALBANESE, B, *Le situazioni possessorie nel diritto privato romano*, Palermo, 1985, p.74, para quien los poseedores del *ager publicos* estaban expuestos en cada momento a la posibilidad de revocar su posesión por parte del ente público concedente; GALLO, F., Rec. a ALBANESE, B., *Le situazioni possessorie nel diritto privato romano*, SDHI 51, 1985, p. 575.

161 VOGT,H., *Das Erbbaurecht des klassischen römischen Rechts*, cit., p. 54, quien a propósito del estudio de D. 43.8.2.17 (Ulp. 68 ed.) observa que se hace alusión a un procurador de obras públicas como encargado de dirimir los posibles conflictos entre las partes.

162 ALBURQUERQUE, J.M., *La protección o defensa del uso colectivo de dominino público: Especial regencia a los inerdictos de publicis locis*, cit., pp. 77 y 103 ss., observa un tratamiento diferente para las *res publicae* en la republicana y en época imperial, donde la figuara del emperador se deja sentir.

o terreno público[163]. Con ello se solucionan algunas de las necesidades de vivienda que tanto Roma como las colonias padecían desde antiguo, se contribuye a mejorar el aspecto urbanístico de las ciudades con nuevas construcciones, además de crear una considerable fuente de ingresos públicos, pues, no sólo se recauda el *solarium*, sino que todos los edificios levantados en terreno público acrecen, en virtud del principio *superficies solo cedit*, al dominio público. En este sentido dice Labeón: *si id, quod in publico innatum aut aedifcatum est, publicum est*...[164].

A partir de aquí, y desde comienzos de la época clásica, comienza a extenderse entre los particulares la práctica de ceder a otro *civis* su terreno para que éste construya, obteniendo a cambio una ventaja económica. Es, de alguna manera, el germen del negocio inmobiliario entre particulares.

Será desde ese momento cuando debamos considerar que comienzan las primeras formaciones de un *ius superficiei ad exemplum* de las concesiones realizadas por el *populus* para edificar en el *locus publicus*.

Acertadamente De Ruggiero[165] situa el origen del *ius superficiei* "in tempi antichissimi, essendo il suolo della città di Roma per la maggior parte pubblico e scarse le case e in genere gli edifici privati, solendo molti cittadini agricoltori vivere fuori le mura della città, lo Stato con le sue concessioni abbia voluto incoraggiare lo sviluppo edilizio della capitale. E una prova se ne ha nel fatto, risultato delle precedenti nostre indagini, che rare furono tali concessioni per edificii privati e invece numerosissime per opere pubbliche, per le quali s'intende che quel canone non aveva ragion d'essere".

---

163 Vid., por todos: CASTAN PEREZ-GOMEZ, S., *Régimen jurídico de las concesiones administrativas en el Derecho Romano*, cit., p. 159, afirma que "lo que se transmitía verdaderamente no era el suelo ni el edificio, sino el derecho a usar y disfrutar de la construcción, y previo pago –naturalmente– del correspondiente *solarium*"; MASELLI, G. *Argentaria. Banche e banchieri nella Roma repubblicana. Organizazione prosopografía terminológica*, cit., p. 91.

164 D. 41.1.65.4 (*Lab.* 6 *pith.*)

165 *Lo Stato e le opere pubbliche in Roma antica*, cit., pp. 159 ss.

CAPÍTULO II
LA SUPERFICIES EN EL DERECHO ROMANO CLÁSICO

1. ALGUNAS CUESTIONES TERMINOLÓGICAS

Antes de profundizar en el estudio del derecho real de superficie veamos la influencia que el término *superficies* alcanza en el desarrollo jurídico del propio *ius in re aliena*. Dice Pastori[166]: "la terminología jurídica no ha sido creada por la ciencia del derecho, que se limita a adoptar las expresiones del lenguaje común, entendiendo éste como idóneo para representar los conceptos jurídicos que aquella ciencia ha venido elaborando".

Así, aunque los términos usados en el lenguaje jurídico son los mismos que los del lenguaje común, en algunos supuestos hay ciertas matizaciones semánticas respecto del "significado común" del vocablo que evidencian los cambios acontecidos en la figura jurídica. En este sentido podemos afirmar que no hay un único valor para el término *superficies*, sino una variedad considerable que precisa en cada caso, en cada momento histórico, el significado jurídico de dicho término[167].

---

[166] PASTORI, F., *La superficie nel diritto romano*, cit., p. 28; BLANCH, J.M., *El edicto de los magistrados en el lenguaje de la jurisprudencia romana*, Madrid, 1998, p. 21.

[167] ROYO, J. M., *Palabras con poder*, Madrid, 1997, p. 20, analiza el *iter* seguido en la terminología jurídica de determinadas palabras manifiesta: "Durante la República y el Principado la terminología-latina obedecía, por origen y método de acomodación a realidades cambiantes, a una concepción global de la idea de *ius*,

Desde el punto de vista etimológico *superficies* proviene de "*super*" + "*facere*". La preposición *super*[168] significa "sobre", "encima", de manera que, unido el verbo *facere*, indica todo aquello que está colocado encima de algo, sobre algo[169]. Walde-Hofmann[170] define *superficies* como: Oberfläche, Oberteil; Gebäude im Gegensatz zu Grund und Boden; oberer Bau, obere Fläche.

De Miguel[171] define "*superficies*" como "la cima", "todo lo que sobresale de la tierra, como edificios, árboles, plantas...".

Para d'Ors[172] "*superficies*" refiere "el <vuelo> (lo edificado o plantado), pero también lo sembrado o unido inseparablemente al suelo de cualquier otro modo, lo superpuesto."

---

que tenía el calificativo de *civile*. Al convertirse en soporte de argumentación para ámbitos jurídicos separados –con cierto grado de incompatibilidad mutua, puesto que el orden político jerarquizado, vertical, se acomoda con dificultades a la horizontalidad que exige un marco de producción para el intercambio– ha visto forzado su contenido semántico y ha transmitido a la posterioridad el cúmulo de deformaciones que la Historia, de forma interesada, ha ido acumulando en su seno." Esta declaración de Royo se acopla perfectamente al estudio que intentemos hacer sobre la terminología jurídica del instituto de la *superficies*, puesto que toda figura jurídica romana está afectada por el devenir histórico.

[168] ERNOUT, A.-MEILLET, A., *Dictionario etymologique de la langue latine*, voz *super*: *sur, audessus, par-dessus*. Por el contrario SCHIDT, A., "Das Recht der Superfizies" ZSS. XI, 1890, pp. 121 y 164, sostiene que etimológicamente el término superficies proviene de *supra facere* y no de *super facere*.

[169] SEGURA, S., *Diccionario etimológico latino-español*, voz *superficies*: aspecto exterior; parte superior; lo de encima, lo alto || lo construido o plantado sobre un suelo del que se posee tan sólo el usufructo; Lexicum Totius Latinitatis, voz *superficies, superficies est pars superior vel summa alicujus rei; ...supuerficies dicitur, quidquid solo impositum est et supra terram exetat, ut arbor, planta vinea... ad superficiarius*. LEWIS, C. SHORT, C., *A latin ditionary*, voz *superficies*: (spec) A builging or sim., as contrasted with the land, etc., on wich it stands. B) (leg.) a building, smallholding, etc., held in tenure by one party on land owner by another party.

[170] Lateinisches Etymologisches, voz *superficies*.

[171] *Nuevo Diccionario etimológico latino-español*, 20 ed., Madrid, 1931, voz *superficies* este era el significado que según el autor dieron los jurisconsultos romanos al término *superficies*.

[172] D'ORS, A., *Derecho privado romano romano*10ª Ed., edición de Xavier d'Ors Lois, Pamplona, 2004. p. 185: "*Superficies solo cedit* quiere decir que el vuelo es accesorio al suelo"

Fernández de Buján traduce la expresión superficies como "aquello que se construye o alza de modo estable sobre el suelo"[173].

A pesar de las escasas referencias que encontramos del término *superficies* en las fuentes literarias, éstas muestran el valor semántico del mismo[174]. Veamos por separado alguno de los textos:

> Varr. *Men.* 127h.65.2: *stolam calceosque muliebris propter positos capio item tragici prodeunt cum capite gibbero, cum antiqua lege ad frontem superficies accedebat 'quia plus' inquit 'merere debet, in quo est virtus' primum iste qui meret sestertios vicenos.*

Varrón[175] identifica *superficies* con aquello que sobresale, que se sitúa encima –en este caso de la cabeza –.

> Col. *arb.* 10.2.3: *sarmenta lata, uetera, male nata, contorta, omnia haec praecidito; nouella et fructuaria et in- terdum subolem idoneam, si iam superficies parum ualebit, submittito brachiaque conseruato. quam celerrime poteris, putationem perficito. arida et uetera, falce quae amputari nonpossunt, acuta dolabra abradito;*

> Col. *r.r.*, 4.22.3.1: *sumptu restituitur: mergis namque, qui nobis maxime placent, propagata celerrime prouenit. Hoc tamen, si uetus et exesa est superficies trunci. at si robusta et integra, minorem operam desiderat: quippe hiberno tempore ablaqueata fimo satiatur, angusteque deputatur, et inter quartum et...*

Columela en *de arboribus* identifica *superficies* con la parte alta de la cepa, pudiendo ser traducida como el ramaje: "lo que sobresale, aquello que no es raíz (ni, posiblemente, tronco)". Sin embargo, en *De re rustica* utiliza *superficie* para referirse a la parte exterior del tronco, a la capa

173 *Derecho privado romano*, cit., pp. 427 ss.

174 PALADINI, A., voz *superficies*, NNDI., pp. 941 ss., afirma que el término *superficies* fue utilizado por primera vez en el siglo I d. de C. por Plinio el Viejo, sin embargo, a tenor de las mismas fuentes literarias, observamos que autores anteriores utilizaron el vocablo *superficies* aunque es Plinio quien lo cita un mayor número de veces.

175 En el texto también observamos que el autor aplica, en cierto modo, el principio de accesión, en cuanto que lo que está sobre la cabeza parece que accede al suelo.

que recubre el tronco de la vid. En todo caso en los dos textos superficie indica aquello que sobresale –tronco o ramaje-, la parte exterior.

Es Plinio el Viejo el autor latino que utiliza de forma más frecuente el término *superficies*. Veamos algunos de los textos más significativos:

> *Nat. his.* 17.102: *apparuitque truncum esse pro terra. aufertur ergo serra aequaliter superficies, levigatur falce truncus. ratio postea duplex, et prima inter corticem lignumque inserendi. time- bant prisci truncum findere, mox inforare ausi medio ipsi- que in eo medullae calamum imprimebant, unum inseren-*
>
> *Nat. his.* 19.56.10: *aliter quaestuosius censum haberi aut tutius ac minore fortunae iure: cum credatur pensio ea pauper<r>umis, in solo sponsor est et sub die reditus superficiesque caelo quocumque gaudens. Hortorum Cato praedicat caules. hinc primum*
>
> *Nat. his.* 26.38.6: *medium praesens est pulmonum vitio vel traiecta tantum in auricula. bibi debet ex aqua haberique in ore adsidue sub lingua. superficies eius herbae an sit in aliquo usu, adhuc incertum est. renibus prodest plantaginis cibus, Vettonicae potus, agaricum potum ut in tussi.*

En el primer texto – *nat. his.*17.102– el autor identifica *superficie* con algo que sobresale, pudiendo entenderse tanto la parte externa del tronco como las pequeñas ramas que sobresalen del mismo. Además contrapone *truncus*/*superficies*. El mismo Plinio en otro texto utiliza *superficie* como sinónimo de copa[176]. En 26.38.6 *superficies* se contrapone a raíz –lo que está debajo de la tierra–, pudiéndose traducir como la parte de la planta que nace, aquella que sale de la tierra[177]. Plinio utiliza superficie como aquello que está fuera, por encima de un cuerpo u objeto.

---

[176] *Nat. his.* 17,138: *postea fico adepta vires, quod evenire trimae aut utique quinquenni, detruncata superficie ipsum quoque deputatum et, ut dictum est, adraso cacumine difigi in crece fici...*

[177] En el mismo sentido vid., *nat. his.* 37.89.3: *terea substrato nigerrimi coloris. hoc in Indicis caeru- leum aut corneum invenitur. item circuli albi quaedam in iis caelestis arcus anhelatio est, superficies vero locu- starum maris, crustis ruben-*

El texto más significativo –en lo que hace a nuestro estudio– es 19.56.10. En el mismo se pueden apreciar ciertas connotaciones jurídicas cuando Plinio contrapone claramente suelo a *superficie*. Podemos por ello considerar que, aunque jurídicamente suelo y superficie no sean dos realidades jurídicas diferentes, en la literatura –reflejo de cierta concepción social– suelo y superficie se diferencian.

Séneca identifica superficie con una parte o capa de la atmósfera, es decir, como aquello que está superpuesto, encima de otra capa. Un significado análogo a aquel utilizado por los juristas romanos al identificar superficie con toda edificación situada sobre el suelo.

> Sen. *Nat. quest.*, 7.13.3.2: *quod atomi congestae coaceruataeque fecerunt. Huic proxima superficies ignea est, ita compacta ut solui uitiarique non possit; habet tamen spiramenta quaedam et quasi fenestras per quas ex parte exteriore mundi.*

Finalmente Servio el Gramático equipara "*superficies*" con "*planities eminens*". En este caso entendemos *superficies* como la parte del suelo que sobresale:

> *In Verg*, 1.110.2: *dorsum inmane eminens, altum, secundum Homerum.{43vel certe eminens planities aut superficies durior. aut sic ait hic poeta 'dorsum' de saxo, ut Homerus}, sicut alibi ipse "dorso dum pendet iniquo". quidam 'inmane' pro malo accipiunt positum propter naufragia, quae ibi solent fieri.*

En los diferentes textos observamos que el término *superficie* ha sido utilizado para expresar aquello que se sitúa "sobre algo", "encima de", "lo que sobre sale", pero también como "aquello que está sobre el suelo", "lo construido", conectando con el valor semántico que el término alcanza en el lenguaje jurídico.

El término "*superficies*" tiene también un significado material[178], se refiere a cuanto se encuentra sobre el suelo y está unido

---

tibus. nam melleae aut faecu- lentaehoc enim nomen est vitioinprobantur, aut ... Aquí *superficie* es la capa externa de la piedra preciosa, que el autor compara con el caparazón de las langostas.

178 VOGT, H., *Das Erbbaurecht des klassischen römischen Rechts*, 1950, Marburg, p. 3: "El originario significado material se verificaría en las fuentes clásicas, si

a éste[179]. Así, Pastori[180] define *superficies* como "*quod supra faciem soli*" o "*quod supra factum est*"; aunque con el tiempo *superficies* designará también aquello que se sitúa bajo el suelo.

Para Biondi[181] la misma palabra *superficies* expresa justamente la idea de actividad del hombre que obra sobre el suelo. Así, *superficies* se refiere tanto la construcción como la plantación.

Braga da Cruz[182] afirma que en el lenguaje común la palabra *superficies* toma un sentido matemático o geométrico para designar la parte superior de cualquier cosa. Etimológicamente –a partir de *super* y *facere*– el significado del término es diferente, y se identifica con todo aquello que esta "feito sobre" un plano horizontal por obra del hombre o de la naturaleza. Y ese sentido etimológico del término tiene relevancia a efectos jurídicos. Si bien jurídicamente no se toma en toda su amplitud, reduciéndose únicamente a aquello que se levanta sobre el suelo y permanece unido a él de forma inmóvil o con carácter permanente –construcciones–.

Jurídicamente la configuración de *superficies* tiene que ver con la previa determinación del *solum*: éste es el terreno en su configuración natural; *superficies* es en cambio todo aquello que está sobre o bajo el suelo por obra del hombre, entendiendose como tal tanto la construcción como la plantación cuando ambas están hechas por el hombre[183]. Así, por ejemplo Gayo en el Epitome habla de árboles como *superficies*: *si aliquis in agro nostro arbores aut vineas vel plantas quascumque posuerit, similiter superficies solo cedat*[184].

A pesar de que el texto de Gayo califique como superficie todo cuanto haya sido incorporado al suelo por la mano del hombre, lo

bien sólo en el derecho justinianeo el término *superficies* sería empleado para indicar el derecho de construir y tener el pleno goce de un edificio sito sobre el suelo ajeno."

179 PALADINI, A., NNDI. Voz *superficie*, pp. 941 ss.

180 PASTORI, F., "Prospettiva storica del diritto di superficie", Studi Donatuti II, Milano, 1973, p. 885.

181 BIONDI, B., *La categoria romana delle servitutes*, cit., pp. 460 ss.

182 BRAGA DA CRUZ, O., "O direito de superficie no dereito romano". Estudios de historia do direito antiguo I, Coimbra, 1979, p. 289.

183 BIONDI, B., *Le servitú prediali nel diritto romano*, Milano,1946, p. 5.

184 *Ep. Gai*, 2.1.4

cierto es que a tenor del resto de los textos jurídicos, de forma general, *superficies* fue equiparada a construcción. Así, aunque *superficies* inicialmente no tuvo un significado técnico-jurídico preciso, servía para describir –de modo general– la práctica frecuente de concesión de *loca publica* para la construcción de edificios –y su uso y disfrute– por los particulares. Posteriormente, y derivado de esas prácticas de concesión de terreno público, *superficies* alcanza un significado jurídico que, según expresan algunos juristas, refiere el derecho de gozar de aquello que se encuentra sobre el suelo ajeno. Para Gayo superficie es la casa construida en un terreno arrendado, cuya propiedad es del dueño del terreno, tanto por derecho civil como por derecho natural: D. 43.18.2. (*Gai 25 ed. prov.*) *Superficiarias aedes appellamus, quae in conducto solo positae sunt: quarum proprietas et civili et naturali iure eius est, cuius et solum.*

Igualmente Paulo, entre otros, define *superficies* como la construcción en suelo ajeno a cambio del pago de una contraprestación: D. 6.1.74. *(21. ed) Id est qui in alieno solo superficiem ita habeat, ut certam pensionem praestet.*

Sitzia[185] sostiene que ya los juristas clásicos, como de hecho se manifiesta en los textos antes citados, indicaron con el término *superficies* aquel particular derecho sobre la casa levantada en el fundo ajeno, y cuyo titular es denominado por las mismas fuentes como *superficiarius*.

Ahora bien, a diferencia de cuanto sucede en el significado etimológico del término, en el ámbito jurídico la superficie se concibe como accesoria al suelo. Y este significado lo resume Paulo en D. 46.3.98.8 (*15 quaest.*) en la frase "*pars enim insulas area est et quidem maxima, cui etiam superficies cedit*".

Para Maschi[186] "la jurisprudencia romana utiliza el concepto de *superficies* acomodado a la regla de accesión. Así, en tema de edificios, *superficies* no es sólo la casa respecto del suelo, sino también cada parte de la casa respecto del edificio o del suelo sobre el que

---

185 ED., voz superficie, p 1459.

186 "La proprietà divisa per piani, superficie e l'estensione ai provinciali del principio <superficies solo cedit>", Studi in onore V. Arangio-Ruiz IV, Napoli, 1953, p. 149.

aquélla se asienta[187]; y en este sentido es utilizado el término por Ulpiano recordando a Sabino a propósito de la *missio damni infecti causa*, que denomina *superficies* a aquel apartamento que forma parte de un edificio: *extat Sabini sententia in totas aedes mittendum: alioquin si ex superficie, inquit, damnum timeatur, non habebit res exitum*[188].

Vogt[189] sostiene que en el Derecho clásico la expresión *superficies* denota materialmente el edificio superficiario. Concretamente las fuentes refieren *superficies* como toda cosa puesta sobre el suelo y unida al mismo, sin referencia a consideraciones de carácter jurídico; sólo las fuentes justinianeas definen *superficies* como el derecho de construir y gozar del edificio.

El desarrollo jurídico que alcanza el término *superficies* lo aleja del originario significado etimológico, donde *superficies* es "la parte exterior"; "aquello que sobresale" y que puede ser separado; mientras que jurídicamente la superficie es lo construído sobre el suelo imposible de separar. Los dos significados, etimológico y jurídico, no coinciden[190], puesto que jurídicamente queda excluida la autonomía de la superficie respecto del suelo. Suelo y *superficies* no son objeto de relaciones jurídicas diferentes, de tal manera que la superficie se presenta accesoria al suelo, y es objeto de un mismo y único *dominium* cuyo titular es el *dominus soli: Qui domum alienam invito domino demolit et eo loco balneas exstruxit, praeter naturale ius, quod superficies ad dominum soli pertinet, etiam damni dati nomine actioni subicitur*[191].

---

[187] En este mismo sentido STOOP, B., "Law and economy in antiquity: the housing shortage in ancient Rome and the response of the classical jurists to the demands of commerce", en *Polis. Studi interdisciplinary sul mondo antico*, vol. II, a cura di F. Costabile, Roma, 2006, p. 260.

[188] D.39.2.15.12 (*Ulp. 52 ed.*)

[189] VOGT,H., *Das Erbbaurecht des klassischen römischen Rechts*, cit., p. 3.

[190] En este sentido no compartimos la opinión de PASTORI, F., *Prospetiva storica della superficie nel sistema dei diritti,* Milano, 1993, p.156, para quien en un principio el significado etimológico y el jurídico coinciden, en cuanto que jurídicamente no es posible la autonomía de la superficie respecto del suelo, pero Pastori no considera que la *superficies*, entendida como parte exterior –la copa, la corteza–, se puede separar.

[191] D. 9.2.50. (*Ulp. 60 opin.*)

Afirma Ulpiano que según Celso dos personas no pueden tener, cada uno para sí, ni la propiedad ni la posesión de la misma cosa: "*Duorum quidem in solidum dominium vel possessionem esse nos posse*"[192]; sin embargo, esta idea no refleja la realidad social del momento, en la que se habían impuesto ciertas prácticas determinantes para la aparición de un nuevo *ius in re aliena*, donde uno es el dueño del suelo y otro construye en él un edificio sobre el que teniene ciertas facultades.

Superficies, tal y como nosotros la entendemos hoy, nació de la combinación de dos situaciones jurídicas[193], por un lado el prinicipio *superficies solo cedit*[194], de tal manera que todo lo que se encuentra en el suelo forma parte integrante del mismo[195] y, por otro, el principio del que nos informa Gayo sobre la inalienabilidad de los terrenos públicos: ... *quae publicae sunt, nullius in bonis esse creduntur, ipsius enim universitatis esse creduntur*[196].

En la configuración jurídica de la *superficies* en el Derecho clásico es necesario combinar la realidad jurídica con ciertas exigencias del desarrollo económico[197]. Exigencias que quedan lejos de las consideraciones jurídico-formales de la superficie. La necesidad de vivienda, sentida como necesidad social de primer orden, ha sido, sin duda, el motor impulsor de las necesarias modificaciones legislativas, hasta la configuración de *superficies*, como el derecho a usar y disfrutar de una superficie ajena, a cambio de una contraprestación económica, el denominado *solarium*. Una vez más la realidad social y económica incide en la configuración y ulteriores desarrollos jurídicos de institutos jurídicos romanos[198].

---

[192] D. 13.6.5.15. (*Ulp. 28 ed.*)

[193] POLACEK, A., "*Superficies* (Aspectos jurídicos de una solución de la crisis de viviendas en el mundo romano)", Estudios jurídicos Álvarez Suárez, Madrid, 1978, p. 368.

[194] Vid. infra, pp. 80 ss.

[195] D'ORS, A., *Derecho privado romano*, cit., p. 185.

[196] D. 1.8.1.(*Gai. 2 inst*).

[197] Por el contrario, SUÁREZ BLÁZQUEZ, G., *Roma: edificiación en altura*, cit., p. 41, cree que "el origen de los negocios superficiarios parace que se debe ligar al nacimiento y al desarrollo del urbanismo especulativo fiscal y del urbanismo especulativo privado"; PASTORI,F., *La superficie nel diritto romano* cit., p. 63.

[198] Vid., por todos VOLTERRA, E., "La base economica della elaborazione sistematica del diritto romano", RISG 11, 1963-67, pp. 238 ss; FERNÁNDEZ DE

Debemos recordar que jurídicamente bajo el término *superficies* se hace referencia a dos realidades distintas: una, la cesión de las partes de un edificio ya construido y, otra, la cesión de suelo para edificar[199].

Sin embargo, para Rainer[200] la superficie parece referirse sólo a la hipótesis de concesiones de edificios construidos previamente, descartando que las concesiones de terreno para edificar sobre el mismo puedan considerarse concesiones superficiarias. No obstante, tanto las fuentes literarias como epigráficas permiten afirmar que en Roma la concesión de terrenos a un particular para que éste construya en él un edificio era además de posible, la forma habitual de llevar a cabo las concesiones superficiarias[201].

2. EL PRINCIPIO *SUPERFICIES SOLO CEDIT*

En virtud del principio *superficies solo cedit*[202] todo lo que está unido al suelo accede al mismo. De forma que toda construcción le-

BUJÁN, A. "Perspectivas de estudio en temática de Derecho administrativo romano, surgidas a tenor del pensamiento y de la obra de Giambattista Impalomeni", cit., p. 464.

199 D. 6.1.74 (Paul. 21 ed.).

200 RAINER, J. M, "Superficies und Stockwerkseigentum im klassischen römischen Recht", cit., p. 229.

201 A este respecto D. 43.18.2 (*Gai, 25 ed. prov.*); CIL VI 1585; CIL X 1783; CIL VI 266, entre otros.

202 Vid., sobre el tema: COVIELLO, N., "Della superficie", AG 49, 1892, pp. 3 ss; GONZALEZ, J., *El derecho real de superficie*. Conferencias pronunciadas en el Ateneo Juridico de la Asociación oficial de estudiantes de Derecho, Madrid 1922; WENGER, L., "Superficies solo cedit", *Philologus* 88, 1933 pp. 254 ss.; MASCHI, C., *La concezione naturalistica del diritto e degli istituti giuridici romani,* Milano, 1937; MASCHI, C., "La proprietà divisa per piani, superficie e l'estensione ai provinciali del principio <*superficies solo cedit*>", cit., pp. 332 ss; RICCOBONO, S., "La violazione del principio superficies solo cedit nel diritto giustinianeo", *Scritti di Diritto Romano. Dal Diritto romano classico al Diritto moderno,* Palermo, 1964, pp. 301 ss; PASTORI, F., *La superficie nel Diritto romano*, cit., p. 31 ss; MEINCKE, J.,"Superficies solo cedit", ZSS 88, 1971, pp. 137 ss; SILVEIRA MARCHI. E., *A propiedade Horizontal no Dereito Romano*, Sau Paulo, 1995, p. 15; HELINIAK, K., "Zasada superficies solo cedit w prawie rzymskim i w przepisach polskiego llodeksu cywilnego", *Czasopismo Prawno Historyczne*, 1999, pp. 359 ss; STOOP, B., "Law and economy in antiquity: the housing shortage in ancient Rome and the response of

vantada sobre suelo ajeno no constituye objeto de *dominium* separado de la propiedad del suelo. Y por tanto, ni la superficie, entendida como construcción, ni las diferentes partes de la misma pueden considerarse jurídicamente separadas de la configuración del suelo, de manera que lo superpuesto al suelo se convierte en *pars fundi*. Ello significa que de acuerdo *superficies solo cedit*, no cabe hablar ni de un derecho real de superficie, ni tampoco de propiedad superficiaria.

Estamos en presencia de un principio consuetudinario –no enunciado legalmente– integrador de la experiencia jurídica romana en tanto expresión de una realidad intuitiva[203], consagrada como *mos maiorum*[204].

El principio de accesión encuentra amparo en la vieja estructura del *dominium*. El carácter absorbente del dominio permite que uno de los modos de adquirir la propiedad en Roma sea la accesión. De forma que *superficies solo cedit* impide la configuración de dos titularidades jurídicas distintas, una sobre el suelo y otra sobre la superficie. Así, "la adquisición de la propiedad mediante la accesión es la lógica consecuencia de la extensión de la propiedad del suelo al espacio sobrepuesto al mismo, extensión que vendría negada si

---

the classical jurists to the demands of commerce", cit., p. 260; ZAERA GARCÍA, A., "*Superficies solo cedit*", AFDUC 12, 2008, pp. 1007 ss.

203 MASCHI, C., "La proprietà divisa per piani, superficie e l'estensione ai provinciali del principio <superficies solo cedit>", cit., p. 137.

204 WENGER, L., "Superficies solo cedit", Philologus 88, 1933, p. 255, contrariamente a cuanto ha sosteniendo la doctrina, considera que el principio *superficies solo cedit* no es un axioma consuetudinario, un *mores maiorum*, se trata de un principio enunciado por una norma antigua, de la que no nos ha llegado vestigio alguno; MASCHI, C., *La concezione naturalistica del diritto e degli istituti giuridici romani*, Milano, 1937, pp. 304 ss., descarta la posibilidad de que el mismo haya sido enunciado por alguna vieja norma. Del mismo modo creemos que debe descartarse un posible origen decenviral del principio de accesión, a partir del contenido de la Tabla 6.7: *Tignum iunctum aedibus vineave et concapit ne solvito*. El precepto decenviral se refiere a la prohibición de separar las vigas de una casa o la estaca de una vid, aún cuando perteneciesen a otra persona. Se trata aquí de evitar daños en las construcciones existentes o en las vides, y en ningún caso tal prohibición constituye una aplicación de la accesión. Vid. en este sentido MUSUMECI, F., *Inaedificatio*, Milano,1988, p. 28, para quien no cabe parangonar este supuesto al de la imposición de *superficies solo cedit* como sugiere MASCHI, C., *La concezione ...*, cit., p. 286.

se admitiese la adquisición de la propiedad o de derechos reales por parte de quien ha construido o plantado sobre suelo ajeno"[205].

No cabe duda de que *superficies solo cedit* forma parte de una arraigada tradición romana que trasciende del ámbito propiamente jurídico, por ello la ausencia hasta el periodo clásico de un registro escrito del principio no plantea duda alguna respecto a su origen.

La máxima *superficies solo cedit* la conocemos a través de los jurisconsultos clásicos, quienes la enuncian después de siglos de existencia consuetudinaria. Gai *Inst.* 2.73: "*Praeterea id quid in solo nostro ab aliquo aedificatum est, quamuis ille suo nomine aedificauerit, iure naturali nostrum fit, quia superficies solo cedit*". El mismo jurista se reafirma en D. 41.1.7.10 (*res cott.*) ... *quia omne quod inaedificatur solo cedit.*

La accesión es una regla intuitiva sin necesidad de demostración, formulada por los juristas romanos en términos axiomáticos. Ulpiano dice "*semper enim superficie solo cedere*"[206]; también Paulo[207] afirma "*pars enim insulae area est et quidem maxima, cui etiam superficies cedit*".

Observarmos que para los autores clásicos el principio de accesión no constituye ningún anacronismo histórico. Para Maschi[208] la formulación del principio en el comentario *ad edictum provinciale* de Paulo y Ulpiano confirma la vigencia del axioma en aquel tiempo.

Pero la importancia del principio *superficies solo cedit* transciende lo propiamente jurídico. Por ello autores ajenos al mundo del Derecho, como Séneca, se valen de este principio para intentar demostrar la conexión entre la matemática y la filosofía.

> *Sen. ep.* 8.8: "*Non es autem ars sui iuris cui precarium fundamentum est. Philosophia nil alio petit, totum opus a solo excitat. Matematica, ut ita dicam, superficiaria est, in alieno aedificat.*"

---

[205] COVIELLO, N., "Della superficie", AG 49, 1892, p. 33.

[206] D. 43.17.3.7. (*Ulp. 69 ed.*).

[207] D. 46.3.98.8.(*Paul. 15 quaest.*).

[208] MASCHI, C., "La proprietà divisa per piani, superficie e l'estensione ai provinciali del principio <superficies solo cedit>", cit., p. 138.

Ahora bien, los juristas clásicos también hacen alusión al derecho natural como fundamento del principio, lo que significa que lejos de constituir tal principio una creación arbitraria de la voluntad humana o del credo civil exclusivamente romano -*ius naturale-ius civile*-, éste echa sus raíces en la "*naturalis ratio*" que explica el orden natural de las cosas[209]. Así lo afirma Gayo en D. 43.18.2. (25 *ed. prov.*) "*civili et naturali iure eius est cuius solum*".

Lecturas análogas encontramos en D. 9.2.50 (*Ulp. 6 opin.*) "*naturale ius, quid superficies ad dominum soli pertinet*" y en D. 44.7.44.1. (*Paul. 74 ed.*) "*sic et in traendo et si quis dexerit se solum sine superficie tradere, nihil proficit quo minus et superficies transeat, quae natura solo cohaeret*".

No cabe duda de que la regla *superficies solo cedit* pasa al derecho civil como principio absoluto e inderogable que determina que las primeras relaciones superficiarias de ámbito únicamente público pudieran desarrollarse al amparo de la *locatio-conductio.* Y es que el principio refleja el significado que la tierra tiene en Roma. La tenencia de *ager* determinaba una posición social privilegiada; de ahí la lucha de la plebe por acceder a la tierra, incluso cuando en Roma el comercio comienza a ser cada vez más floreciente y trae consigo beneficios más suculentos que la tierra.

La importancia de la tierra y de toda la actividad económica que se desarrolla a su alrededor determina que *superficies solo cedit* se convierta en un principio inderogable que afecta a los *mores* de los ciudadanos romanos. Con la vigencia del principio se defiende la propiedad del suelo y su posible expansión sobre las accesiones. La superficie se considera un elemento accesorio del suelo que sigue el destino jurídico de éste. Ello supone la primacía del suelo frente a lo sobrepuesto en él. En términos jurídicos la accesión no es más que la traducción al mundo del Derecho de la "unificación" física de la superficie –entendida unicamente como construcción– y el suelo. Por ello, para el *ius civile* no es posible separar jurídicamente aquello que físicamente está unido, en tanto no cabe separar físicamente el edificio del suelo sobre el que se levanta. De ahí que el derecho

---

[209] MASCHI, C., *La concezione naturalistica del diritto e degli istituti giuridici romani*, cit., p. 284.

civil no reconozca dos titularidades jurídicas distintas, una sobre el suelo y otra sobre la construcción, sino únicamente la propiedad del suelo[210].

Llama la atención el hecho de que el principio de accesión sea típicamente romano, una especie de seña de identidad nacional que Roma no comparte con otros pueblos[211]. El Derecho cuneiforme admite la separación jurídica de suelo y superficie[212]. Asimismo el derecho ático y el sirio[213], admiten una cierta independencia jurídica de la superficie respecto del suelo[214]. De esta manera era posible que suelo y superficie fueran objeto de titularidades jurídicas diferentes, incluso que las diversas partes de un edificio pudiesen corresponder

---

[210] HELINIAK, K., "Zasada superficies solo cedit w prawie rzymskim i w przepisach polskiego llodeksu cywilnego" en Czasopismo Prawno Historyczne, 1999, p. 361, sostiene que la paremia *superficies solo cedit* funcionaba ya en la etapa decenviral.

[211] Vid. MASCHI, C., "La proprietà divisa per piani, superficie e l'estensione ai provinciali del principio <superficies solo cedit>", cit., p. 140, el autor crítica la equiparación que Gayo formula en Instituciones 1.1 entre el *ius gentium* y el *ius naturale*, puesto que una equiparación entre ambos ordenamientos conduciría al absurdo de entender como *iuris gentium* el principio *superficies solo cedit*. Dice Maschi que hacer dicha equivalencia supondría atribuir a Gayo una colosal ignorancia, concretamente aquella de no conocer los principios elementales vigentes en el mundo oriental. El mismo MASCHI, C., *La concezione naturalistica del diritto e degli istituti giuridici romani*, cit., p. 284, afirma que en este caso el *ius naturale* no es equiparable al *ius gentium*. En el mismo sentido BRAGA DA CRUZ, O., "O direito de superficie no dereito romano", cit., p. 293, para quien el principio de accesión pertenece tanto al *ius civile* como al *ius naturale*, ello equivale a decir que se aplica tanto a la propiedad como a la posesión, y por tanto, así como la propiedad de la superficie corresponde al *dominus soli*, del mismo modo la posesión de la superficie no puede pertenecer a otro sino al poseedor del mismo suelo. A este respecto entendemos que más que pertenecer al *ius naturale* el hecho de que la superficie le pertenezca al poseedor del suelo confirma la rigidez de este precepto y la supremacía que ocupa el suelo respecto a la superficie: D. 13.6.5.15: *Duorum quidem in solidum dominium vel possessionem esse non posse*.

[212] CUQ, E., "Etudes sur les contrats de l'epoque de la première dynastie babylonienne", RHD 34, 1910, p. 458.

[213] Vid., infra pp. 235 ss., dedicada al estudio del parágrafo 98 del Libro Siro-Romano y los textos recogidos en *Hexabiblos* 2.4.40 y 2.4.42, ambos textos confirman como la *communio pro diviso* era reconocida en Palestina.

[214] Vid., por todos MAROI, F., "La proprietà degli alberi separata da quella del fondo", SDHI 1, 1935, pp. 352 ss.

a titulares distintos. En este supuesto se habla de *communio pro diviso*, cuyo reconocimiento jurídico tiene un marcado carácter económico, ya que permite realizar diferentes transacciones comerciales entre los propietarios del suelo y de la superficie e incluso entre quienes disponen de las partes del edificio[215].

Sin embargo, no podemos pasar por alto ciertos testimonios textuales que, a propósito de la vigencia del principio de accesión, recogen lecturas controvertidas de la jurisprudencia clásica. Así D. 41.1.28[216] (*Paul. 16 Sab.*)

> *Si supra tuum parietem vicinus aedificaverit, proprium eius id quod aedificaverit fieri Labeo et Sabinus aiunt: sed Proculus tuum proprium, quemadmodum tuum fieret, quod in solo tuo alius aedificasset: quod verius est.*

En este supuesto Labeón y Sabino sostienen que quien edifica apoyando su construcción sobre la pared ya levantada se hace dueño de lo construido, por ende en este caso lo edificado no accede al dueño de la pared en la cual se apoya sino al dueño de la construcción. Pero a renglón seguido Pomponio cita la opinión de Próculo para quien la superficie sigue el destino del suelo, es decir, aplica el axioma de accesión. En este sentido el texto suscita nuestras dudas sobre la aplicación rigurosa del principio de accesión. Parece que en

---

[215] BISCARDI, A., "Sul regime della coproprietà in diritto attico", *Scritti di diritto Greco*, A cura di Eva Cantarrella e Alberto Maffi, Milano, 1999, pp. 38 ss., afirma que en el derecho griego, entre otros derechos de la antigüedad, se admite desde épocas remotas la denominada *communio pro diviso*. Ya Hom. Od. XIX, 594 y Herd. His. II, 148, hablan, como algo nada extraño, de construcciones sobre un solar empedrado y de pisos superiores; mientras que la ley de Gortina, IV, ll.31-37, permite deducir el uso de subdividir en diferentes estancias la casa heredada del padre, cuando los hijos dividen la comunidad familiar. Si bien, la información más completa sobre la materia la aporta el registro inmobiliario de Tenos, donde abundan los ejemplos relativos a porciones materiales de fundos rústicos y urbanos, siendo esta división en planos horizontales.

FERRINI, C.,"La proprietà divisa dei diversi piani de una casa", Opere 4, Milano, 1930, pp. 131 ss., asegura que también en el derecho sirio aparece admitida desde antiguo la *communio pro diviso*.

[216] Vid., infra pp. 228 ss., donde procedemos al estudio pormenorizado de este texto en relación con la propiedad superficiaria.

algún caso concreto, y a modo de solución *sui generis*, *superficies solo cedit* no se aplica. A pesar de ello el texto no puede llevarnos a afirmar que dicho axioma fuese derogable, especialmente en el ámbito del *ius civile*.

Del mismo modo el pretor no siempre hizo uso de *superficies solo cedit,* principalmente cuando pretendía modificar el régimen jurídico de la relación superficiaria. De hecho el principio en unos casos fue reconocido por el *ius honorarium*, pero en otros fue ampliamente innovado[217]. No podemos olvidar que la concesión del interdicto *de superficiebus* supone un paso adelante en este sentido.Y es que la aplicación rígida –e inderogable *iure civile*– de *superficies solo cedit* era incompatible con la realidad del momento.

El problema de la vivienda en Roma y la escasez de terreno para construir desde comienzos de la República impulsan la cesión de suelo, en principio público y posteriormente privado, para que el titular de la concesión edifique en él. Ahora bien, la primacía y rigidez *iure civile* del principio de accesión impide a quien construye en suelo ajeno adquirir cualquier titularidad jurídica sobre lo edificado. Una situación que colisiona tanto con los intereses económicos como con los intereses sociales de aquellos ciudadanos que, desprovistos de suficientes recursos para acceder a la propiedad de una *domus*, pudiesen, sin embargo, adquirir un *cenaculum* de una *insula* o la taberna en la que tienen su negocio[218].

A pesar de que el pretor, en cierta medida, flexibiliza la aplicación de *superficies solo cedit*, lo cierto es que la accesión aparece en diversas Constituciones:

> *C. 3.32.2 (Impp. Sevr. et Antonin. AA Aristeneto) Si inferiorem partem aedificii, quae solum contingit, ad te pertinere probare potes, eam, quam vicinus imposuit, accessisse domi-*

---

[217] Vid. MASCHI, C.,"La proprietà divisa per piani, superficie e l'estensione ai provinciali del principio <superficies solo cedit>", cit., pp. 142 ss; COPPA, P., "La proprietà dei singoli piani de un edificio", Studi in onore a Vittorio Scialoja, Milano, 1905, p. 742.

[218] STOOP, B., "Law and economy in antiquity: the housing shortage in ancient Rome and the response of the classical jurists to the demands of commerce", cit. p. 260.

nio tuo non ambigitur. Sed et id, quod in solo tuo aedificatum est, quoad in eadem causa manet, iure ad te pertinet. si vero fuerit dissolutum, materia eius ad pristinum dominium redit, sive bona fide sive mala fide aedificium extructum sit, si non donandi animo aedificia imposita sint. [a.213]

C. 3.32.16 (*(Impp. Sevr. et Antonin. AA Ianuario)Si in area communi domum aliquis exstruxit, hanc vobis communem iuris fecit ratio. Cuius portionem ab eo qui bona fide possidens aedificavit, si velis vindicare, sumtus offerre debes, ne doli mali possis exceptione submoveri.[a. 293]*

C. Greg. 3.6.2 *(Imp. Philipp. A. et Philipp. C. Aur. Victorino et Marco et Valerio): Aedificium in alieno agro extructum solo cedere sumptusque eo nomine factos non nisi bonae fidei emptorem per retentionem posse certissimi iuris est* [a.244 o 245]

Las dos primeras constituciones están ubicadas en el título *de rei vindicatione*, ambas responden a las demandas de dos ciudadanos a la cancillería imperial. En la primera un ciudadano, Aristeneto, pregunta a la Cancillería si puede reivindicar la propiedad de la construcción levantada en suelo de su propiedad, la Cancillería responde aplicando el principio de accesión: ... *accessisse dominio tuo*... Por tanto, lo construído por un tercero en su terreno acrece para él. En el segundo supuesto otro ciudadano, Januario, pregunta a la Cancillería si lo edificiado en un terreno común accede a todos sus propietarios. En este caso la respuesta es la misma, se aplica el principio de accesión ...*hanc vobis communem iuris fecit ratio*... Ahora bien, en ninguno de los dos supuestos existe una relación superficiaria entre el *dominus soli* y el ciudadano que erige la construcción, aunque en el segundo supesto alude a *qui bona fide possidens aedificavit*. En ambos supuestos estamos ante ciudadanos que sin autorización previa del *dominus soli* levantan una construcción en suelo ajeno. La respuesta de la Cancillería imperial no consolida el principio de accesión como absoluto e inderogable. Las constituciones aplican el principio para evitar "actos de prepotencia"[219], es decir, actos en los que un sujeto construye sin previa autorización del *dominus soli*, lo que explica que en un momento histórico en el que la aplicación del principio se había flexibilizado fuese,

---

[219] SOLAZZI, S., "La *superficies* nel diritto giustinianeo", AG 146, 1957, p. 32.

sin embargo, extendido a zonas del imperio romano donde precisamente la accesión no era una regla jurídica vigente[220].

El mismo tenor tiene el texto del *Codex Gregorianus* que recoge la accesión del edificio al suelo, el edificio construído en suelo ajeno accede a éste.

Otro de los textos que refiere que el principio de accesión es el *Epitome de Gai* 2.1.4[221].

> *Item regulariter constitutum est, ut superposita inferioribus cedant: id est ut, si quis in solo nostro, sine nostro permissu, domun aedificauerit, ad eum cuius terra est, domus aedificata pertineat: ue lsi aliquis in agro nostro arbores aut uineas uel plantas quascumque posuerit, similiter superficies solo cedat; uel si messem in campo seminauerit, omnia haec, quae in terram alienam iactantur domino terrae adquirantur.*

El texto enuncia la máxima clásica de la accesión, pero, a diferencia de los anteriores, incluye el inciso *sine nostro permissu* que, por un lado, devalúa la vigencia de *superficies solo cedit* y, por otro, pone de manifiesto que es la voluntad de las partes la que determina la aplicación del principio. La accesión únicamente actuará en los supuestos en los que el dueño del suelo no haya dado permiso para construir en él. El sentido primitivo del principio queda gravemente modificado: basta el consentimiento del *dominus* para que el principio no funcione. De este modo el principio se hace derogable en consonancia con la realidad social del momento.

El derecho justinianeo, aunque enuncia el principio *superficies solo cedit* en las Instituciones[222], acoge la evolución del mismo y,

---

220 MASCHI, C., La proprietà divisa per piani, superficie e l'estensione ai provinciali del principio <superficies solo cedit>", cit., p. 135.

221 Vid., infra pp. 239 ss., dedicadas al texto a propósito de la propiedad superficiaria.

222 *Inst. Iust.* 2.1.29. *Cum in suo solo aliquis aliena materia aedificaverit, ipse dominus intellegitur aedificii, quia omne quod inaedificatur solo cedit. nec tamen ideo is qui materiae dominus fuerat desinit eius dominus esse: sed tantisper neque vindicare eam potest neque ad exhibendum de ea re agere propter legem duodecim tabularum, qua cavetur, ne quis tignum alienum aedibus suis iniunctum eximere cogatur, sed duplum pro eo praestat per actionem quae vocatur de tigno iuncto*

al igual que en el derecho postclásico, queda configurado como un principio derogable en virtud de la autonomía de las partes.

3. LA CONFIGURACIÓN DE LA SUPERFICIE EN EL *IUS CIVILE*

La configuración *iure civile* de la superficie viene determinada por el principio de accesión y el poder total y absoluto que imprime el *dominium ex iure Quiritium* sobre la cosa objeto del mismo, *plena in re potestas*[223]. Aunque el propio derecho civil romano reconoce determinadas limitaciones al *dominium*, como son las servidumbres,

---

(appellatione autem tigni omnis materia significatur ex qua aedificia fiunt): quod ideo provisum est, ne aedificia rescindi necesse sit. sed si aliqua ex causa dirutum sit aedificium, poterit materiae dominus, si non fuerit duplum iam consecutus, tunc eam vindicare et ad exhibendum agere. 30. Ex diverso si quis in alieno solo sua materia domum aedificaverit, illius fit domus, cuius et solum est. sed hoc casu materiae dominus proprietatem eius amittit, quia voluntate eius alienata intellegitur, utique si non ignorabat, in alieno solo se aedificare: et ideo, licet diruta sit domus, vindicare materiam non poterit. certe illud constat, si in possessione constituto aedificatore, soli dominus petat domum suam esse, nec solvat pretium materiae et mercedes fabrorum, posse eum per exceptionem doli mali repelli, utique si bonae fidei possessor fuit qui aedificasset: nam scienti, alienum esse solum, potest culpa obici, quod temere aedificaverit in eo solo quod intellegeret alienum esse.

[223] PASTORI, F., *La superficie nel diritto romano*, cit., p. 180; VOGT, H., *Das Erbbaurecht des klassische römischen Rechts*, cit., p. 58. KASER, M., "El concepto romano de la propiedad", Anales de la Academia Matritense del Notariado 16, 1968, trad. de Joan Miquel, p. 10, para quien "El carácter unitario del poder sobre las cosas estaba tan acentuado en el Derecho romano arcaico, que en esa época sólo se conoce un único derecho real, la propiedad, y que incluso los derechos que después se concibieron como limitativos de cosa ajena se diluyen en la propiedad. Esto se refiere sobre todo a las servidumbres más antiguas, es decir, a las servidumbres de paso y de aguas, que se remontan, con seguridad al período arcaico. Estos derechos son primitivamente *res mancipi* corporales, por cuanto que su titular tenía una propiedad que se limitaba al aprovechamiento del camino de la conducción de aguas, y recaía sobre la franja del fundo en que éstos se encontraban... La servidumbre aún no era considerada en esta época como un derecho de naturaleza peculiar, que limitaba la propiedad en todo el fundo, sino que consistía ella misma en un propiedad cualificada y limitada, equivalente a la propiedad en el resto del fundo."

lo cierto es que las relaciones superficiaras se avienen mal con cualquiera de los institutos reales admitidos por el *ius civile*.

La rigidez *iure civile* del principio *superficies solo cedit* impide el reconocimiento jurídico de ciertas prácticas de construcción que atienden necesidades tanto económicas como sociales de la comunidad romana. El *ius civile* únicamente admitie respecto a las construcciones levantadas en suelo ajeno relaciones jurídicas obligatorias[224], a traves de la *locatio-conductio*[225].

Para comprender el alcance de la *locatio* respecto de la superfice previamente debemos responder a dos interrogantes: en primer lugar, establecer el objeto de la *locatio*: *solum* o *superficies* y, en segundo lugar, determinar cómo debemos entender la expresión *locare superficiem*. La respuesta al primero de los interrogantes la encontramos en las fuentes[226], de las que se desprende que por relaciones superficiarias entendemos tanto aquellas en las que el objeto es la superficie ya construida, como aquellas otras en las cuales el *dominus soli* entrega el suelo para que el superficiario construya en él. De manera que el objeto de la locación en la *superficies* puede ser tanto el suelo para transformarlo y construir en él, como la construcción ya realizada o incluso las diferentes partes de ésta, aunque en ningún caso tienen una consideración jurídica autónoma respecto del suelo. De este modo para el *ius civile* hay relación superficiaria tanto si el objeto de ésta es el *solum* para transformalo con la construcción, como en los supuestos en los que la concesión se realiza sobre el edificio.

Más complejo resulta todavía el arrendamiento del suelo para su posterior transformación, de manera que hablar de *locare solum* podría hacernos pensar en el *ius vectigalis*, si bien el objeto del *frui* en ambas figuras es diferente: en la superficie la locación del suelo tiene como objeto la transformación del mismo para proceder a la construcción de un edificio, del que el constructor o superficiario podrá disponer; en cambio en el *ius vectigalis* el *frui* es el propio suelo para su

---

224 D. 44.7.44.1 (*Paul. 74 ad ed.*) … *Sic et in traendo, si quis dixerit se solum sine superficie tradere, nihil proficit, quo minus et superficies transeat, quae natura solo cohaeret;* D. 41.3.26. (*Ulp. 39 ad Sab.*) *numquam superficies sine solo capi longo tempore potest.*

225 AMIRANTE, L., "Ricerche in tema di locazione", BIDR 31, 1959, pp. 25 ss.

226 D.39.2.18.4 (*Paul. 47 ed.*) … *qui in conducto solo superficiem imposuit.*

explotación agricola. Es decir, el vectigalista dispone del suelo para su aprovechamiento, mientras que el superficiario transforma el suelo[227], levanta la construcción y dispone de ella independientemente del suelo. Afirma Pastori[228]: "*il frui ex lege locatinionis* viene expresamente referido a la superficie, independientemente del suelo".

En ambos supuestos de superficie estamos ante una figura que excede de la *lociatio-conductio,* si bien *iure civile* el superficiario, aunque constructor del edificio, tendrá únicamente la categoría de arrendatario y, por tanto dispondrá de un *re frui licere*, estando protegido frente a posibles perturbaciones, provenientes tanto del *domi nus soli* como de terceros, con la *actio conducti.*

En cuanto a la locación del edificio o de una parte concreta del mismo a simple vista no parece que haya especialidades respecto del arrendamiento normal, sin embargo la duración del arrendamiento y las facultades concedidas al superficirio distan bastente de la locación ordinaria. Mientras que en el arrendamiento ordinario la duración suele establecerse por un máximo de cinco años, en la superficie se amplía hasta los cien años o a perpetuidad. También las facultades del arrendatario y del superfiario difieren: el arrendatio está supeditado a las normas de la *locatio-conductio*; mientras que superficiario actúa como si fuese *dominus*: lleva a cabo cuantas obras y mejoras entienda oportunas; puede transmitir su derecho a un tercero; puede dar la superficie en prenda o constituir sobre ella un derecho de usufructo o de uso[229].

Dadas las peculiaridades de la *locatio-conductio* en estos supuestos es evidente que la *actio conducti* resulta insuficiente para el superficiario que, en un gran número de casos, ha invertido importantes recursos económicos en la construcción de la superficie. En el supuesto de que el *dominus soli* transmita la propiedad el superficiario se verá

---

[227] En este mismo sentido BIONDI, B., *La categoria romana delle servitutes*, cit., p. 453, afirma que la locatio de la *superficies* tiene como objeto la atribución de la facultad de levantar plantaciones o construcciones sobre el suelo ajeno y gozar de éstas. No importa el goce de la cosa en su estado actual, sino más bien la atribución de poder transformar la superficie en un determinado modo y poder gozar de ella de acuerdo a como resulte una vez transformada.

[228] *La superficie nel diritto romano*, cit., p. 43; PASTORI, F., *Prospettiva storica della superficie nel sistema dei diritti*, cit., p. 170 ss.

[229] Vid. infra pp. 145 ss.

indefenso, únicamente gozará de la referida *actio conducti* que ejercerá frente al dueño primitivo, mientras que ante el nuevo dueño no tendrá ningún derecho[230]. Más aún, en el caso de ser requerido deberá devolver el suelo y sus accesiones, es decir, la construcción levantada a sus expensas. Este tipo de situaciones llevan a considerar las relaciones superficiarias como una figura poco atractiva.

Con todo no debemos pensar que el *ius civile* contempla las deficiencias en la protección al superficiario con total pasividad e indiferencia. La sensibilidad de la jurisprudencia a la "*aequitas*" y a la "*utilitas*" que facilitan soluciones nuevas ante demandas sociales atendibles, también se refleja en las relaciones superficiarias. Tal es así que la primera evolución en la protección de las relaciones superficiarias se produce en el seno del propio derecho civil: la jurisprudencia, atendiendo las necesidades del superficiario, admite la obligación del *dominus soli* de ceder al superficiario las acciones que a él como dueño le competen frente a terceros[231]: *Qui superficiem in alieno solo habet, civili actione subnixus est, nam si conduxit superficium, ex conducto, si emit, ex empto agere cum domino soli potes...praestare ei actiones suas debe dominus et cedere...* (D.43.18.1 *Ulp. 70 ed.*).

La transmisión de acciones del *dominus* al arrendatario-superficiario se producía únicamente en aquellos supuestos en los que el arrendamiento se hubiese hecho *longo tempore* o a perpetuidad. Se establece por primera vez la diferencia entre *inqulinus* y *superficiarius*, convirtiendose el superficiario en un *inquilinus sui generis*.

Sin embargo, el *ius civile* no reconoció nunca el carácter real de las relaciones superficiarias[232]. El carácter absorbente del *dominium ex iure Quiritium* y la vigencia *iure civile* del principio de accesión imposibilitan cualquier configuración de un posible *ius in re aliena*, a pesar de que la sensibilidad de la jurisprudencia permite afirmar que el reconocimiento jurídicio de la *superficies* se asienta en el propio derecho civil, aunque éste se llevase a cabo de forma fáctica.

---

[230] BRAGA DA CRUZ, G., "O Dereito de superficie no Dereito Romano", cit., pp. 294 ss.

[231] PASTORI, F., "Prospettiva storica del diritto di superficie", cit., p. 884.

[232] PASTORI, F., "Superficie e negozio costitutivo", Studi in onere Biondo Biondi, Milano, 1965, p. 388.

4. LA *SUPERFICIES* EN EL *IUS HONORARIUM*

A. El *interdictum de superficiebus*

La protección que el *ius civile* ofrece al superficiario resulta insuficiente para las cuantiosas sumas de dinero que éste invierte en la construcción de un edificio. Es por ello que el pretor, sensible a las necesidades y reivindicaciones que los arrendatarios-superficiarios realizaban, junto al incremento de este tipo de negocios[233], decide otorgar a las relaciones superficiarias una protección específica: el interdicto *de superficiebus*. El interdicto de *superficiebus* es una pieza fundamental en la configuración del derecho real de superficie. La concesión del interdicto además de proporcionar al superficiario una protección extraprocesal útil y completa, permite que la *superficies* comienze a articularse como figura jurídica autónoma. En definitiva, al otorgar el interdicto de superfie el pretor separa las relaciones superficiarias de las concesiones de bienes públicos en general, bajo las que había tomado forma.

> D. 43.18.1.pr. (*Ulp. 70 ed*) *Ait praetor: uti ex lege locationis sive conductionis superficie, qua de agitur, nec v, nec cla, nec precario alter ab altero fruemini, quo minus fruamini, vim fieri veto. si qua alia actio de superficie postulabitur, causa cognita dabo.*

El interdicto de *superficiebus* lo conocemos a través de los comentarios de Ulpiano al edicto del pretor, aunque creemos puede fecharse en los comienzos de la época clásica, momento en el que las concesiones superficiarias comienzan a realizarse *inter cives* y los ciudadanos demandan una protección semejante a la de los *agri vectigales*.

Probablemente el texto del interdicto era más amplio que el que nos ha llegado en el título 43.18.1 (*Ulp.* 70 *ed.*), el cual parece ser una versión recortada de la redacción original de Ulpiano. En este sentido la doctrina romanística viene debatiendo desde hace tiempo el origen clásico del texto recopilado por los compiladores justinianeos.

---

233 Las necesidades de vivienda en Roma conllevan el aumento de las concesiones superficiarias.

Beseler[234], entre otros, sostiene que el interdicto fue obra de los compiladores justinianeos. Según el autor, los compiladores adaptaron el interdicto que el pretor da al usufructo para convertirlo en el interdicto de *superficiebus*. De forma que el texto original estaría formulado del siguiente modo: "*Ait praetor: 'Uti eo fundo quo de agitur nec vi nec clam nec precario alter ab altero utimini fruimini, quo minus ita utamini fruamni, vim fieri veto. Si quod aliud interdictum postulabitur, causa cognita dabo*".

La teoría de Beseler ha sido duramente críticada por Albertario[235]. Para el autor no se puede argumentar que el interdicto *de superficiebus* sea justinianeo por el simple hecho de que en el mismo aparezcan las palabras *ex lege locationis*. Basta confrontar este texto con el interdicto *de loco publico fruendo*, admitido por Beseler como genuino, para comprobar que la expresion "*ex lege locationis*" no es exclusiva del interdicto de superficie. Además, añade el Albertario, si el interdicto hubiese sido redactado por los compiladores justinianeos, éstos no hubiesen hablado de *frui*, término ya olvidado en ese momento, sino que en el texto aparecería *possidere*. No obstante, el hecho de que en el Digesto falte un interdicto dedicado al usufructo no es suficiente motivo como para justificar la factura justinianea del interdicto de superficie. En este sentido se pregunta Albertario: ¿Qué interdicto es éste *aliud interdictum* que se da al usufructuario *causa cognita*? El examen de estas proposiciones llevan al autor a afirmar el carácter clásico el interdicto de superficie referido por Ulpiano.

En este mismo sentido Biondi[236] niega todas aquellas teorías que intentan demostrar la autoría justinianea del texto. Según Biondi no cabe pensar que los justinianeos colocaran el interdicto de superficie en el lugar donde aparecía el interdicto del usufructo. De ser así tendríamos que preguntarnos qué trataba Ulpiano en el comentario 70 al edicto. Es imposible que ese comentario tratase la doctrina civil de la superficie.

---

234 *Beiträge zurKkritik der römischen Rechtsquellen* I, Leipzig, 1931, p. 100; en este mismo sentido se manifiesta KRÜGER, Conferenze per il XIV Centenario delle Pandette, p. 121 aunque hace algunas matizaciones al texto del interdicto de usufructo.

235 "Il possesso della superficie", Studi di Diritto Romano II Guiffrè Editore, 1941, Milano, pp. 114 ss.

236 *La categoría romana delle servitutes*, cit., pp. 464 ss.

Pastori[237] también mantiene el carácter clásico del interdicto. Afirma que "el hecho de que el titulo del interdicto sea tan breve, con un estilo nada uniforme y armónico hace imposible la tesis de que éste haya sido escrito por los compiladores". Ahora bien, el carácter clásico del interdicto no significa que la *superficies* fuera en época clásica un derecho real. Para Pastori sería sorprendente que los compiladores hubiesen inventado la tutela interdictal de la superficie, puesto que con ello habrían reproducido una concepción de la superficie ya superada en su tiempo, pues en ese momento el instituto no se fundaba sobre un *frui ex lege locationis*, sino que había asumido la configuración de derecho real.

A pesar de la importancia de las teorías que sitúan la creación del interdicto en época justinianea, hoy no es posible admitirlas. Más acertada nos parece la posición de quienes no encuentran prueba alguna para calificar el interdicto *de superficiebus* como justinianeo, sino todo lo contrario; el pretor, sensible una vez más a las demandas sociales, al igual que hizo con figuras jurídicas afines, tuteló las relaciones superficiarias. No puede extrañar el hecho de que el pretor concediese protección interdictal a un tipo de relación no lejana a los *agri vectigales* o al *ususfructus* a los que el derecho clásico otorga un reconocimiento jurídico real. Tampoco sorprende que el pretor tutelase situaciones nuevas no amparadas en el *ius civile*, pues precisamente en este punto reside toda su fuerza creadora en la experiencia jurídica romana[238]. El pretor actúa aquí: *adiuvandi vel supplendi vel corrigendi iuris civilis gratia propter utilitatem publicam*[239].

Es perfectamente comprensible que el pretor intente corregir el *ius civile* y resuelva, por un lado, la posición incómoda del arrendador de tener que auxiliar al arrendatario-superficiario cediéndole

---

237 *La superficie nel diritto romano*, cit., pp. 75 ss.; KASER/KNÜTEL, *Römisches Privatrecht*, 19 ed., München, 2008, p. 161, el interdicto se inspira en el modelo del uti possidetis.

238 BRAGA DA CRUZ, G., "O dereito de superficie no dereito romano", cit., pp. 292 ss., para quien el derecho de superficie "es un instituto de derecho pretorio, una situación de compromiso, tutelada exclusivamente por el Edicto del pretor para atenuar las consecuencias demasiado rígidas de la regla *superficies solo cedit*". El pretor considera que esa situación *de facto* debe ser tutelada jurisdiccionalmente.

239 D.1.1.7 (*Pap. 2 def.*).

las acciones que le son propias y, por otro, tutele suficientemente al arrendatario que invertía grandes sumas de dinero en la construcción del edificio[240]. Por ello, es posible afirmar que, una vez concedido el interdicto de *superficiebus* y en virtud de la protección que el mismo otorga al superficiario, las concesiones de suelo para edificar –habituales en el ámbito público– comenzan a ser una práctica más frecuente entre los particulares[241].

A este respecto, es significativo el hecho de que Séneca aluda a la *superficies* en el comentario que hace en el Epitome[242], un dato que demuestra como ya en ese momento las relaciones superficiarias eran una práctica tan habitual en Roma que llega a utilizarse como símil entre la matemática y la filosofía.

Pese a ello no faltan autores como Vogt[243] que creen que en este momento histórico no se llevaban a efecto relaciones superficiarias *inter cives*, pues resultaría poco atractivo para los particulares ceder terrenos a perpetuidad para que otro construya en ellos y disponga de la construcción, cuando estos mismos ciudadanos podrían construir y alquilar los diferentes apartamentos, sin necesidad de llegar a realizar locaciones a perpetuidad del suelo. Para el autor las concesiones superficiarias entre los particulares se empezaron a realizar a partir del siglo II d. C. cuando se produce la crisis económica y demográfica, cae la especulación del suelo urbano y los propietarios del mismo ven en las concesiones superficiarias un modo de asegurar una rentabilidad mínima del suelo[244].

---

240 ZAERA, A., "El negocio de las rentas inmobiliarias en Roma: la explotación de la *insula*", Revista de estudios Histórico-Jurídicos XXIV, pp. 43 ss.

241 En contra BRAGA DA CRUZ, G., "O dereito de superficie no dereito romano", cit., pp. 300 ss., el interdicto de superficie fue concedido para las relaciones superficiarias públicas y a partir de ahí, esas relaciones comienzan a realizarse *inter cives*. Si bien, para el autor una vez concedido el interdicto las relaciones superficiarias dejan de ser obligatorias y nace el *ius in re aliena* de superficie.

242 *Ep.* 88.

243 *Das Erbbaurecht des klassischen römischen Rechts*, cit., p. 48.

244 GROSSO, *Schemi giuridici e società nella storia del diritto romano privado romano*, cit., 302, suscribe la misma teoría al afirmar que este tipo de concesiones no se realizaron entre ciudadanos particulares hasta un momento posterior, a partir de la crisis del siglo II d. de C. que afecta a toda la población de manera generalizada.

En todo caso resulta evidente que es a partir de la protección interdictal cuando las concesiones de suelo para edificar abandonan el ámbito de la *locatio-conductio* para abrirse paso bajo una configuración jurídica bien distinta. Y es que el pretor reconoce a la superficie –en la protección interdictal– como entidad jurídica propia respecto del suelo[245]. De esta forma en la experiencia jurídica romana se modela una figura jurídica peculiar que se asemeja a otras de carácter real ya existentes como el usufructo o los *agri vectigales*.

Un punto a reseñar en el texto del interdicto es aquel en el que Ulpiano manifiesta que el *interdictum de superficiebus* ha sido dado a semejanza del *uti possidetis*. Auque es posible admitir, como hace Falcone[246], que el interdicto *uti possidetis*, era aplicable a situaciones posesorias perfectamente diferenciadas de la propiedad, antes que a situaciones preparatorias de la reivindicación de propiedad, no creemos que las relaciones superficiarias fuesen amparadas desde el *uti possidetis*[247]. Las primeras relaciones superficiarias –nacidas de las concesiones de *loca publica* en el ámbito de la administración pública– caen bajo la tutela del *interdictum de loco publico fruendo*, no sobre el *uti possidetis*. No hay que olvidar que el interdicto *uti possidetis* es un interdicto posesorio, mientras que el interdicto *de superficiebus*

---

245 GANDOLFI, G., *Contributo allo studio del processo interdittale romano*, Milano, 1955, p. 144.

246 "Ricerche sull'origene dell'interdicto 'uti possidetis", cit., p. 69, para el autor "el interdicto *uti possidetis* es un interdicto de retener la posesión y no de adquirir la misma, de manera que la introducción del interdicto sería debido a la necesidad de tener separada la posesión de la propiedad, necesidad que viene fundada desde la constatación *fieri etenim potest*, donde *possessio* y *propietas* pueden no coincidir en la cabeza de la misma persona". Tiende el autor a demostrar que el interdicto *uti possidetis*, influenciado por los cambios producidos en el derecho postclásico y justinianeo, acaba cambiando su carácter y centrando su función en la preparación reivindicatoria de la propiedad, función que se desarrolla en un contexto diferente a aquel que caracterizaba la perspectiva de Ulpiano. Ello se debería al interés de los justinianeos, pasando el interdicto a considerarse como *duplex via* y olvidando "la defensa autónoma de la posesión", que en un principio tuvo el interdicto.

247 POLACEK, A, "Propietà e possesso nel diritto romano postclásico", Annali Facultà di Giurisprudenza di Genova XIV, 1975, p. 543, sostiene que "l'interdetto Uti possidetis, valga anche per l'istituto della superficie, confermano parecchi giuristi expressis verbis (D. 43.17.3.7 Ulp. 69 ed.)".

se basa en la *lex locationis* y no tiene como presupuesto la *possessio*. Por ello, la referencia de Ulpiano al interdicto *uti possidetis*[248] debe ser atendida con cautela, ya que quizás el jurista se deja llevar por la estrecha relación entre los *agri vectigales* y la *superficies* y extiende la tutela *uti possidetis* de los *agri vectigales* a la *superficies*.

La influencia en la procedencia del interdicto *de superficiebus* proviene del interdicto *de loco publico fruendo*, dicha influencia se sostiene en base a la referencia al *frui ex lege locationis*. Como ya hemos puesto de manifiesto el origen de la *superficies* está en la práctica de las concesiones censorias de terrenos públicos, y de ahí la íntima relación entre estos dos interdictos y la distancia entre el *de superficiebus* y el *uti possidetis*. El pretor, ante posibles reclamaciones de los superficiarios perturbados en el pacífico goce de la concesión superficiaria, otorga la tutela del interdicto *de loco publico fruendo*. La aplicación a las concesiones superficiarias no encuentra impedimento en el texto, puesto que en él únicamente se hace alusión a los arrendamientos de lugares públicos sin entrar a especificar los términos del mismo; por tanto, las concesiones de *loca publica* para construir pueden integrarse en esos arrendamientos de interés público.

> D. 43.9.1 pr.(*Ulp. 68 ed.*) *Praetor ait: "quo minus loco publico, quem is, cui locandi ius fuerit, fruendum alicui locavit, ei qui conduxit sociove eius e lege locationis frui liceat, vim fieri veto"*[249].

El interdicto *de loco publico fruendo* está mucho más cercano a las concesiones superficiarias públicas, e incluso a las realizadas *inter*

---

[248] FALCONE, G., "Ricerche sull'origene dell'interdicto *uti possidetis*", cit., p. 18 se pregunta cuál sería el grado de conocimiento de un jurista clásico, como Ulpiano, a cerca de las figuras y del régimen jurídico de las antiguas tierras públicas, quedando incierto hasta qué punto el jurista clásico, tan distante en el tiempo, pudiese tener conocimiento de que el *uti possidetis* había sido creado específicamente para la tutela de aquel posesión.

[249] Vid. LONGO, S., "Interdictum de loco publico fruendo", NNDI, p. 802; ALBURQUERQUE, J.M., "A propósito de las providencias administrativas urgentes: los interdictos en Derecho Romano", cit., pp. 208 ss; ID., *La protección o defensa del uso colectivo de dominino público: Especial regencia a los inerdictos de publicis locis* (*loca, itinere, viae, flumina, ripae*), Madrid, 2002, pp. 151 ss.

cives, que el *uti possidetis*. Por un lado, la concesión de *locus publicus* a los particulares está basada en un *frui ex lege locatinis* que, como sucede en la superficie, dista de la *locatio-conductio* ordinaria; por otro lado, el interdicto *de loco publico fruendo* es un interdicto prohibitorio que impide que el arrendatario de un lugar público, que lo sea además conforme a lo establecido, pueda ser molestado con violencia en el uso y disfrute del mismo. De este modo se ampara tanto al concesionario del lugar público como el interés público: *interdictum hoc publicae utilitatis causa proponi parlam est; tuetur enim vectigalia publica, dum prohibetur quis vim facere ei, qui id fruendum conduxit*[250]. De tal forma que el interdicto no sólo ampara a los arrendatarios de terrenos públicos, sino que además, por utilidad pública, protege los tributos que proceden de la concesión de terreno[251].

Por otra parte, el interdicto *de loco publico fruendo* es un interdicto amplio, bajo el que entra cualquier tipo de concesión pública. Así, Ulpiano –D. 47.10.1.7 (*57 ed.*)– nos dice que los antiguos amparan los arrendamientos de pesca en lugares públicos con este interdicto.

Por el contrario, el interdicto *uti possidetis* no puede ser utilizado por el *conductor*, en cuanto que no es poseedor, sino que únicamente tiene el aprovechamiento temporal de la cosa arrendada. Como manifiesta Biondi[252] el paradigma de la superficie es siempre la locación, y ningún jurista clásico habría acordado tal interdicto al simple arrendatario, ya que es al poseedor del suelo a quien corresponde ejercer tal interdicto y no al arrendatario que únicamente tiene el *frui* de la construcción. Otra cosa bien distinta, como señala Pastori[253], es que el interdicto *uti possidetis* y el de *superficies* puedan parangonarse en aquel tiempo histórico en el que la experiencia jurídica romana ya reconocía la *superficies* como una figura jurídica análoga a los *iura in re aliena*. De ahí que Ulpiano pueda afirmar la conexión entre ambos interdictos.

---

250 D. 43.9.1.1 (Ulp. 69 ed.).

251 ALBURQUERQUE, J.M., "Reflexiones sobre el arrendamiento y disfrute de un lugar de dominio público en Derecho Romano", cit.,, pp. 8 ss.

252 *La categoria romana delle servitutes*, cit., p. 473.

253 *La superficie nel diritto romano*, cit., pp. 78.

a. Aplicación del interdictum de superficiebus

Según recoge el texto de Ulpiano el interdicto se concede para todos aquellos supuestos *frui ex lege locationis*, en los que además la superficie se detenta *nec vi, nec clam, nec precario* respecto de aquel tercero que impide el pacífico goce y dentro de los términos acordados en el contrato de arrendamiento: *Ait praetor*: *"uti ex lege locationis sive conductionis superficie, qua de agitur, nec vi nec clam nec precario alter ab altero fruemini, quo minus fruamini, vim fieri veto"* (D. 43.18.1.pr.).

Ulpiano también refiere la *clausula vitii* que tiene por objeto impedir que quien goza de un bien de forma violenta, clandestina o en precario pueda disponer de la tutela interdictal predispuesta para ese mismo bien contra el sujeto que ha sufrido la expropiación violenta, clandestina o mediante el precario. Esta parte está intimamente relacionada con el interdicto *uti possidetis*. Aunque el interdicto de *superficiebus* se apoya sobre presupuestos que no son *de facto*, sino *ex lege locationis*. En este sentido Zamorani[254] cree que la *clausula vitii* fue introducida por los compiladores justinianeos para subrayar la analogía entre el interdicto de *superficies* y el *uti possidetis*. De hecho dicha cláusula únicamente vuelve a mencionarse en el comentario de Ulpiano D. 43.18.1.2, que, en opinión de Zamorani, es un añadido compilatorio. La frase donde se contiene la cláusula es incorrecta: *nec vi nec clam nec precario alter ab altero fruemini*, debiendo aparecer *fruimini*. A juicio del autor en el interdicto de *superficies* se produce una estridente contradicción entre la presencia de la *clausula vitii* y la necesidad de un *frui ex lege locationis*.

El mismo Ulpiano en el apartado segundo del interdicto comenta los casos en los que el pretor protege al superficiario con el interdicto: *neque exigit ab eo, quam causam possidendi habeat: unum tantum requirit, num forte vi clam precario ab adversario possideat*. De manera que si el *frui* del superficiario estuviera viciado su derecho decae frente al del tercero, que quedaría como detentador de la

---

[254] *Precario habere*, Milano, 1969, pp. 63-64, nota 16, el autor se muestra sorprendido ante el hecho de que la doctrina especializada no haya puesto atención a este hecho.

superficie, aún sin título[255]. En cambio quien retiene la superficie con violencia, clandestinidad o en precario no estará protegido con el interdicto de superficie.

En cuanto al objeto de protección el pretor con el interdicto de superficie protege únicamente la *locatio-conductio longis temporis* o *in perpetuum*. Una tutela con la que el pretor resuelve varios problemas: primero, concede al particular superficiario la posibilidad de defenderse de los terceros que le perturben en la pacifica detentación de la superficie; segundo, libera al *dominus soli* de la obligación de defender en cada caso al particular que ha sido molestado por un tercero. De forma que la protección jurídica directa al superficiario agiliza la situación procesal de éste, además de facilitar una posición más cómoda al *dominus soli*. Si bien, el dato distintivo del interdicto de superficie es que el superficiario deja de ser un arrendatario *sui generis* para convertirse en el titular de una posición jurídica *quasi in rem*.

El hecho de que el interdicto parta del presupuesto de la *lex locationis* no debe ser obstáculo para considerar que la *superficies* alcance una tutela análoga a la de un derecho real, o que llegue a convertirse en un *ius in re aliena*. Existen casos análogos reconocidos: los *agri vectigales* teniendo como base la *locatio* fueron considerados en el derecho clásico romano un *ius in re aliena*. Y evidentemente no podemos ignorar la proximidad que hay entre ambos institutos. A lo que debemos sumar que el propio texto del interdicto habla de venta, legado y donación como modos válidos de constitución de la relación superficiaria.

B. Modos de constitución de la *superficies*

Como hemos señalado en el texto del edicto y, de forma particular, el comentario de Ulpiano al mismo se hace referencia a distintos modos de constitución de la superficie. Referencias que no han sido

---

[255] BIONDI, B., *La categoria romana delle servitutes*, cit., p. 467, afirma que el hecho de que aquel que detenta la cosa de forma viciada sucumba frente al tercero que intenta perturbarle en pacífico goce significa que indirectamente el interdicto tutela situaciones fácticas.

unánimemente admitidas por la doctrina romanística y que, como iremos viendo en el desarrollo de cada uno de ellos, dan lugar a interpretaciones de diferente significado jurídico.

a. Locatio-conductio

El arrendamiento es el instituto jurídico que facilita la relación superficiaria. Gracias a *locatio-conductio* el ciudadano podrá disponer de suelo urbano para construir a cambio del pago una contraprestación pecuniaria, o del edificio ya construido.

La constitución de la superficie mediante *locatio-conductio* tiene dos modalidades objetivas: bien "*locare solum*" o bien "*locare aedificium*". De los dos supuestos de constitución de la superficie aparecen en las fuentes ejemplos múltiples, sin que en ningún caso se aplique un régimen jurídico diferente para cada uno de ellos. Para *el ius civile*[256], como consecuencia del principio de accesión, la configuración autónoma de la *superficies* respecto del suelo resulta inviable: la utilización del edificio ya construido podía resolverse mediante el arrendamiento normal, más difícil resulta en el plano jurídico resolver mediante el arrendamiento la utilización de suelo ajeno para levantar en él una construcción. En este supuesto el *frui ex lege locationis* recae sobre el edificio construido, y no sobre el *solum* como ocurre en el supuesto de los *agri vectigales*.

Para ello es determinante el significado de *locare*. De forma unánime se admite que *locare* tenía y conservó por largo tiempo un significado atécnico, con el valor de <poner>[257], <dejar>, <colocar>[258] <poner a disposición>. Esto facilita que la locación se use como vía de configuración jurídica de situaciones nuevas, como la *superficies* y los *agri vectigales*, en las que la locación presenta unas características que difieren bastante del arrendamiento ordinario: en primer lugar, se trata de un arrendamiento a largo tiempo o a perpetuidad y, en segundo lugar, el *conductor* tiene un poder de disposición sobre

---

[256] PASTORI, F., "Superficie e negozio costitutivo", cit., p. 385; BUCKLAND, W., "*Superficies* et *lex contractus*", RHD 11, 1939, pp. 666 ss.

[257] Fest. *verb. sig.* v. *locatum*, habla de *positum*.

[258] Varr. *ling. lat.* 5. 15 "*...Ab eo praeco dicitur locare, quod usque idem it, quoad in aliquo constitit pretium. Inde locarium quod datur in stabulo et taberna, ubi consistant...*".

la cosa muy amplío: la transformación del suelo mediante la construcción del edificio.

La doctrina mantiene una posición bastante unánime a la hora de determinar el significado de *locare*. Bove[259] manifiesta que originariamente el término "*locare*" no se refería a un específico y determinado instituto, como, en cambio, habría sucedido en la época clásica y, consecuentemente, no podemos obtener elementos ciertos y seguros para la valoración e individualización de los derechos y obligaciones que surgen de ese negocio. En el mismo sentido Amirante[260] observa que el término locación fue utilizado con un sentido anodino, privado de todo significado técnico-jurídico. Para Pastori[261] la referencia a la locación, tanto en la superficie como en los *agri vectigales*, responde a la indefinición del régimen jurídico del arrendamiento.

Riccobono[262] afirma que la relación superficiaria nace gracias a la *locatio rei*, de forma que el propietario del suelo concedía a un tercero, *conductor*, la facultad de construir sobre su suelo y gozar de la construcción.

Coviello[263] entiende que el arrendamiento, además de ser el modo originario de constitución de la *superficies*, fue el ordinario –casi el único empleado en la relación superficiaria–.

Para Braga da Cruz[264] el arrendamiento se toma como modelo de constitución de relaciones superficiarias *inter cives* por influencia de las concesiones de *loca publica*. La prueba de que el origen de la *superficies* se encuentra en las concesiones realizadas mediante arrendamiento la aportan los juristas clásicos, quienes definen la relación superficiaria desde el arrendamiento. Gayo dice: *superficiarias aedes appellamus, quae in conducto solo positae sunt*[265] y Paulo define la superficie como *qui in conducto solo superficiem imposuit*[266].

---

259 BOVE, L., *Ricerche sugli "agri vectigales*, cit., pp. 82 ss.

260 AMIRANTE, L., "Ricerche in tema di locazione", cit., p. 23.

261 *La superficie nel diritto romano*, cit., pp. 43 ss.

262 "La violazione del principio *superficies solo cedit* nel diritto giustinianeo", cit., p. 303; BOVE, L., *Ricerche sugli "agri vectigales*, cit., p. 75.

263 "Della superficie", cit., p. 43.

264 "O dereito de superficie no dereito romano", cit., p. 304.

265 D. 43.18.2. (*25 Ed. prov.*).

266 D. 39.2.18.4. (*48 ed.*).

No cabe duda de que la relación superficiaria nace al amparo de la *locatio-conductio*, al igual que ocurre con los *agri vectigales*. De hecho en las fuentes el superficiario recibe la denominación de inquilino: *quod quasi inquilinus sum*[267]. No obstante es necesario precisar que el tipo de *locatio-conductio* dependerá de la concesión superficiara realizada. Así, cuando el objeto de concesión superficiaria es el edificio el intrumento jurídico será la *locatio rei*, mientras que la concesión de *solum* para la posterior construcción del edifio el tipo de locación es *locatio-conductio operis*, que permite construir la edificación y una vez realizada ésta pasa a ser una *locatio-conductio rei* sobre el edificio. En cualquier caso el propio interdicto alude a la locación como modo de constitución de la superficie.

La progresiva evolución que experimenta el instituto de la superficie hacia una configuración jurídico-real determina que los modos de constitución también cambien: el arrendamiento deja de ser el único instrumento de constitución de la superficie, y la venta, la donación y el legado pasan a ocupar el lugar que durante siglos ocupó en solitario la *locatio*.

b. Emptio-venditio

En el estudio de la *emptio-venditio* como modo de constitución de la *superficies* debemos diferenciar la configuracion de la relación superficiaria al amparo del *ius civile*, de aquella otra reconocida por el *ius honorarium*.

La *emptio-venditio* como modo de constitución de relaciones superficiarias *iure civile* presenta algunas dificultades: por un lado, el *ius civile* no reconoce las relaciones superficiarias, de forma que éstas se regulan al amparo de los intitutos reconocidos hasta ese momento, en concreto por el arrendamiento; por otro lado, el principio de accesión *superficies solo cedit* impide a la superficie tener una titularidad jurídica separada del suelo.

Si bien, el hecho de que tanto las relaciones enfitéuticas como las superficiarias se realizasen por largos periodos de tiempo –cien años o a perpetuidad– lleva a los jurisconsultos a plantearse si el negocio

---

267 D.39.1.3.3 (*Ulp. 52 ed.*).

constitutivo de dichas relaciones puede ser la venta. Así, Labeón en D. 18.1.80.3 *(5 post. a Iav. epit.)* cuestiona si el negocio constitutivo de este tipo de relaciones es la *locatio-conductio* o la venta:

> *...nemo potest vdteri eam rem vendidisse, de cuius dominio id agitur, ne ad emptorem transeat, sed hoc aut locatio est aut aliud genus contractus*[268].

La respuesta del jurista es contundente: la ausencia de transmisión del *dominium* conlleva la negación de la venta como negocio constitutivo, de forma que en estos supuestos se está ante una locación o ante un *aliud genus contractus*. Labeón niega la compraventa, aunque no afirma el arrendamiento, puesto que la respuesta se plantea desde el punto de vista de la *emptio-venditio.*

Esta misma cuestión se plantea Gayo, el jurista se pregunta si en los arrendamientos a perpetuidad de terrenos públicos estamos ante *locatio-conductio* o *emptio-venditio*, a lo que Gayo responde que, aunque entre ambos institutos existe *aliquam familiaritatem,* se trata de arrendamiento.

> *Inst. 3.145: Adeo autem emptio et venditio et locatio et conductio familiaritatem aliquam inter se habere videntur, ut in quibusdam causis quaeri soleat, utrum emptio et venditio contrahatur an locatio et conductio, veluti si qua res in perpetuum locata sit. quod evenit in praediis municipum, quae ea lege locantur, ut, quamdiu [id] vectigal praestetur, neque*

---

[268] El texto ha sido objeto de estudio especialmente a propósito de la idea de contrato de Labeón y de los contratos innominados, si bien el origen del texto puede tener origen en las concesiones *in perpetuum*. Vid., FIORI, R., *La definizione della 'locatio conductio'. Giurisprudenza romana e tradizione romanistica,* Napoli, 1999, pp. 179: "Il frammento è comunque siginificativo, perché è la prima testimonianza de una problemática che di là a poco serebbe devenuta centrale nella riflessione giurisprudenziale sulla locazione, e cioè la distinzione Della *locatio contuctio* dall'emptio venditio. Ed è importante rilevare che, già Labeone, questa distinzione sia colta nel trasferimento del *dominium*."; SCHIAVONE, A., *Studi sulle logiche dei giuristi romani. Nova negocia e transactio da Labeone a Ulpiano*, Napoli, 1971, pp. 90 ss., el texto confirma que Labeón no se incomoda al asimilar el concepto de *contrahere/contractus* a actos negociales atípicos a las figuras contractuales de *ius gentium* ya reconocidas.

ipsi conductori neque heredi eius praedium auferatur; sed magis placuit locationem conductionemque esse[269].

Tanto la respuesta de Labeón como la de Gayo hacen referencia a predios municipales. Más aún, según Gayo mientras el *vectigal* se pague el arrendamiento no se puede rescindir. Es decir, el pago de la contraprestación económica por el disfrute de la cosa conlleva que la relación contractual sea el arrendamiento y no la venta. En este sentido Amirante[270] manifiesta que la diferencia entre arrendamiento y compraventa se centra en la obligación que tiene el conductor de restituir la cosa objeto de contrato.

Sin embargo, la lectura de estos textos no nos puede llevar a negar la venta como modo de constitución, tanto en la *superficies* como en los *agri vectigales*.

La mención a la venta de la *supefircies* aparece en diferentes textos: la *Lex Thoria* 85: "*aedificii loci vectigalibusve publiceis fruendeis locandeis vendundiis...*"; y 92: "*...superficium quaestor praetor publice vendiderit*"[271] o en D.18.1.32 (*Ulp. 46 Sab.*) *qui tabernas*

---

[269] GROSSO, G., *I problemi dei diritti reali nell'impostazione romana*, Torino, 1944, p. 320; MAYER-MALY, TH., *Locatio conductio. Eine Untersuchung zum klassischen römischen Recht*, München-Wien 1956, pp. 63 ss; AMIRANTE, L., "Ricerche in tema di locazione", cit., p. 55; BOVE, L., *Ricerche sugli agri vectigales*, cit., pp. 85 ss; PASTORI, F., *La superficie nel diritto romano*, cit., p. 85; GALLO, F., "Disciplina giuridica e costruzione dogmatica nella locatio degli agri vectigales", SDHI 30, 1964, pp. 17 ss; MARRONE, M., *La legitimazione passiva alla rei vindicatio*, Palermo, 1970, p. 114 ss; SANTALUCIA, B., *L'opera di Gaio ad edictum "praetoris urbani"*, Milano, 1975, p. 192; LONGO, S., "Naturalis obligatio e debitum servi in Gai. 3.119 a" IVRA 46, 1995, pp. 77 ss; CASTÁN PÉREZ GÓMEZ, S., Régimen jurídico de las concesiones administrativas en el derecho romano, cit., p. 140; STOOP, B., "Law and economy in antiquity: the housing shortage in ancient Rome and the response of the classical jurists to the demands of commerce", cit., p. 262; LONGO, S., *Locare in perpetuum*, cit., pp. 45 ss., con una exégesis del texto novedosa y muy diferente a la doctrina, la autora diferencia las concesiones del *ager publicus* y del *ager municipalis*, partiendo de la diferente duración de ambas. La *locatio in perpetuum* es propia de *ager municipalis*. Además, la autora sostiene la diferente condición jurídica de *ager publicus*, disciplinado coforme al derecho público, y del ager municipalis, que se encuadra dentro del derecho privado, determina la solución gayana; TORRENT, A., "Locationes y pespetuum del ager municipalis", Index 42, 2014, pp. 544 ss.

[270] AMIRANTE, L., "Ricerche in tema di locazione", cit., p. 55.

[271] FIRA, *Leges*, pp. 87 ss.

argentarias vel ceteras quae in solo publico sunt vendit. Estos textos refieren concesiones de *loca publica*. Sin embargo, los dos primeros se insertan dentro de una ley agraria de carácter público, de forma que el esquema de la compraventa privada no se puede reproducir. El significado del término venta en estos casos difiere del que éste tiene en el ámbito privado. No estamos ante la venta de la construcción independientemente de suelo y, menos aún, ante la venta del derecho de superfice que en ese momento no podemos afirmar, sino que probablemente el término venta hace referencia al modo en el que el concesionario de la superficie paga el canón[272].

Diferente interpretación debemos dar a otros textos que aluden a la venta de edificios superficiarios entre particulares: D. 23.3.32 (*Pomp. 6 Sab.*) "... *superficium aedificii dotalis voluntate mulieris vendiderit*"; D.6.2.12.3 (*Paul. 19 Sab.*) "*superficiariam insulam... emero*"[273]. Ambos textos son posteriores a la concesión del *interdictum de superficiebus*, cuando la superficie había adquirido, de la mano del pretor, una configuración jurídica diferente de aquella que tenía *iure civile*, por lo que no pueden ser utilizados como base para fundamentar la constitución de la *superficies* mediante la venta en el *ius civile*.

Veamos las posiciones doctrinales sobre la constitución de la *superficies iure civile* mediante venta: entre quienes admiten la constitución de relaciones superficiarias mediante venta destaca Biondi[274]. Según el autor dado que entre venta y arrendamiento, en cuanto a la estructura y efectos no hay profundas diferencias es posible admitir la venta como forma de constitución de la relación superficiaria. Más aún, la venta no entra en contradicción con el principio de accesión, ya que sus efectos son únicamente obligatorios, nunca reales. Es decir, para Biondi admitir la venta como modo de constitución de la relación superficiaria no presenta problema alguno, puesto que no se trata de atribuir un derecho real a la construcción separada del suelo, sino únicamente de permitir el goce de aquella. En este sentido afirma: "Tra le due specie di concessioni intercedono quelle stesse diffe-

---

272 En este sentido SACCHI, O., *Regime della terra e imposizione fondaria nell'età dei gracchi*, cit., p. 455 ss.

273 Sobre el texto vid., infra, pp. 260 ss.

274 BIONDI, B., *La categoria romana delle servitutes*, cit., pp. 454 ss.

renze che si riscontrano in genere tra vendita e locazione. Possiamo dire che la locatio della suerficie importa un rapporto meno pieno della venditio: mentre nella venditio si attribuisce la pienezza del godimento della superficie, il completo *habere licere*, nella locatio si attribuisce solo un determinado godimento ed in un determinato modo della superficie.... Naturalmente restano esclusi gli uteriori effecti reali dalla vendita, come la *usucapio*, appunto perchè verrebbero a contraddire al principio della inseparabilità della superficie dal suolo".

La tesis de Biondi ha sido duramente críticada por la doctrina romanistica[275]. Para Pastori[276] la teoría de Biondi es insostenible. Afirma el autor: "los efectos obligatorios de la venta son innegables, del mismo modo que no podemos negar que detro de esos efectos está la obligación del vendedor de transferir al comprador la *vacua possessio* de la cosa vendida". Sin embargo, por un lado el superficiario no es poseedor, de hecho se le dota de un interdicto especial, el de superficie, puesto que no puede utilizar los interdictos propios de la posesión. Por otro lado, es indiscutible que la venta tiene una función prática: el cambio de la cosa por precio, que en el caso concreto de la superficie no se podrá llevar a cabo. De forma que, a juicio de Pastori, la venta de la superficie *iure civile* se presenta desnaturalizada en relación a la estructura y a la función que son consustánciales a ella.

En este sentido suscribimos la tesis de Pastori, ya que aunque los efectos de la venta son únicamente obligatorios, una vez producida aquella al comprador no le podemos negar la *usucapio*[277]. El comprador compra el derecho a levantar una *superficies*, al igual que cualquier

---

275 Vid., por todos SOLAZZI, S., "Studi romanistici, Vectigales aedes", cit., p. 24, para quien no es posible admitir la venta como instrumento jurídico del que derive el *frui*. Se acogen a la tesis de Pastori entre otros DE LOS MOZOS, J. L., *El Derecho de superficie en general y en relación con la planificación urbanística*, M, Madrid, 1974, pp. 34 ss; BRAGA DA CRUZ, O., "O direito de superficie no dereito romano", cit., pp. 293-294, para quien el *ius civile*, como máximo, puede admitir que un individuo tome en arrendamiento un terreno ajeno para realizar construcciones o plantaciones como simple arrendatario, nada más. Siendo el arrendatario un simple *detentor em nome alheio* a quien se le debe garantizar por el *locator* un pacífico *re frui licire*.

276 *La superficie nel diritto romano*, cit., pp. 52 ss.

277 *Gai, inst.* 4.131; *Paul. Sent.* 1.13 a.4.

otro comprador, tendrá en base al contrato el justo titulo necesario para poder usucapir aquella. No se puede obviar que todo comprador busca adquirir en un futuro próximo la propiedad de la *merx*.

Los efectos propios de la *emptio-venditio* romana chocan frontalmente con concepción jurídica que *iure civile* alcanza la *superficies*. De forma que para el derecho civil el instrumento jurídico adecuado para permitir la construcción y el goce de la superficie separada del suelo será la *locatio-conductio*; *iure civile* no es posible admitir la venta de la *superficies* como modo de constitución de la relación superficiaria.

La venta como modo de constitución de la superficie, al igual que ocurre en otros *iura in re aliena*, únicamente se podría admitir si las relaciones superficiarias hubiesen sido reconocidas por el derecho civil como *ius in re aliena*.

La constitución de la superficie mediante venta está íntimamente ligada al *ius honorarium*, de forma que es a partir de la concesión del interdicto de superficie cuando podemos hablar de la venta como modo de constitución de la *superficies*[278].

En el texto del edicto se lee: *<uti ex lege locationis sive conductionis superficie>*, la mención a la venta aparece en el comentario Ulpiano al edicto cuando habla de *si emit, ex empto agere cum domino soli potest*, lo que ha llevado a sospechar que el inciso *<sive conductionis>* es un añadido compilatorio, leyéndose en el original clásico *<sive venditionis>*[279], puesto que el mismo Ulpiano otorga al superficiario la *actio empti*.

Este párrafo del comentario al edicto ha sido uno de los más debatidos por la romanística. El debate doctrinal se centra principalmente en dos puntos: uno, aclarar si el texto ha sido o no interpolado por los compiladores justinianeos y, otro, determinar si del comen-

---

278 STOOP, B., "Law and economy in antiquity: the housing shortage in ancient Rome and the response of the classical jurists to the demands of commerce", cit., p. 262.

279 El debate doctrinal sobre el texto del edicto ha centrado uno de sus puntos de critica en la preposición *<sive>*, aduciendo que la preposición clásica habría sido *<et>*. A este respecto el *Vocabvlarivm ivrisprvdentiae romanae*, V (R-Z), voz *sive, conspectus: I. semel positum.* A= vel, aut. 1) conectit aut disiungit a) duo Substantiva: *loctionis sive conductionis*.

tario de Ulpiano al edicto se puede concluir la admisión de la venta como medio de constitución de la relación superficiaria.

Lenel[280] en la reconstrucción del edicto del pretor sostiene que las palabras <*sive conductionis*> son una glosa.

Sin embargo, entre quienes admiten la venta como modo de transmisión de la *superficies* destaca Coviello[281]. Para el autor la *emptio-venditio* en la *superficies* unicamente se admite como modo de transmisión y no de constitución. Es decir, el superficiario podría transmitir su situación superficiaria a un tercero mediante compraventa, de manera que se habla de venta en los casos en que el precio de la transmisión se pagaba de una sola vez. En este mismo sentido se manifiesta Rainer[282] al afirmar que el negocio constitutivo de la superficie habría sido para los clásicos exclusivamente la *locatio-conductio*, y las referencias textuales a la compraventa, a la donación y al legado hay que entenderlas como hipótesis de transmisión, no como instrumentos de constitución de nuestro instituto.

Asimismo Riccobono[283] sostiene que aquellos pasajes en los que se hace referencia a *emptio superficiei* se refieren a la venta del goce de la superficie hecha por el superficiario a un tercero, que asume la condición de subarrendatario. Esta operación solía realizarse en aquellos casos en los cuales la superficie se tenía a perpetuidad, asimilándose la *emptio venditio* al *usus fructus*. Sin embargo, el propio Riccobono afirma que en el derecho clásico la *superficies* fue considerada como una relación estrictamente obligatoria, *iure civile*, a la que el pretor confiere una suerte de tutela de carácter real.

Para estos autores la venta que realiza el arrendatario-superficiario de su derecho no afecta la relación superficiaria entre el conductor y el *dominus soli*. Sin embargo, no parece que el supuesto que

---

[280] *L'édit perpétuel*, trad. De F. Peltier, Paris, 1902, p. 224, nota 7 e *Index Interpolationum*, pág 296. ARANGIO-RUIZ, V., "La struttura dei diritti sulla cosa altrui in Diritto romano", AG 81, 1908, p. 436, nota 3, se adhiere a la tesis de Lenel al considerar que es la postura más acertadas de las propuestas hasta ese momento.

[281] "Della superficie", cit., pp. 49 ss.

[282] RAINER, J.M, "Superficies und Stockwerkseigentum im klassischen römischen Recht", cit., p. 333.

[283] "La violazione del principio *superficies solo cedit* nel diritto giustinianeo", cit., p. 303.

Ulpiano contempla cuando habla de *actio empti* sea la transmisión de la superficie, sino más bien la constitución de la misma mediante *emptio-venditio*.

La doctrina a este respecto se divide, por otro lado, entre los autores que admiten la constitución de la superficie mediante venta y, por otro, quienes la niegan. Entre quienes admiten la venta destaca Biondi[284] quien afirma que el texto de Ulpiano se encuentra interpolado, ya que en lugar de <*sive conductionis*>, debería aparecer <*sive venditionis*>, puesto que además en el propio comentario del interdicto Ulpiano se refiere indirectamente a la venta cuando dice: <*Qui superficiem in alieno solo habet, civili actione subnixus est nam si conduxit superficium, ex conducto, si emit, ex empto agere cum dominio potest.*>. Más aún, como hemos señalado, Biondi admite *iure civile* la constitución de la superficie mediante venta, la cual habría sido recogida en el comentario al edicto Ulpiano, pero los compiladores justinianeos cambiaron *venditionis* por *conductionis*.

En este mismo sentido Braga da Cruz[285] afirma que la constitución de la superficie mediante compraventa se deduce del texto de Ulpiano cuando dice: *qui superficiem in alieno solo habet, civili actione subnixus est, nam si conduxit superficiem ex conducto, si emit ex empto agere cum dominio solo potest*. El superficiario tiene siempre una acción civil contra el *dominus*, bien una *actio conducti*, cuando el derecho de superficie se constituye por *locatio-conductio*, bien una *actio empti*, cuando su derecho se funda en la *emptio-venditio*. Añade el autor que las críticas vertidas sobre el texto a propósito de la interpolación del mismo no pueden ser tenidas en cuenta, puesto que la referencia que el texto del edicto hace al arrendamiento es meramente ejemplar y no taxativa. Además, entre la redacción del edicto y el momento en el que Ulpiano escribe el comentario media al menos un siglo de diferencia, lo que significa que en el momento de la redacción del edicto el arrendamiento era el único modo de constitución de las relaciones superficiarias, pero no en la época de Ulpiano, en la que la compraventa era admitida como causa constitutiva de la superficie.

---

[284] *La categoria romana delle servitutes*, cit., pp. 455 ss.

[285] "O dereito de superficie no dereito romano", cit., pp. 304 ss.

Tambien Maschi[286] reconoce la venta entre los negocios traslativos *–inter vivos* o *mortis causa–* de la *superficies*, a partir del comentario de Ulpiano D. 43.18.1.1 (*Ulp. 70 ed.)*: *si emit ex lege empto agere*; de D.6.2.12.3 (*Paul. 19. ed.*) y D. 23.2.32 (*Pom. 16 Sab.*). Si bien, el autor afirma que quedan excluidos los efectos posesorios de la *traditio*, de manera que podría admitirse la constitución de la *superficies* mediante *emptio-venditio* sin que ello suponga la condición de poseedor en el superficiario.

Una posición intermedia mantiene Pastori[287] para el autor el hecho de que las fuentes jurídicas[288] y epigráficas[289] hagan alusión a la venta de la superficie obliga a su estudio, aunque la norma enunciada por Gayo (*Ins*. 3.145) y el propio *interdictum de superficiebus*, señalen, sin lugar a dudas, la *lex locationis* como paradigma de la concesión superficiaria. No obstante, en el régimen del *ius civile* no se puede considerar la venta como negocio constitutivo de la concesión superficiaria, ya que el *frui* que en ella se identifica, no es otra cosa que el objeto de la locación. Y la locación es la única mencionada en el texto del edicto.

Para Pastori aducir a favor de la venta –como modo de constitución de la *superficies–* el hecho de que en el texto del edicto aparezca "*sive*" para unir *locationis* a *conductionis* en lugar de "*et*" es un argumento bastante débil. Si realmente *conductionis* fuese una palabra interpolada que sustituyera a *venditionis*, no es fácil identificar el motivo por el cual Justiniano habría operado la modificación del texto cuando en ese momento la venta de la superficie era admitida. Por el contrario, a favor del clasicismo del término se puede esgrimir el carácter doble del interdicto, que podía ser utilizado por ambos contendientes, debiendo referir el contrato de arrendamiento. A lo que debemos añadir que el binomio *locatio-conductio* es expresión

---

[286] "La proprietà divisa per piani, superficie e l'estensione ai provinciali del principio <superficies solo cedit>", cit., pp. 157 ss.

[287] *La superficie nel diritto romano*, cit., pp. 54-61; "Superficie e negozio costitutivo", cit., pp. 391 ss.

[288] D. 43.18.1.1 (*Ulp. 70 ed*); D. 6.2.12.3 (*Paul. 19 ed.*); D.18.1.32 (*Ulp. 44 Sab.*); D.23.3.32 (*Ulp. 6 Sab.*).

[289] La *Lex Thoria 85*: "*aedificis venumdendis*" o "*superficium quaestor praetor publice vendiderit*".

habitual en las fuentes. Este razonamiento lleva a Pastori al rechazo categórico de la expresión "*sive venditionis*" en el texto del edicto. Sin embargo, para el autor es necesario examinar los comentarios al edicto que fuera de las *sedes materiae* mencionan la venta de la superficie[290]. En dichos textos la interpolación queda fuera de toda sospecha, de manera que, aunque la venta quedase fuera de la sede del edicto y estos textos entren en divergencia con el texto del edicto y su comentario, probablemente el comentario de los juristas en estos casos hiciese referencia a la evolución histórica de la superficie. Será la jurisprudencia la que propicie la posibilidad de constituir la superficie a través de la venta. Concluye Pastori afirmando que ni el inciso *si emit, ex emto agere cum domino potes* del comentario de Ulpiano ni los otros textos que atestiguan la venta pueden atribuirse a la mano de los compiladores; todo lo contrario, se justifican por el desarrollo histórico de nuestro instituto.

Dada la evolución de la *superficies* la venta debe admitirse entre los modos de constitución de la *superficies*. A pesar de que cuando el pretor decide tutelar una mera situación de hecho como eran las relaciones superficiarias a traves de la concesión del interdicto, éstas se constituían únicamente mediante *locatio-conductio*. Sin embargo, una vez que se concede el interdicto de superficie y, dada la analogía con otros *iura in re aliena* –especialmente los *agri vectigales*–, la jurisprudencia irá pronunciándose sobre la misma hasta admitir la *emptio-venditio* como medio de constitución de la *superficies*. Por ello no resulta extraño que Ulpiano en el comentario al edicto haga referencia a la *actio empti* que tiene el superficiario contra el *dominus*, pues cuando Ulpiano escribe el comentario al edicto la venta como modo de constitución de la superficie era perfectamente admisible. De ahí que no aparezca mencionada en D. 43.18.1 *pr*. (*Ulp. 70 ed.*) y sí en el comentario de Ulpiano –43.18.1.1(*Ulp. 70 ed.)*: *si emit ex lege empto agere…* –, cuando el jurisconsulto comenta las posibles acciones de las que dispone el superficiario: la *actio conducti* y la *actio empti*, en función del negocio constitutivo utilizado. Ello equivale a afirmar que la superficie podía constituirse tanto por arrendamiento, como por venta.

---

290 D. 43.18.1.1 (*Ulp. 70 ed.*); D. 23.3.32 (*Pom. 16 ad Sab.*); D. 6.2.12.3 (*Paul. 19 ed.*); D.18.1.32 (*Ulp. 44 ad Sab.*).

Esta afirmación encuentra reconocimiento en otros textos del Digesto que mencionan la venta de la superficie:

> D. 18.1.32 (*Ulp. 44 ad Sab.*):*Qui tabernas argentarias vel ceteras quae in solo publico sunt vendit, non solum, sed ius vendit, cum istae tabernae publicae sunt, quarum usus ad privatos pertinet.*
>
> D. 6.2.12.3: (*Paul.19 ed.*) *In vectigalibus et in aliis praediis, quae usucapi non possunt, Publiciana competit, si forte bona fide mihi tradita est.*
>
> D. 23.3.32 (*Pom.16 ad Sab*): *Si ex lapidicinis dotalis fundi lapidem vel arbores, quae fructus non essent, sive superficium aedificii dotalis voluntate mulieris vendiderit, nummi ex ea venditione recepti sunt dotis.*

Los tres textos recogen la venta de la superficie. El primero se refiere a las *tabernae*. Dice Ulpiano que en este caso al tratarse de edificios levantados en suelo público no cabe hablar de venta del *solum*, sino únicamente del derecho, entendemos que se tratará del *ius superficiei* otorgado por el *populus* a favor del *argentarius*. Ahora bien, la venta aquí referida es un modo de transmisión del derecho y no de constitución. En cualquier caso no debemos sacar este texto del ámbito público al que va referido, ámbito en el que, al igual que sucede con los *agri vectigales*, la *locatio-conductio* siguió siendo el paradigma de constitución.

En el segundo texto Paulo hace referencia a la compra de una casa superficiaria[291]. Un supuesto en el que la constitución de la relación superficiaria se realiza mediante venta, sobre el edificio ya construido.

De igual modo Pomponio en D.23.3.32 (*Pom.16 ad Sab*) alude a la posibilidad de vender la superficie de un edificio entregado en dote por el padre de la mujer. Ello supone la posibilidad de constituir una relación superficiaria mediante venta. El marido constituye una relación superficiaria sobre el inmueble entregado a él en calidad de dote. Este texto constituye el exponente más claro de admisión de la

---

[291] Volvemos sobre el texto en el capítulo referente a la propiedad superficiaria, vid., supra pp. 219 ss.

venta como medio de constitución de la *superficies*, entendida ésta como un objeto autónomo de derecho.

Los tres textos ponen de relieve que en evolución de la *superficies* la venta se reconoce como medio de constitución de la misma. No cabe argumentar que todos aquellos pasajes que hacen alusión a la venta de la superficie están interpolados por los compiladores justinianeos. A este respecto, como bien dice Pastori, la propia ubicación topográfica de los textos, además de su autoría correspondiente a diferentes juristas, aleja toda sospecha de interpolación.

Podemos afirmar que la venta se convirte en uno de los modos de constitución de la superficie, coincidiendo con su protección interdictal y la interpretación jurisprudencial al igual que sucedía en las servidumbres o en el usufructo.

c. *Legatum*

El legado como modo de constitución del derecho de superficie aparece en el comentario de Ulpiano al edicto:

> D.43.18.1.7 (*Ulp. 70 ed.*) *Sed et tradi posse intellegendum est, ut et legari et donari possit.*

El texto, sin duda, está abreviado por los compiladores justinianeos. En él Ulpiano no hace referencia alguna al tipo de legado admisible para constituir la relación superficiaria y, por otro lado, el hecho de que en la cita aparezca mencionada la *traditio* hace sospechar del carácter compilatorio del parágrafo. A este respecto Lenel[292] se pronuncia a favor de la interpolación del texto. El autor cree que los compiladores abreviaron el texto y recortaron la calificación de *per damnationem*. Una teoría que viene avalada por el hecho de que en el derecho justinianeo se tendió a la unificación de los diferentes tipos de legados, de manera que no es extraño que los compiladores cercenasen el comentario de Ulpiano. No parece factible creer que el jurisconsulto hiciese una afirmación tan general como la recogida en

[292] *Index Interpolationum* (D.43.18.1.7.), p. 298. En este mismo sentido se pronuncia BIONDI, B., *La categoria romana delle servitutes*, cit., p. 496, quien cree que el texto original hacia mención al *legatum per damnationem*.

D. 43.18.1.7 (*Ulp. 70 ed.*); cuanto menos debería nombrar el legado *sinendi modo* y el legado *per damnationem*[293].

En la constitución de la superficie mediante legado se hace necesario, al igual que en la venta, atender al desarrollo histórico del instituto para poder determinar qué tipo de legado era admisible en el derecho clásico[294]. En este sentido compartimos la teoría de Pastori[295] para quien en los primeros desarrollos jurídicos de la relación superficiaria, cuando la obligación del heredero era la de poner a cargo del legatario el *frui* de la superficie, el único de los *genera legatorum* admisible era el *legatum sinendi modo*. Una figura que se adapta perfectamente a una relación que en ese momento no es autónoma. Más aún, si atendemos al desarrollo de otros *iura in re aliena*, como el usufructo, vemos que también el legado *sinendi modo* fue utilizado para constituir éste cuando aún no era considerado un derecho real autónomo[296].

Ahora bien, una vez que la superficie aproxima su tutela a la de otros derechos reales reconocidos en época clásica el legado utilizado para su constitución será el *per damnationem*. Y es que desde el momento en el que no hay impedimento alguno para reconocer autonomía jurídica a la superficie respecto del suelo es posible admitir la constitución de la superficie mediante el legado *per damnationem*.

---

293 GROSSO, G., *I legati nel diritto classico*, Torino, 1962, p. 74, reconoce la importancia de la forma para el Derecho romano clásico. Las distintas formas de legados caracterizan los diferentes tipos de legados, individualizando también los diferentes efectos, con perfecta adecuación entre estos y las formas mismas, debido a la fundamental diferenciación que hacían los romanos entre actos y eficacia real y actos y eficacia obligatoria.

294 BRAGA DA CRUZ, G., "O dereito de superficie no dereito romano", cit., p. 306, aceptada que la *superficies* es considerada un derecho real, admite que ésta pueda ser constituida tanto por legado, como por legado y *usucapio*. Ahora bien, como no existen noticias concretas sobre la constitución en Roma del *ius superficiei* mediante estos actos su admisibilidad normalmente se basa en D. 43.18.1.7 (*Ulp. 70 ed.*), aunque el texto –según el autor citado– no se refiere a modos de constitución de un derecho de superficie, sino a la transmisión de un derecho previamente constituido.

295 *La superficie nel diritto romano*, cit., pp. 64 ss; Id., "Superficie e negozio costitutivo", cit., pp. 407 ss.

296 GROSSO, *Usufrutto e figure affini nel diritto romano*, Torino, 1951, p. 30.

La constitución de la superficie mediante legado debiera consistir únicamente en la obligación del heredero de procurar el pacifico goce de la *superficies* a aquel que ha sido designado como legatario por el testador, por lo que, al igual que viene haciendo la doctrina[297], debemos excluir como modo de constitucion de la superficies el legado *per vindicationem*, pues los efectos reales que éste lleva aparejados hacen inviable la configuración de *superficies* mediante el mismo[298].

Llama la atención que en el comentario de Ulpiano –*Sed et tradi posse intellendum est, ut legari et donari possit*– junto a la mención general del legado y la donación aparezca la *traditio*. Lo cual nos hace suponer que Ulpiano refiere la *traditio* junto con la *in iure cessio*, probablemente cercenada por los compiladores, como modos de transmisión de la *superficies*, puesto que ambas figuras eran utilizadas para la transmisión de los derechos reales[299]. En todo caso, la admisibilidad del legado *per damnationem* conlleva reconocer la autonomía jurídica de la superficie respecto del suelo. Lógicamente Ulpiano debió entender que esa autonomía suponía cuanto menos una similitud con el resto de derechos reales sobre cosa ajena, los

---

297 BIONDI, B., *La categoria romana delle servitutes*, cit., p. 458; PASTORI, F., *La superficie nel diritto romano*, cit., pp. 64 ss; Id., "Superficie e negozio costitutivo", cit., p. 407.

298 Gai, 2. 194: *Ideo autem per uindicationem legatum appellatur, quia post aditam hereditatem statim ex iure Quiritium res legatarii fit; et si eam rem legatarius uel ab herede uel ab alio quocumque, qui eam possidet, petat, uindicare debet, id est intendere suma em ex iure Quiritium esse.*

299 *Gai. Inst.* 2.204: *Quod autem ita legatum est, post aditam hereditatem, etiamsi pure legatum est, non, ut per uindicationem legatum, continuo legatario adquiritur, sed nihilo minus heredis est: et ideo legatarius in personam agere debet, id est intendere heredem sibi dare oportere, et tum heres rem, si mancipi sit, mancipio dare aut in iure cedere possessionemque tradere debet; si nec mancipi sit, sufficit, si tradidereit. Nam si mancipi rem tantum tradiderit nec mancipauerit, usucapione demum pleno iure dit legatarii. Completur autem usucapio, sicut alio quoque loc diximus, mobilium quidem rerum anno, earum uero, quae solo teneantur, biennio.*

Gai. Inst 2.213: *Sicut autem per damnationem legata res non statim post aditam hereditatem legatarii efficitur, sed manet heredis eo usque, donec is tradendo uel mancipando uel in iure cedendo legatarii eam fecerit, ita et in sinendi modo legato iuris est; et ideo huius quoque legati nomine in personam actio est QVIDQVID HEREDEM EX TESTAMENTO DARE FACERE OPORTET.*

cuales utilizaban la *traditio* como medio de transmisión del *ius*. De modo que el hecho de que aparezca una mención general al legado como modo de constitución y a la vez se cite la *traditio*, entendida siempre como modo de transmisión de la *superficies*, confirma el recorte justinianeo que sufrió este parágrafo.

Pero, además del comentario de Ulpiano al edicto, la mención al legado como medio de constitución de la superficie aparece en otros textos del Digesto:

> D.30.81.3: (*Iul.32 dig.*) *Qui fundum excepto aedificio legat, appellatione aedificii aut superficiem significat aut solum quoque, cui aedificium superpositum est. si de sola superficie exceperit, nihilo minus iure legati totus fundus vindicabitur, sed exceptione doli mali posita consequetur heres id, ut sibi habitare in villa liceat: in quo inerit, ut iter quoque et actum in ea habeat.*

En este supuesto Juliano excluye el legado *per vindicationem*: "*sed exceptione doli mali posita consequetur heres id, ut sibi habitare in villa liceat*", de forma que el pretor, conforme a la voluntad del testador, utiliza la *exceptio doli*, para dar eficacia al legado[300]. En este caso el testador únicamente lega el suelo, quedando exceptuado el edificio, de forma que la constitución de la *superficies* sería posible mediante el legado *per damnationem*, pues no supondría la violación del principio *superficies solo cedit*.

Para Pastori[301] "la falta de equiparación en el derecho clásico de la superficie a otros derechos reales, lleva a excluir que la jurisprudencia haya podido admitir la aplicación a la superficie del legado *per vindicationem* y, en cambio, se limitaba a considerar posible el legado *per damnationem*, como consecuencia de la admisibilidad de la *traditio*."

En este caso al igual que admitimos la venta como modo de constitución de la superficie en el periodo clásico, también debemos admitir el legado *per damnationem*. Mientras la recepción en el de-

---

300 MASCHI, C., La proprietà divisa per piani, superficie e l'estensione ai provinciali del principio <superficies solo cedit>", cit., p 159.

301 *La superficie nel diritto romano*, cit., pp. 66 ss.

recho clásico del legado *per vindicationem* se presenta mucho más controvertida. No podemos afirmar que en este periodo la *superficies* no era un derecho real –tutelado *iure civile* como tal– puesto que faltan elementos de juicio para poder corroborar semejante afirmación. Por ello parece inviable admitir el legado *per vindicationem* como medio de constitución de la superficie en el ámbito civil[302].

Otra cosa es que, como afirma el mismo Grosso[303], se produjera una extensión pretoria de los efectos del legado *per vindicationem* para la propiedad bonitaria o para otros derechos reales tutelados por el pretor. Una extensión que probablemente se produjo con la *superficies*.

El último de los textos que hace referencia al legado es D. 30.86.4 (*Iul. 30 dig.*):

> *Valet legatum, si superficies legata sit ei, cuius in solo fuerit, licet is dominus soli sit: nam consequetur, ut hac servitute liberetur et superficiem lucrifaciat.*

El texto, al igual que el comentario al edicto de Ulpiano, únicamente contiene una referencia general al legado, algo que, como venimos diciendo, resulta improbable en el derecho clásico. Pero además el texto equipara *superficies* a *servitutes*, lo cual nos permite afirmar que estamos ante un texto, además de abreviado, interpolado por los compiladores justinianeos, puesto que es en el derecho justinianeo cuando se produce la tendencia generalizada de considerar los *iura in re aliena* como *servitutes*[304].

d. *Donatio*

La donación como modo de constitución de la superficie viene referida por Ulpiano en el mismo inciso que el legado –*Sed et tra-*

---

[302] Vid., GROSSO, G., *I legati nel diritto classico*, cit., p. 75, "en la época clásica el legado *per vindicationem* pudo darse de forma general como acto de disposición de un derecho real." Entendemos que el autor hace referencia a aquellos derechos reales reconocidos por el derecho civil en época clásica, algo difícil de afirmar para la *superficies* en ese periodo.

[303] GROSSO, G., *I legati nel diritto classico*, cit., p. 78 ss.

[304] Vid., infra, pp. 185 ss.

di posse intellegendum est, ut et legari et donari possit–. Los problemas de admisibilidad de la donación son idénticos a los que ya hemos comentado a propósito de la venta o el legado, de forma que también aquí se reproducen las disputas doctrinales.

Así, para Coviello[305] no puede suponer problema alguno admitir la donación *iure civile*, en cuanto que la misma únicamente se debe considerar como una relación de carácter obligatorio.

Biondi[306], por el contrario, cree que "el genérico '*donari*' es incompatible con los principios clásicos, pues también en este caso habría sido necesario distinguir entre los efectos reales y obligatorios del acto, admitiéndose la nulidad del acto en el primer caso y la eficacia del mismo en el segundo."

Mientras que Rainer[307], al igual que con la venta, niega que en el derecho clásico la relación superficiaria pueda constituirse a través de otro negocio que no sea la *locatio-conductio*, por lo que excluye tanto el legado como la donación a los que hace referencia Ulpiano en D. 43.18.1.7. Para Rainer tanto el legado como la donación son negocios de transmisión de la superficie una vez que ésta ha sido constituida mediante locación.

Entendemos que la constitución de la *superficies* mediante donación sigue los mismos pasos que la constitución mediante venta y legado, responde a la evolución propia del instituto, de forma que una vez admitada la venta y el legado como medios de constitución también debemos admitir la donación.

5. LA *ACTIO DE SUPERFICIE*

La *actio de superficie* se presenta como tema central en el estudio del *ius superficiei,* a ella hace referencia Ulpiano en el comentario al edicto.

---

305 "Della superficie", cit., p. 56.

306 *La categoria roman delle servitutes*, cit., p. 496.

307 "Superficies und Stockwerkseigentum im klassischen römischen Recht", cit., p. 333. En este mismo sentido se pronuncia LUCCI, A., "Il diritto de superficie", AG, 1983, p. 23.

Afirma Ulpiano que el pretor en el edicto otorga al superficiario una *actio de superficie* previa cognición de la causa: *Quod ait praetor: "si (qua alia) actio de superficie postulabitur, causa cognita dabo"*[308]. Pero, además, vuelve Ulpiano sobre este punto en el comentario al *album praetoris* cuando afirma: *"Quod ait praetor: si actio de superficie postulabitur, causa cognita dabo..."*. Ello supone que la *actio de superficie* no es de una acción ofrecida de forma generalizada a todo superficiario, sino que es el pretor quien, previa *causae cognitio*, otorga dicha acción a aquel que cumpla determinadas circunstancias. Por ello Ulpiano en el comentario al edicto matiza que la *actio* se denegaba en aquellos supuestos en los que el arrendamiento era por tiempo determinado, mientras que se concedía acción cuando se trataba de *locatio ad non modicum tempus*.

El hecho de que la *actio de superficie* sea concedida por el pretor, previa cognición de la causa, manifiesta que la entidad jurídica de la *superficies* en la época clásica se debe a la intervención del pretor con la concesión del interdicto y en el *dare actionem* a aquellos superficiarios que le demandaban tutela jurisdiccional. La función de la *causae cognitio* en relación a la *actio de superficie* es determinante para poder calificar la naturaleza de dicha acción. La concesión de la acción –previa *causae cognitio*– aproxima la tutela superficiaria a la de otros *iura in re aliena* y tal "proximidad procesal" termina afectando la configuración jurídica del instituto[309].

En este sentido afirma Pastori[310]: "en la regulación de la superficie la *causae cognitio* no sólo es pertinente, sino que asume una relevancia muy particular, puesto que revela el instrumento idóneo

---

[308] D.43.18.1 (*Ulp. 70 ed.*).

[309] CARRELLI, E., *La genesi del procedimento formulare*, Milano, 1947, p. 36, afirma que la *causae cognitio* sirve al pretor para proteger situaciones fácticas, que corresponden a demandas sociales y económicas, que no encontraban amparo en el *ius civile*. Función que sin lugar a dudas se puede aplicar al instituto de la *superficies*, puesto que desde ese amparo que ofrece el pretor con la *causa cognito* determinadas situaciones de hecho como las superficiarias acabaron teniendo una protección análoga a la de los *iura in re aliena* reconocidos ya en ese momento.

[310] "Sulla struttura dell'actio de superficie", Studi in onore di Arnaldo Biscardi VI, Milano, 1987, p. 327.

para modificar el régimen del instituto, sin generar contradicciones insalvables con el principio *superficies solo cedit*". Contradicciones que se hubiesen producido si, en lugar de condicionar a la discrecionalidad del pretor la concesión de la *actio de superficie*, se hubiese afirmado formalmente en el edicto la naturaleza de acción *in rem*.

El pretor, dice Metro[311], subordina la concesión de las acciones a la valoración de las circunstancias, en cuanto únicamente caso por caso puede demostrarse la equidad de la concesión del remedio jurisdiccional. Ahora bien, la *causa cognita* de la que se vale el pretor no es más que la apreciación subjetiva de los hechos, lo que llevó al pretor a encontrar en las relaciones superficiarias suficientes elementos de analogía –perpetuidad, amplios poderes del superficiario– con otras figuras reales que le permitieron extiender –en vía útil– la tutela *in rem* en las relaciones superficiarias.

A. Calificación jurídica de la *actio de superficie*

La naturaleza de esta acción no encuentra en el edicto una definición precisa: no es catalogada ni como *actio in rem*, ni como *actio in factum*, ni como *actio utilis*; sencillamente se limita a acordar un medio procesal que supla las carencias del *ius civile* y que tutele eficazmente una práctica habitual en la realidad social del momento.

La cláusula del edicto ha sido sin duda motivo de todo tipo de apreciaciones. Aquí nos interesa especialmente el inciso <*qua alia*>, que el propio Lenel[312] atribuye a los compiladores. Evidentemente la expresión <*qua alia*>, manifiesta la tendencia de los compiladores a confundir los interdictos con las acciones, aunque esta apreciación, descrita también por Biondi[313] y Pastori[314], no puede ser un inconveniente para afirmar la referencia a la *actio de superficie*. En este sentido Biondi aclara que, si bien únicamente en el derecho justinianeo los interdictos se confunden con las acciones, sin embargo, ya en tiempos clásicos hay quienes hicieron una equiparación de este tipo.

---

311 METRO, A., *La <denegatio actionis>*, Milano, 1972, p. 126.

312 LENEL, O., *Edictum*, cit., p. 224.

313 *La categoria romana delle servitutes*, cit., p. 480.

314 "Sulla struttura dell'actio de superficie", cit., p. 328.

Así, Cicerón[315] y Gayo[316] llaman *actio* al *interdictum de vi armata*. En cualquier caso, no es posible afirmar que toda la cláusula edictal ha sido interpolada por el hecho de que el interdicto sea indirectamente llamado acción.

La mención textual de Ulpiano es la que ha generado en la doctrina nuevas dudas sobre la posible clasicidad o no de la acción. La polémica es de gran interés, puesto que admitir la clasicidad de esta acción equivale a reconocer la configuración real clásica de la concesión superficiaria[317].

> 43.18.1.3 (*Ulp. 70 ed.*): *Quod ait praetor "si actio de superficie postulabitur, causa cognita dabo", sic intellegendum est, ut, si ad tempus quis superficiem conduxerit, negetur ei in rem actio. Et sane causa cognita ei, qui non ad modicum tempus conduxit superficiem, in rem actio competet.*

Además la referencia a la *actio* concedida al superficiario aparece mencionada en diferentes sedes. Veamos por separado cada una de estas citas:

> D. 6.1.73. (*Ulp. 72 ad ed.*) ...*superficiario*; 6.1.74 (*Paul. 21 ad. Ed.*) *id est qui in alieno solo superficiem ita habeat, ut certam pensionem praesetet*; 6.1.75 (*Ulp. 16 ad Ed.*) *praetor causa cognita in rem actionem pollicetur.*

El texto probablemente ha sido interpolado por los compiladores justinianeos[318], sin embargo la mención a la acción de superficie es genuina, pues, como afirma Pastori[319], el hecho de que fuera de las *sedes materiae* se haga alusión a la *actio de superficie* puede ser

[315] *Pro Cael.* 2.32; 12.33; 13.37.39; 14.40.

[316] *Ins.* 4.2.1.

[317] GUILARTE, V., *El Derecho de superficie*, Pamplona, 1966, p. 21.

[318] ALBERTARIO, E., "Il pegno della superficie", Studi di diritto romano II, Milano, 1963, p. 468, el autor sostiene que el texto ha sido acortado por los compiladores justinianeos en lo referente al *praedium stipendiarum vel tributarium* y al *ager vetigalis*, ya que en ese momento la distinción entre fundos itálicos y provinciales. Vid. *Index Interpolationum*, p. 87.

[319] *La superficie nel diritto romano*, cit., p. 76.

considerado un elemento a favor de la autenticidad de la referencia de Ulpiano a dicha acción. El jurista no hace más que recoger aquí aquello que en su época ya era una realidad: la protección *in rem* de la *superficies*.

También Paulo alude a la *actio de superficie* en D. 13.7.16.2 (*29 ed.*):

> *"etiam vectigale praedium pignori dari potest: sed et superficiarium, quia hodie utiles actiones superficiariis dantur"*

Para algunos autores el texto es sospechoso de interpolación[320]. Sin embargo Pastori[321], acertadamente, apuesta por su clasicidad: el hecho de que se haga referencia a una *actio utilis* –que no tiene sentido en el régimen justinianeo de la acción– puede avalar la clasicidad de la acción. Por otra parte, la utilización de <*hodie*> no debe ser decisiva para adjudicar el texto a los justinianeos. No cabe duda de que los justinianeos calificaron la *actio superficie* como *in rem*.

También D.10.2.10 (*Ulp. 19 ed.*) se refiere a la *actio de superficie:*

> *Item praedia, quae nostri patrimonii sunt, sed et vectigalia vel superficiaria: nec minus hae quoque res, quas alienas defunctus bona fide possidet*[322]

Según Biondi[323] en el texto no hay ningún elemento que induzca a sospechar sobre el inciso <*vel superficiaria*>. Es más, el hecho de que la *actio familiae erciscundae* pueda ser aplicada a la superficie en la época clásica demuestra que la superficie no era simplemente una relación obligatoria, puesto que en el ámbito de las acciones divisorias quedaban siempre excluidas las relaciones de crédito. Así, la referencia de Ulpiano a *praedia superficiaria* indica una relación de carácter jurídico-real.

---

[320] Vid por todos ALBERTARIO, E., "Il pegno della superficie", cit., p. 465, realiza el estudio filológico para determinar su interpolación; VOGT, H., *Das Erbbaurecht des klassischen römischen Rechts*, cit., pp. 73 y 79.

[321] *La superficie nel diritto romano*, cit., p. 151.

[322] LENEL, O., *Palingenesia iuris civilis* II, Lipsias, 1889, p. 632, afirma que el texto original debía de hacer referencia a los *praedia tributaria* y *stipendiaria*.

[323] *La categoria romana delle servitutes*, cit., p. 483.

En este mismo sentido Pastori[324] ve este texto como prueba indirecta de la clasicidad de la *actio de superficie*. La alusión a la *actio familiae erciscundae* induce al autor a pensar que la tutela del instituto en ese momento no está únicamente unida a la *lex locationis*. La acción divisoria no se refiere a relaciones obligacionales, sino que hace referencia a una acción autónoma acordada al superficiario.

Evidentemente debemos entender que la relación de la superficie con la *actio familiae erciscundae*, además de su situación al lado de los *vectigalia,* demuestra que la configuración clásica de la *superficies* a través de la protección jurisdiccional del pretor es más cercana a los derechos reales que a las relaciones obligatorias.

La última de las referencias a las acciones concedidas al superficiario está en:

> D. 39.1.3.3 (*Ulp. 52 ed.*): *Si ego superficiarius sim et opus novum fiat a vicino, an possim nuntiare? movet, quod quasi inquilinus sum: sed praetor mihi utilem in rem actionem dat, et ideo et servitutium causa actio mihi dabitur et operis novi nuntiatio debet mihi concedi*[325].

En este caso, Ulpiano una vez más, alude a la consideración que tiene el superficiario y la utiliza para referir a él la expresión "*quasi inquilinus*", lo que pone de manifiesto que el superficiario no es considerardo un inquilino al uso, puesto que sus atribuciones exceden de ello; por otra parte, la concesión de acciones reales útiles, como la *operis novi nuntiatio*, que el pretor extiende desde otros institutos reales colocan a la superficie en una posición análoga a la de otros *iura in re aliena.*

Todas estas referencias a las acciones otorgadas al superficiario, aunque sea de forma útil, suponen una muestra más de la tutela que la *superficies* alcanza en época clásica. Dichas referencias, como

---

[324] *La superficie nel diritto romano*, cit., p.87.

[325] El texto ha sido considerado interpolado por la doctrina especialmente por la referencia a la concesión de la *actio servituti causa*. Vid., en este sentido supra pp. 182 ss.

manifiesta Biondi[326], no pueden siempre ser consideradas añadidos justinianeos, ya que no se justifica la insistencia de los compiladores a la hora de atribuir los cambios al pretor, y menos que después de haber realizado las interpolaciones en el título 43.18.1, tuvieran que volver sobre el título 39.1 y el 6.1 para poder atribuir al pretor la *actio in rem*.

En este mismo sentido Bove[327] afirma que para el *ius civile* el superfiario tiene la consideración de *quasi inquilinus*, pero a su vez goza de una *utilis actio* que le otorga protección real y ello encuentra explicación en la protección que concede el pretor al superficiario dentro del régimen del *ius honorarium*.

La alusión a la naturaleza real de la *actio de superficie* ha motivado un interesante debate doctrinal a propósito de la calificación jurídica de dicha acción. Veamos las teorías más relevantes.

Biondi[328] cree que es necesario deslindar el texto del edicto y el comentario de Ulpiano y sostiene que la relación superficiaria en el edicto del pretor estaba tutelada por tres medios diferentes: 1) el interdicto; 2) la *actio in rem* que se acuerda únicamente en los supuestos de *locatio in perpetuum*; 3) <*alia actio*> acordada previa *causa cognita* a solicitud del interesado en los demás supuestos. Si bien, el hecho de que los compiladores hayan dejado únicamente la cláusula de la *alia actio* y hayan suprimido la relativa a la *actio in rem* ha hecho que la doctrina sospeche de la clasicidad de esta cláusula. De forma que la <*alia actio*> otorgaba a la superficie protección en aquellos supuestos en los cuales no era posible aplicar una *actio in rem*. Evidentemente no se trata de una única acción, sino de todas las posibles acciones que en vía útil o por el hecho podía conceder el pretor y que, según Biondi, podían ser: la *actio communi dividendo*, la *actio servitute*, la *operis novi nuntiatio* y la *cautio damni infecti*, principalmente.

Biondi termina su argumentación admitiendo la calificación *in rem* de la *actio de superficie*, una calificación que es atestiguada en parágrafos como D. 43.18.1.3 y 6, aunque otros textos hablen de una

---

[326] *La superficie nel diritto romano*, cit., p., p. 482.

[327] *Ricerche sugli agri vectigales*, cit., pp. 150 ss.

[328] *La categoria romana delle servitutes*, cit., p. 488.

actio utilis, que probablemente se extendió a la superficie desde la *actio in rem vectigalis*, puesto que indudablemente ambos institutos presentan numerosas analogías.

Ahora bien, la tesis de Biondi, a pesar de su originalidad e importancia, es difícil de sostener. No podemos pensar que el pretor otorgase en el momento de la concesión del interdicto una *actio in rem* como medio de defensa al superficiario, cuyo único titulo era la *locatio-conductio*. Resulta más prudente creer que debido al desarrollo que sufre el instituto la *actio de superficie*, otorgada previa cognición de la causa y en virtud de la analogía entre la superficie y los *agri vectigales*, en aquellas relaciones superficiarias *in perpetuum* acabó modelándose como una *actio utilis*. Aunque es factible sostener que en el momento en el que Ulpiano escribe el comentario esa acción se daba de forma genérica a las relaciones superficiarias a perpetuidad como una *actio in rem*, a semejanza de lo que ocurría en los *agri vectigales*. De manera que la catalogación de la *actio de superficie* como *in rem* que hace Biondi no se corresponde con el tiempo de promulgación del interdicto por el pretor, sino a dos siglos más tarde, pues cuando Ulpiano escribe su comentario al edicto la relación superficiaria tenía una configuración autónoma.

Riccobono[329] reconoce como *actio in rem* la *actio de* superficie y afirma que en el derecho clásico la *actio Publiciana* se extendía al superficiario (D.6.2.12.3.). Para el autor la importancia que alcanzó esta especie de locación fue reconocida por el pretor al introducir el *interdictum de superficiebus* que protege al superficiario contra los ataques que pudiese tener en el goce de la cosa. De igual modo el pretor acordó también para el superficiario –que tuviese una concesión perpetua– una *utilis vindicatio* o una *actio in rem*, la misma protección que la del *ager vectigalis*[330].

En esta misma línea doctrinal se sitúa Guilarte[331] para quien la concesión del *interdictum de superficiebus*, constituye el primer paso

---

329 "La violazione del principio superficies solo cedit nel diritto giustinianeo", cit., p. 303.

330 En esta misma línea doctrinal se sitúa POLACEK, A., "Superficies", cit., p. 375, que afirma, sin lugar a dudas, que la *superficies* fue considerada por el derecho clásico como un derecho real, disponiendo por ende de una *actio in rem*.

331 *El Derecho de superficie*, cit., pp. 17 ss.

para la conceptuación real del instituto de la *superficies*. Para el autor "es incontestable que en la concesión por el pretor al superficiario de un interdicto está la base de la consideración real de la institución, consideración que se fortalece progresivamente coincidiendo con el otorgamiento de otros remedios reales. En definitiva, siguiendo el sistema de acciones romano se puede precisar el carácter real del derecho de superficie examinando las que se conceden al superficiario, sus caracteres y su influencia en la dogmática institución."

Albertario[332], por su parte, considera que la acción *de superficie* no tiene carácter *in rem*. No se puede sostener que el superficiario sea un simple *inquilinus*, inquilino al que en el texto del interdicto se le ceden las acciones propias del *dominus* para que pueda defenderse frente a los terceros y pretender que la *actio de superficie* que se le otorga sea una *actio in rem*, ya que a él únicamente le corresponden las acciones que derivan de la *lex locationis*. Para el autor el texto del Digesto, salvo la parte en la que se transcribe el interdicto y el comentario de Ulpiano sobre la cesión de acciones, es un añadido postclásico-justinianeo. Añade el autor que en el sistema del edicto pretorio se observa rigurosamente la separación entre las fórmulas de las acciones por una parte y los interdictos por otra: especialmente las acciones *in rem* están todas juntas reagrupadas en la *pars de iudiciis*, mientras que los interdictos están en un apéndice. Por lo que es incomprensible que una *actio in rem* se otorgue en un inciso abandonado en la *pars de interdictis*.

Del mismo modo que, según Albertario, no debe sorprender encontrar en un texto interpolado una referencia a la *causae cognitio* del pretor, puesto que en otros textos del Digesto interpolados encontramos referencias a la misma[333]. Para el autor la superficie en el derecho clásico únicamente dispone de una protección personal basada en la *lex locationis*, y ni siquiera a través de la obra del pretor llegó a alcanzar una protección *in rem*[334].

---

332 "Il pegno de la superficie", cit., p. 460.

333 Esto mismo ocurre en D. 39.2.38.1 (*Paul. 10 Sab.*).

334 En este mismo sentido se pronuncia ARANGIO-RUIZ, V., "La struttura dei diritti sulla cosa altrui in Diritto romano", cit., p. 439, ya que en el edicto se hace una separación rigurosa entre la fórmula de las acciones y los interdictos, por lo que la concesión de una *actio in rem* en un interdicto –en este caso sería en el

Tampoco Vogt[335] admite la calificación *in rem* de la *actio* concedida por el pretor al superficiario, ya que la superficie durante toda la época clásica, al igual que ocurre en la época republicana, se desenvuelve únicamente en el campo del derecho público como relación obligatoria.

Para Pastori[336] la *actio de superficie* no tuvo nunca la calificación de *in rem* en el edicto: fue enunciada de forma genérica y el pretor nunca propuso una formula, puesto que al tratarse de una acción acordada caso por caso, en atención con las exigencias de situaciones concretas, no era susceptible de una calificación general. Pastori cree que en su primitiva configuración la *actio de superficie* que el pretor concede *causa cognita* se coloca como una *actio in factum*.

De esta manera, añade Pastori, el pretor, al haber concedido el interdicto para situaciones concretas y siempre bajo la *lex locationis*, tutelaba las relaciones superficiarias entre el superficiario y los terceros sin entrar en contradicción con el *ius civile*. Así, la protección otorgada por el pretor se convirtió en un medio idóneo de tutela de la *superficies*, ya que dicha *actio in factum* no contrasta con la naturaleza obligatoria de la relación superficiaria.

Agrega Pastori que la *actio de superficie* acaba calificándose como *actio in rem* debido a la elaboración jurisprudencial, si bien aquella calificación debe ser siempre considerada como un punto de llegada y no como un punto de partida. Aunque en el derecho clásico, para no entrar en abierta contradicción con el derecho civil y con el principio de accesión *superficies solo cedit*, dicha calificación no llega a ser formalmente enunciada, únicamente se extiende la tutela de forma analógica desde acciones *in rem* ya reconocidas en ese momento, las cuales guardaban con la *superficies aliquam familiaritatem*. Por lo que la protección otorgada al superficiario es una tutela útil[337].

---

interdictum de superficies– resulta cuando menos extravagante; y, por último, la existencia de una *actio in rem* es incompatible con la regulación de la superficie a partir de su constitución mediante arrendamiento o venta.

335 *Das Erbbaurecht des klassischen römischen Rechts*, cit., p. 93.

336 Vid. *La superficie nel diritto romano*, cit., pp. 155 ss., conclusión extraída de D. 43.18.1.4. (*Ulp. 70 ad Ed.*); Id., "Sulla struttura dell' "Actio de superficie", pp. 331 ss.

337 Vid. DE LOS MOZOS, J.L., *El Derecho de superficie en general y en relación con la planificación urbanística*, cit., pp. 38 ss., comparte la opinión de Pasto-

Martín Minguijón[338] califica la *actio de superficie* en el derecho clásico como *in factum*. La conciliación entre *actio utilis* y *exceptio in factum* que se mencionan en el texto es sencilla si se piensa en una redacción *in factum* para ambas. Para la autora el calificativo de *utilis* estaría, una vez más, referido a una acción in *factum*, puesto que la expresión *utilis* significa acción introducida por utilidad, pero sin identificar, como es habitual en la doctrina, acción útil con acción ficticia.

D'Ors[339] niega la posible existencia de acciones *in rem in factum*, entre ellas también la del superficiario, aunque admite la posibilidad de que la vindicación y otras acciones dominicales fueran extendidas como *utiles*, es decir, con ficción de propiedad al superficiario, lo cual se puede explicar por el hecho de que no exista un edicto especial. D'Ors añade tres puntualizaciones[340]:

i) En el edicto ninguna de estas tres fórmulas ficticias fue propuesta, sino que el pretor en el edicto se limitó a enunciar que las daría previa *causa cognita*.

ii) Que la <*actio*> prometida por el pretor no era tan sólo una vindicación, sino cualquier otra acción dominical que pareciera justo extender al superficiario.

iii) Entendiendo siempre esta posible defensa para los casos de conflicto entre el superficiario y terceras personas, y no con el pueblo romano o con las ciudades propietarias de solares cedidos, ya que la relación con estos entes era de carácter arrendaticio, es decir, contractual, quedando

---

ri, al estimar que de la concesión del interdicto se derivan efectos reales, por el hecho de otorgar una protección a la relación superficiaria frente a terceros, si bien la relación del superficiario seguirá siendo personal. Aunque el pretor, sucesivamente al interdicto, acordó una *actio de superficie*, cuyo origen clásico es ineludible para el autor, si bien se trata de una de esas fórmulas, por las cuales, el pretor, *non proponitur ulla formula nec temere petendi datur* (Gai.) Así, el pretor no rompe con el esquema del derecho civil, sino que lo que hace es conceder a la superficie aquellas acciones reales propias de otras figuras análogas ya reconocidas en el derecho clásico, como el usufructo o los *agri vectigales*. De esta manera la superficie en el derecho clásico se transforma y se aproxima a los derechos reales ya reconocidos.

338 *Formulas reconstruidas y acciones in factum conceptae*, Madrid, 2001, p. 563.

339 "Sobre las pretendidas acciones reales "in factum", IVRA XX, 1969, pp. 54 ss.

340 Id. pp. 77 ss.

siempre sometida al régimen administrativo de las locaciones públicas[341].

Excluye d'Ors la *actio de superficie* como *in factum*, pero admite sin lugar a dudas que el texto en el que se otorga dicha acción no sólo es genuino, sino que además debe ir referido a una acción que lógicamente no será la acción personal de la que ya antes disponía el superficiario. Hay que pensar, dice el autor, en alguna acción pretoria, probablemente *in rem*, puesto que así lo dice Ulpiano en las últimas palabras del comentario al edicto. El mismo Ulpiano habla de una *exceptio in factum*, pero no dice nada que haga pensar en una *actio in factum*. Todo lo contrario, Ulpiano habla de *actio utilis*, que aquí sería también con ficción (ficción de propiedad en todo caso)[342].

Una vez analizadas las diferentes posturas doctrinales sobre la *actio de superficie*, creemos que no se puede afirmar la existencia de una *actio in rem de superficie* desde el momento en el que el magistrado jurisdiccional otorga el *interdictum de superficiebus*, sino que esta protección deviene de las necesidades de los superficiarios.

En un primer momento esa *actio de superficie* que el pretor otorga previa *causae cognitio*, es una acción genérica, sin una calificación especifica que el pretor va modelando cuando los superficiarios demandan protección dependiendo del supuesto concreto. Pero no creemos que el hecho de que el texto hable de *exceptio in factum* conlleve necesariamente la existencia de una *actio in factum*[343]. No

---

341 Esta afirmación de d'Ors confirma que el autor reconoce que las relaciones superficiarias en el derecho clásico se llevaban a cabo también entre particulares, siendo totalmente diferente la protección otorgada a los supuestos de arrendamientos públicos, aunque este fuese el origen de la *superficies*.

342 En este mismo sentido VALIÑO, E., *Acciones útiles*, Pamplona, 1974, pp. 69 ss., para quien las acciones que se atribuyen al superficiario no son como se ha creído durante mucho tiempo acciones reales *in factum*, sino acciones útiles, donde se finge que aquellos titulares de derechos reales son propietarios.

343 MARTÍN MINGUIJÓN, A., *Formulas reconstruidas y acciones in factum conceptae*, cit., p. 564, afirma que "es evidente que, tanto la acción como la excepción, nacen de un mismo reconocimiento o derecho. Si se tratase de "otra pretendida *vindicatio ficticia*", la excepción sería la correspondiente del propietario con idéntica ficción. La conciliación entre la *actio utilis* y la *exceptio in factum*, que en el texto se menciona, es sencilla si pensamos en una relación *in factum* para ambas".

cabe afirmar, como hace Pastori, que la *actio de superfice* este modelada sobre una primera *actio in factum* y una posterior *actio utilis*, sino que creemos que, una vez que el pretor concede la acción, ésta se da a semejanza de la *actio vectigalis* o de la *vindicatio usufructus*, lo cual acaba convirtiendo la *actio de superficie* en una *actio utilis in rem*, calificación que aparece en varios textos del Digesto.

En cuanto a la referencia de Ulpiano a la *actio in rem* dentro del comentario al edicto no creemos estar ante un añadido compilatorio, ya que en ese momento la acción que venía otorgando el pretor era una *actio utilis in rem*, que tutela un instituto considerado como un *ius in re aliena*, por tanto no es extraño que Ulpiano hable de una tutela real de la *superficies*[344]. Y aunque la superficie no fue reconocida en el derecho clásico como un *ius in re aliena*, podemos afirmar que la superficie alcanzó en el derecho clásico *iure praetorio* una protección propia de derecho real. De esta manera, se convierte en un instituto pretorio tutelado de igual modo que otros derechos reales sobre cosa ajena.

Y esa misma configuración jurídica de la *superficies*, análoga a otros derechos reales permite, hablar de la extensión de otras acciones a la superficie. Entre las que debemos destacar la *actio Publiciana* a la que se refiere Paulo en D.6.2.12.2-3:

> *In vectigalibus et in aliis praediis, quae usucapi non possunt, Publiciana competit, si forte bona fide mihi tradita est.*(3) *Idem est et si superficiariam insulam a non dominio bona fide emero. (Paul. 19 ed.)*

Para Lenel[345] este texto originariamente, dado que el presupuesto de la usucapión era inviable en materia de superficie, negaba la aplicación de la *Publiciana* a la superficie. Ahora bien, ello no era motivo para que el mismo texto clásico, después de excluir la *actio Publiciana*, admitiese la extensión útil de tal acción a la *superficies*.

Carusi[346] concede al texto un gran valor, pues el mismo otorga la *actio Publiciana* tanto a los *agri vectigales* como a los edificios

---

[344] KASER/KNÜTEL, *Römisches Privatrecht*, cit., p. 161, califica la actio como in rem al ser concedida caso por caso (meidante una *actio in factum*).

[345] LENEL, O., *Edictum*, cit., p. 173.

[346] *L'azione Publiciana in diritto romano*, Roma, 1967, pp. 99 ss.

superficiarios, usufructo y servidumbres prediales. "In tutti questi casi la Publiciana adunque non rappresentava più la garenzia di un diritto di proprietà prossimo a maturarsi, ma di un diritto análogo, che restarà sempre tale. La cosa sarà eternamente *nondum usucapta.*"

Biondi[347] sostiene que acciones como la *Publiciana* eran dadas por el pretor al superficiario especialmente en aquellos casos en que la superficie había sido constituida mediante negocios que no fuesen venta, ni locación. Entiende Biondi que ésta era una de las denominadas *aliae actiones* que el pretor concedía previa cognición de la causa.

Pastori[348] afirma que "la aplicación de la *actio Publiciana* no parece posible, puesto que entre los presupuestos de esta acción figuran la *possessio*, la *traditio* y la us*u*capión, institutos todos ellos extraños a la superficie. Ahora, si atendemos a la posibilidad de que en la superficie haya una forma anómala de *possessio*, en cuanto ejercicio de facto del derecho y la *traditio* se entiende como acepción particular, no se puede excluir la posibilidad de extender de forma útil la *actio Publiciana.*"

Añade Pastori que además los clásicos no mencionaban *superficies*, únicamente se referían a los *agri vectigales*, que tenían un régimen diferente de los otros fundos públicos, siendo el término superficie un añadido compilatorio. Si bien, ello no debe ser obstáculo para negar la extensión útil de dicha acción a la superficie. En este supuesto es más adecuado estudiar la aplicación de la *Publiciana* al usufructo, puesto que en este caso parece que la superficie se asemeja más al régimen del usufructo que al de los *agri vectigales*, los cuales no admiten la venta como modo de constitución. En este sentido Pastori dice: "La aplicación de la *actio Publiciana* a la superficie podría responder a la necesidad general de tutelar la relación con referencia al acto constitutivo, cuando éste se reconduce a la venta, el legado o la donación. Y frente a la afirmación de Ulpiano en D:

---

347 *La categoria romana delle servitutes*, cit., p. 498; STOOP, B., "Law and economy in antiquity: the housing shortage in ancient Rome and the response of the classical jurists to the demands of commerce", cit., p. 266.

348 *La superficie nel diritto romano*, cit., pp. 165 ss.

43.18.1.7 "*sed et tradi posse intellegendum est, ut et legari et donari possit*", que admite la *traditio* de la superficie, la extensión al instituto de la *actio Publiciana utilis* podría corresponder al lógico desarrollo interpretativo".

Ahora bien, a pesar de que en las fuentes se haga referencia a la aplicación útil de la *Publiciana*[349], es difícil sostener que la misma sea una de esas acciones que el pretor daba previa *causae cognitio.* Por tanto, creemos que la aplicación útil de la *Publiciana* únicamente pudo darse al final del periodo clásico cuando la superficie era considera como un *ius in re aliena*, tanto por la jurisprudencia como por el pretor, y una vez que son admitidos como modos de constitución de la *superficie* la venta, la donación y el legado[350].

---

[349] Vid., por todos ALBERTARIO, E., "In tema di classificazione delle azioni (*Actiones in rem e actiones in personam*)", Riv. dir. proc. Civ., 5, 1928, pp. 188, afirma que los romanos no definieron la acción Publiciana como una acción *in rem*, sino como una acción ficticia, en cuanto que la *actio Publiciana* se otorga a aquellos que han adquirido una *res mancipi* sin haber procedido a realizar la *mancipatio* o la *in iure cessio.* Característica principal de dicha acción era la ficción de haber poseído la cosa todo el tiempo necesario para poder usucapirla. De hecho los jurisconsultos clásicos hablan simplemente de *actio Publiciana*, no de *actio in rem* como sucede con otras acciones, el mismo Gayo la incluye entre aquellas acciones que tienen una formula ficticia. Son los compiladores justinianeos quienes incluyen a dicha acción dentro de las acciones reales, pero una acción *in rem* que no puede ser ejercitada contra todos, pues a ella se puede oponer la *expcetio iusti dominii*; SEGRE, G., "Sulla distinzione delle<actiones in rem> <actiones in personam>, BIDR 33, 1933, p. 95, critica la teoría de Albertario, e intenta demostrar que ésta acción fue considera por los juristas clásicos una *actio in rem* y prueba de ello es D.10.3.7.2: *qui in rem Publicianam habent*, un texto, según Segre, genuino; DE SARLO, L., "La definizione dell' *actio Publiciana* nel diritto classici", Studi in onore a Siro Solazzi, Napoli,1948, pp. 208, afirma como los textos que contienen referencias a la *actio Publiciana* demuestran que la tesis de Albertario no se puede mantener. *In bonis habere* era también para los clásicos un estado de derecho, por lo que la *actio Publiciana* se otorgaba tanto contra el propietario como contra terceros.

[350] CARUSI, E., *L'actio publiciana*, cit., p. 102 afirma: "grazie alla libera interpetrazione del concetto informatore della publiciana, questa venne in progresso di tempo concessa anche in casi, in cui giammai l'attore aveva posseduto la cosa. Mancando il possesso non era mai possibile l'usucapione". Ahora bien, es indudable que la Publiciana fue otorgada también en aquellos supuestos en los que faltaba la posesión como en el usufructo o en la superficie.

6. EL PROBLEMA DE LA *POSSESSIO* EN LA *SUPERFICIES*.

Sin duda la admisibilidad de la *possessio* en la *superficies* constituye uno de los temas más controvertidos de esta materia, a la par que importantes. La doctrina desde antiguo se pregunta: ¿quién es el poseedor de la superficie, el *dominus soli* o el *superficiarius*? y ¿cuál es la naturaleza de la *possessio* que el pretor protege a través del interdicto? La romanística no responde de forma unánime a estos interrogantes. Ya Savigny[351] en el estudio sobre la posesión sostuvo que la superficie podía relacionarse con la figura de la *quasi possessio*, al estar la misma íntimamente relacionada con el *frui* al que alude el interdicto *de superficiebus*.

Albertario[352], por el contrario, niega la *possessio* al superficiario en la época clásica, al considerar que los textos que hacen alusión a la misma fueron interpolados por los justinianeos. Además, el interdicto *de superficiebus* no es un interdicto posesorio: primero porque hace alusión a la *lex locationis* y segundo porque el goce del superficiario se explica con el término *frui* y no con *possidere*. En este punto hay que distinguir entre el propio texto del interdicto y el comentario que al mismo hace Ulpiano. El primero no menciona la posesión (*uti ex lege locationis sive conductionis, superficie, qua de agitur, nec vi, nec clam, nec precario alter ab altero fruemini, quo minus framini, vim fieri veto*), mientras que el texto del comentario hace referencia a la posesión (*Sed longe utile visum est, quia et incertum erat, an locati existeret, et quia melius est possidere potius, quam in personam experiri, hoc interdictum proponere, et quasi in rem actionem polliceri*), una mención que ha de atribuirse a Triboniano. Para el autor todas las referencias a la *possessio* del superficiario que aparecen en los diferentes textos del *Corpus iuris* entran en el mismo de la mano de los compiladores.

Coviello[353], por su parte, entiende que en materia de posesión no es posible extender por analogía a la *superficies* cuanto sucede

---

351 *Trattato del possesso secondo i principii del diritto romano*, traducción de R. Andreoli, Napoli, 1857, p. 153.

352 "Il possesso della superficie", cit., pp. 411 ss.

353 "Della superficie", cit., p. 71.

en la enfiteusis o en la prenda, donde al acreedor pignoraticio y al enfiteuta le corresponden los interdictos posesorios, ya que el superficiario tiene un interdicto especial que lo protege, mientras que los interdictos posesorios corresponden al *dominus soli*. La posesión del superficiario era una *corporis possessio utilis*, nunca una verdadera *corporis possessio*, de igual modo que la acción real que el superficiario tenía no era una *vindicatio iuris*, que correspondía al propietario del suelo, sino una *vindicatio utilis*.

Biondi[354] señala que si el superficiario hubiese sido considerado poseedor no sería necesario introducir un interdicto especial, habría bastado con que se acogiese a los interdictos posesorios ya existentes, además, el interdicto de superficie no se basa en la posesión, sino en el *frui ex lege locationis*. Sin embargo, ello no excluye que la tutela del superficiario se constituya sobre el esquema de la tutela posesoria, considerándose el *frui ex lege locationis* como la *possessio* de la *superficie*, del mismo modo que no es extraño que en esta materia se hable de *possessio de superficies*, ya que en el lenguaje jurídico romano <*frui*> y <*possidere*> son términos que se confunden. El *frui ex lege locationis* no contrasta de hecho con el *possidere* pero lo precisa, pues el pretor no tutela cualquier posesión de la superficie, únicamente aquella del *frui ex lege locationis*, una posesión que en todo caso no afecta al suelo.

Sin embargo, Biondi[355] con referencia a la *traditio* cree que es necesario distinguir, por un lado, el sistema de la compilación justinianea en el que afirmar la *traditio* de la *superficies* implica la posibilidad de transferir la propiedad del edificio; y, por otro lado, la mención de la *traditio* en el texto de Ulpiano, la cual unicamente significa la constitución de una relación de superficie mediante *traditio*. En todo caso debe excluirse para el derecho clásico la posibilidad de que la *traditio* lleve aparejada la adquisición de la posesión del edificio independientemente del suelo por parte del superficiario y, además, el interdicto *uti possidetis* se acuerda para el *dominus soli* y no para el superficiario, de forma que el autor excluye la posibilidad de que la *traditio* se realice una vez realizada la venta, puesto que esta *traditio* no convertiría al adquirente en poseedor.

---

[354] *La categoria romana delle servitutes*, cit., p. 464 ss.

[355] *La categoria romana delle servitutes*, cit., pp. 496 ss.

Biondi[356] concluye su teoría sobre la posesión afirmando: "Che poi il commento parlasse di possidere mentre l'editto parlava di *frui ex lege locationis*, può avere la sua ragione d'essere. Poichè l'interdetto venne esteso ad altre ipotesi di concessioni superficiarie, oltre la locazione, como la vendita ed il legato, potè sembrare oportuno riassumere tutti i possibili atti costittutivi del rapporto di superficie, nel <*possidere superficiem*>, in guisa da compendere tutte le concessioni superficiarie. *Possidere superficiem* ha un valor di una frase abbreviata per indicare il godimento della superficie in base a un titulo giuridico riconosciuto dalla legge". Añade el autor que la superficie es siempre una entidad corporal, sin duda susceptible de *possessio*. Una *possessio* que no puede tener efecto jurídico alguno separado del suelo, pero en todo caso con la concesión del *interdictum de superficiebus* por el pretor la superficie, en cuanto entidad material, podría ser objeto de *possessio*, aunque siempre dentro de los límites legales.

A nuestro entender las dos teorías expuestas no atienden al *iter* seguido por la institución desde sus comienzos hasta su posterior configuración como *ius in re aliena*, siendo, en este sentido, la teoría más acertada la de Pastori.

Pastori[357] ha realizado un amplio estudio sobre la *possessio* de la superficie. El autor diferencia ampliamente el interdicto de superficie de los interdictos propios de la posesión. El superficiario es en el *ius civile* un simple *inquilinus*, como todo arrendatario, en ningún caso poseedor. Sin embargo, la configuración de la posesión en la superficie comienza a desarrollarse a partir de la extensión a la superficie de una *actio in rem utilis*, afirmada en D. 43.18.1.1 (*Ulp. 70 ad ed.*). Por ello, afirma Pastori, se aprecia claramente que el texto muestra una estratificación de concepciones jurídicas pertenecientes a épocas diferentes. Ulpiano trata de conciliar el viejo régimen del *ius civile*, con la configuración de una relación jurídica autónoma, próxima a los derechos reales, por *mor* de la elaboración jurisprudencial. De manera que en el derecho clásico el problema de la posesión del superficiario aparece únicamente cuando la superficie comienza a con-

---

356 *La categoria romana delle servitutes*, cit., p. 469.

357 Vid. *La superficie nel diritto romano*, cit., pp. 129 ss.

figurarse como una relación autónoma respecto a la propiedad del suelo"[358]. El punto de partida para admitir la posesión del superficiario será la consideración *in rem utilis* de la *actio de superficie*. De ahí que el comentario de Ulpiano al interdicto (D. 43.18.1.2.) vale únicamente para los tiempos en los que vive el jurista, no desde el momento de la concesión del interdicto

Pastori[359] califica la posesión que él admite como: "*quasi corporis possessio*", cuya forma se adapta a la estructura del *pignus*. Así, la "posibilidad de *usucapire* está obviamente excluida en la posesión superficiaria". Se acerca la superficie al régimen del usufructo, en el que el nudo propietario es el poseedor, si bien el *uti frui* le corresponde al usufructuario, protegido por un interdicto próximo al del superficiario y a los interdictos posesorios. Por ello, desde la concesión de dicho interdicto, el *uti frui habere possidere* se separa, detentando el *habere possidere* el *dominus* y el *uti frui* el usufructuario, el mismo proceso que debió darse en la superficie.

Son varios los pasajes del Digesto donde se hace referencia, bien directa o bien indirectamente, a la posesión de la superficie. Los textos reflejan como en el desarrollo de la *superficies* a lo largo de todo el derecho clásico también se deja sentir con la relación a la *possessio* del superficiario. La posesión y los interdictos propios de la misma corresponden al *dominus soli*, pero una vez que *iure honorario* la superficie adquiere una protección *in rem* podemos extender a ésta el regimen de otros *iura in re aliena*. Al igual que había sucedido con el usufructo el superficirio no fue considerado poseedor[360]. El desarrollo de la superficie lleva al pretor, sin negar nunca que la posesión

---

[358] PASTORI, F., *La superficie nel diritto romano*, cit., pp. 145 ss., para el autor hasta que la *actio de superficie* no se asimila a una *actio in rem utilis*, no se puede decir que el interdicto de superficie sea semejante al interdicto *uti possidetis*, puesto que mientras que éste se refiere al *possidere*, el de superficie se refiere al *frui*, conceptualmente bien diverso del otro. El interdicto de superficie se asemeja mucho más al interdicto de *loco publico fruendo*.

[359] *La superficie nel diritto romano*, cit., pp. 152.

[360] LA ROSA, R., *Usus fructus. Modelli di riferimento e sollecitazioni concrete nella costruzine giuridica*, Milano, 2008, p. 30, considera que el usufructuario avanzada ya la época clásica fue considerado *quasi* poseedor. D. 43.26.6.2 (Ulp. 71 ed.) *Is qui rogavit, ut precario in fundo moretur, non possidet, sed possessio apud eum qui concessit remanet: nam et fructuarius, inquit, et colonus et inquilinus sunt*

corresponde al *domunis soli*, a otorgar al superficiario en vía util los interdictos posesorios como amparo de las posibles perturbaciones provenientes de terceros. Esta protección pretoria acaba otorgando al superficiario una *quasi possessio* que de forma útil le concederá al superficiario una protección *ad interdicta*.

Recientemente Súarez Blázquez[361] afirma que "la desmembración del suelo de la superficie se logró por vía y por el juego de la nueva y flamante posesión superficiaria. Posesión independiente y diferente de la posesión civil del *dominus soli* sobre el suelo y el edificio. *Superficies solo cedit*, significa que la superficie sigue la condición jurídica del suelo, pero *possessio superficiaria solo no cedit*= la posesión superficiaria no sigue la condición jurídica de la posesión civil del suelo. Si ésta se progege con el interdicto *uti possidetis*, la posesión superficiaria fue abrazada por el interdicto *de superficiebus*". El autor otorga al superficiario la posesión a partir de la concesión del interdicto, aunque, como demuestran las fuentes, la posesión de suelo y superficie corresponde al *dominus soli* y el interdicto de superficie lo que hace es proporcionar al superficiario una defensa jurídica más amplia que lo acerca al resto de *iura in re aliena*, pero en ningún caso le otorga la posesión.

Veamos por separado cada uno de los textos que refieren la posesión.

El primero de los textos es D.39.2.15.12 (Ulp. 53 ed.)[362]:

> *An vero in totas aedes missio locum habeat, videamus. et extat Sabini sententia in totas aedes mittendum: alioquin si ex superficie, inquit, damnum timeatur, non habebit res exitum, nec profuturum in possessionem eius rei mitti, quam quis possidere non possit aut ei non expediat: et verior est Sabini sententia.*

El pasaje hace referencia a la *missio in damno infecti*. Del texto parece desprenderse que la posesión corresponde al *dominus soli* y

---

in praedio et tamen non possident. Sobre el texto vid., MARRONE "La posizione possessoria del nudo propietario nel diritto romano", AUPA 28, 1961, pp. 69 ss.

361 *Roma: edificación en altura*, cit., pp. 48 y 67.

362 Analizamos el texto desde la perspectiva de la *possessio*, dejando toda referencia a la propiedad superficiaria para el capítulo dedicado a la propiedad superficiaria.

no al superficiario. Ulpiano vincula la *missio* al principio de accesión, de manera que en virtud de *superficies solo cedit* únicamente puede ser poseedor el propietario. Por ello Albertario[363] ha encontrado en el texto un buen exponte de su doctrina.

Por el contrario, Biondi[364] niega la posesión en las relaciones ordinarias entre suelo y superficie, en aquellas en las que el principio *superficies solo cedit* tiene plena vigencia; pero no en aquellas otras en las que, según el autor, existe una concesión y, por tanto, no entra en vigor aquel principio. Para Biondi su teoría viene avalada por D.39.2.15.26 (*Ulp. 53 ed.*): *Si de vectigalibus aedibus non caveatur, mittendum in possessionem dicemus nec iubendum possidere (nec enim dominium capere possidendo potest), sed decernendum, ut eodem iure esset, quo foret is qui non caverat: post quod decretum vectigali actione uti poterit.* Así, del mismo modo que se reconoce la *missio* en el *ager vectigalis* también debe reconocerse al superficiario si existe una concesión; sin embargo, a falta de dicha concesión entrará en vigor *superficies solo cedit* y la *missio* no podrá producir efecto alguno."

La posición de Biondi respecto del texto es poco precisa; en ningún momento aclara qué entiende él por <concessione superficiaria>. Pero además utiliza expresiones como <semplece superficie>, <rapporto normale tra suelo e superficie>, <sola superficie> que vienen a oscurecer aún más su teoría. Entendemos que Biondi intenta diferenciar aquellas relaciones superficiarias constituidas al amparo de la *locatio-conductio*, donde entraría en juego *superficies solo cedit*, de la *superficies* como *ius in re aliena*, donde dicho principio no funcionaría, y, por tanto, al igual que ocurre con otros *iura in re aliena* al superficiario le sería concedida la *missio*. Una teoría, a nuestro juicio, difícil de mantener en el derecho clásico, pues como venimos diciendo sólo al amparo del *ius honorarium* el superficiario consigue una tutela real.

En D.39.2.15.12 (*Ulp. 53 ed.*) con carácter general se otorga la *possessio* al *dominus soli* y no al superficiario, ya que se entiende suelo y superficie como una única realidad jurídica. Ahora bien, si

---

[363] "Il possesso de la superficies", cit., pp. 427 ss.

[364] *La categoria romana delle servitutes*, cit., pp.471 ss.

ponemos en relación este texto con los epígrafes 11[365] y 13[366], observamos que, contrariamente a cuanto sucede en el epígrafe 12, el principio *superficies solo cedit* no se aplica. Evidentemente se trata de textos interpolados por los justinianeos, en los que al superficiario se le otorga la posesión del edificio, incluso de determinadas partes del edificio, mientras que el apartado 12, aplicando el principio de accesión, niega la posesión al superficiario.

El segundo de los textos que hace referencia a la posesión es:

> D. 43.17.3.7 (*Ulp. 69 ed.*): *Sed si supra aedes, quas possideo, cenaculum sit, in quo alius quasi dominus moretur, interdicto uti possidetis me uti posse Labeo ait, non eum qui in cenaculo moretur: semper enim superficiem solo cedere. plane si cenaculum ex publico aditum habeat, ait Labeo videri non ab eo aedes possideri, qui kruptas possideret, sed ab eo, cuius aedes supra kruptas essent. verum est hoc in eo, qui aditum ex publico habuit: ceterum superficiarii proprio interdicto et actionibus a praetore utetur. dominus autem soli tam adversus alium quam adversus superficiarium potior erit interdicto uti possidetis: sed praetor superficiarium tuebitur secundum legem locationis: et ita Pomponius quoque probat.*

Para Albertario[367] y Pastori[368] este texto está íntimamente relacionado con el anterior. El texto afirma de forma explícita que el interdicto *uti possidetis* únicamente puede ser ejercitado por el poseedor del suelo y no por el superficiario, a quien le corresponde un interdicto propio basado en la *lex locationis*.

---

[365] *Ex hoc edicto si non caveatur, mittitur in possessionem a praetore in eam partem, quae ruinosa esse videtur.*

[366] *Sed si in plures partes divisa domus sit, utrum in partem an in totam domum possidendam mitti quis debeat, videamus. si tam ampla domus sit, ut et spatia inter vitiosam partem intercedant et eam quae vitium non facit, dicendum in eam solam partem mitti: si vero unita sit contextu aedificiorum, in totam. itaque et in spatiosis domibus melius dicetur in eam partem domus mittendum, quae vitiosae parti unita est. ceterum si modica portiuncula aedium amplissimarum vitium faceret, quale erat dicere totas aedes iubendum possidere eum, cui damni infecti non caveretur, cum sint amplissimae?*

[367] "Il possessio della superficie", cit., pp. 426 ss.

[368] *La superficie nel diritto romano*, cit., p. 135, nota 18.

Biondi[369] afirma que Labeón en este pasaje lo que hace es confirmar la existencia del principio de accesión, coincidiendo con Sabino en este caso, pero desde el momento en el cual el pretor, aún respetando formalmente el principio tradicional, ha acordado el *interdictum de superficiebus* calcado del *uti possidetis*, el superficiario, que entra en los presupuestos enunciados en el edicto, tiene una tutela interdictal análoga a aquella del *uti possidetis*. Se repite siempre, dice Biondi, que el superficiario no tiene una *possessio* independiente del suelo, aunque el *interdictum de superficiebus* en definitiva viene a reconocer aquélla. Se prefiere al *dominus soli* para el ejercicio del *interdictum uti possidetis*, contra el superficiario o contra los terceros, pero el superficiario podrá ejercitar, contra el *dominus* o contra el tercero, un interdicto del todo análogo al *uti possidetis*, es decir, el *interdictum de superficiebus*[370].

Creemos que en este texto se aprecia la tendencia jurisprudencial a otorgar la posesión al nudo propietario y no al superficiario, algo que tampoco debe extrañarnos. Por tanto, aunque el acercamiento jurídico entre la *superficies* y los *iura in re aliena* comienza con la concesión del interdicto *de superficiebus*, sólo en un momento posterior, probablemente en época de Ulpiano, cuando las transformaciones en la configuración jurídica de la *superficies* son ya evidentes, podría entenderse que se aluda a la *possessio* del superficiario. Esta posesión se entiende como *quasi possessio,* al igual que la del usufructuario. Se produce así un desarrollo del instituto de la superficie no sólo *iure honorario*, sino también a través de la jurisprudencia clásica.

Por último D. 43.16.1.3-5 (*Ulp. 69 ed.*):

> *Hoc interdictum non ad omnem vim pertinet, verum ad eos, qui de possessione deiciuntur. ad solam autem atrocem vim pertinet hoc interdictum, et ad eos tantum, qui de solo deiciuntur, ut puta de fundo sive aedificio: ad alium autem non pertinet.(4) Et si quis*

[369] *La categoria romana delle servitutes*, cit., pp. 473 ss.

[370] Vid.,infra, pp. 216 ss., dedicadas al análisis del texto a própósito de la propiedad superficiaria, donde partimos de la idea que ya en el derecho clásico y siempre en supuestos especiales el principio de accesión no fue aplicado por la jurisprudencia, sin embargo ello no significa la derogación del mismo, únicamente se trata de una falta de aplicación.

de area deiectus sit, sine dubio interdicto locus est: et generaliter ad omnes hoc pertinet interdictum, qui de re solo cohaerenti deiciuntur: qualisqualis enim fuerit locus, unde quis vi deiectus est, interdicto locus erit. (5.) Proinde et si superficiaria insula fuerit, qua quis deiectus est, apparet interdicto fore locum.

Albertario[371] mantiene que los incisos 4 y 5 no tienen relación alguna con los incisos 3 y 8 del mismo texto, de manera que estos parágrafos son sin duda un añadido con el que se pretende extender al superficiario la protección del interdicto *unde vi*, aunque esta protección en ningún caso le corresponde en el derecho clásico, siendo las formas y expresiones utilizadas eminentemente justinianeas.

Biondi[372] manifiesta que aunque se concede el *interdictum unde vi* al *dominus soli* y no al superficiario, la jurisprudencia acordó que el *dominus soli* en vía útil cediese dicho interdicto para la defensa del superficiario frente a los terceros, algo perfectamente compatible con D. 43.18.1.1 (*Ulp. 70 ed.*). De esta manera los clásicos no dejaron sin tutela al superficiario frente a un posible expolio violento.

Para Pastori[373] el texto excluye la extensión del interdicto *unde vi* al superficiario y "salva la possiblilità che il propietario gli ceda le azioni a lui spettanti contro terzi". No cabe pensar en la extensión al superficiario de los interdictos posesorios.

El texto, sin duda, retocado por los justinianeos[374], deja entrever el cambio del que venimos hablando en el instituto de la *superficies* en la época de Ulpiano. El hecho de que el superficiario fuese amparado por el interdicto *unde vi* ante una situación de violencia en el disfrute del edificio no debía resultar extraño, por ello el inciso quinto hace alusión al mismo. Y por ese mismo motivo los textos anteriores en los que Ulpiano comentaba las palabras de Labeón o Sabino otorgaban la posesión únicamente al *dominus soli*, puesto que el tiempo que separa a estos juristas había favorecido una transformación de la *superficies* que incide, entre otras cosas, en la aplicación de la posesión al superficiario.

---

371 "Il possessio della superficie", cit., pp. 425 ss.

372 *La categoria romana delle servitutes*, cit., p. 476.

373 *La superficie nel diritto romano*, cit., pp. 135 ss.

374 Vid., *Index Interpolationum*, cit., pp. 286 ss.

Las referencias a la *possessio* de la *superficies* se encuentran también fuera de la sede del *Corpus iuris civilis* como: la *Lex Thoria*[375]: *quei in Africa agrum possessionemue agriue possesionisue superficium habet possidetu]e fruiturue, quem agrum possessionemue quoiusue agri possesionisue superficium q(uaestor) pr(aetor) ue pu[blice uendiderit];* la inscripción de *Ain Ouassel*[376]: *possidendi ac fruendi... ius datur*, y la inscripción de Pozzuoli[377]: *usus et frutus potestasque aedificii*. Respecto a esta última parece que el *usus* lo podemos identificar con el *possidere*[378]. Estas referencias a la posesión del superficiario, junto con el desarrollo *iure praetorio* y jurisprudencial que había alcanzado el instituto nos lleva a sostener que al superficiario le fue otorgada una *quasi possessio*. Aunque los justinianeos hablan de *possessio*, eliminando la expresión clásica *quasi corporis possessio*, de tal manera que extienden la posesión a todos los *iura in re aliena*, y no sólo a la superficie; a pesar de que el titular no tiene una relación de hecho con la cosa[379]. En el derecho clásico admitir la posesión del superficiario sobre la edificación habría significado, primero, acceder a una duplicidad de *possessores*, el *dominus* y el superficiario y, segundo, afirmar la quiebra formal del principio *superficies solo cedit*, pues supondría el reconocimiento de la posesión del edificio separado del suelo.

Polacek[380], más radical en sus observaciones, afirma: "el principio *superficies solo cedit* no fue suprimido. El *dominium ex iure Quiritium* seguía persistiendo y pertenecía formalmente al propietario del terreno. Mas sólo formalmente. Los magistrados jurisdiccionales, sobre todo en la época clásica, concedieron al superficiario

---

375 FIRA, *Leges*, p. 120.

376 FIRA, *Negotia*, p. 300.

377 FIRA, *Negotia*, p. 361.

378 Totalmente contrario a admitir estas inscripciones como prueba de la admisión de la posesión de la superficie se muestra PASTORI, F., *La superficie nel diritto romano*, cit., p. 141, para quien éstas no muestran una consideración jurídica, sino todo lo contrario, representan una valoración introducida por la conciencia social. Y frente a las concesiones a largo plazo esa conciencia social puede haber definido como posesión una relación *de facto* del concesionario en orden al ejercicio del derecho.

379 GROSSO, G., *Usufrutto e figure afine nel diritto romano*, cit., p. 334.

380 "Superficies", cit., p. 374.

una protección particular, la defensa de la posesión por un medio jurídico modelado a imagen del interdicto *uti possidetis*, eficiente frente a todos con respecto a quienes el superficiario se encontraba en disfrute del edificio *nec vic nec clam nec precario*. Aunque el *ius civile* no conocía la *possessio*, la práctica social imponía la necesidad de asegurar la dominación de hecho sobre una cosa".

7. EL *PIGNUS* EN LA RELACIÓN SUPERFICIARIA

Otro de los problemas que presenta la *superficies* en el derecho clásico es la posibilidad de constituir un derecho de prenda sobre la concesión superficiaria.

Veamos los diferentes textos relativos al *pignus*[381]:

> D. 20.1.13.3. (*Marcian., ad form. hypoth.*): *Et in superficariis legitime consistere creditor potest adversus quemlibet possessorem, sive tantum pactum conventum de hypotheca intervenerit, sive etian possessio tradita fuerit, deinde amissa sit.*
>
> D. 20.4.15 (*Paul. 68 ed.*): *Etiam superficies in alieno solo posita pignori dari potest, ita tamen, ut prior causa sit domini soli, si non solvatur ei solarium.*
>
> D.13.7.16.2.(*Paul. 29 ed.*): *Etiam vectigale praedium pignori dari potes: sed et superficiarium, quia hodie utiles actiones superficiariis dantur.*
>
> D.13.7.17.(*Marcian., ad form. hyp.*): *Sane divi Severut et Antonius rescribserunt ut sine deminutione mercedis soli obligabitur.*

Del mismo modo que el vectigalista o el usufructuario pueden dar el fundo o la cosa objeto de usufructo en prenda, también el superficiario lo puede hacer, pero siempre con la limitación que supone

---

[381] Vid., los comentarios sobre los textos de ALBERTARIO, E., "Il pegno della superficie", cit., pp. 464-467; PASTORI,F., *La superficie nel diritto romano*, cit., pp. 115 y 151; BIONDI, B., *La categoria romana delle servitutes*, cit., pp. 506 ss; VOGT, H., *Das Erbbaurecht des klassischen römischen Rechts*, cit., p. 73-79; SOLAZZI, S., "Studi romanistici, Vectigales aedes", cit., pp. 24 ss.

la obligación de pagar el *solarium*: *ut priori causa sit domini soli, si non solvatur ei solarium sine deminutione mercedis soli obligabitur.*

En términos generales la doctrina ha seguido respecto de la admisibilidad o no de la prenda de la superficie la misma línea que en la posesión. Albertario[382] afirma que estos textos están interpolados. Relaciona D. 20.4.15 (*Paul. 68 ed.*) con D. 20.4.14 y sostiene que el *etiam* inicial manifiesta la inadmisibilidad de la pignoración en la superficie, lo mismo que en el parágrafo 14 se niega que la servidumbre pueda darse en prenda. También en D. 20.1.13.3. (*Marcian., ad form. hypoth.*) *hypotheca* es un término añadido por los justinianeos. Concluye Albertario que en la época clásica únicamente tiene validez la prenda de aquellas cosas de las que uno es propietario o copropietario, o incluso poseedor, como el *ager vectigalis*; aunque admite que el usufructuario pueda dar su derecho en prenda, pero la prenda de la superficie es sin duda justinianea, al ser el superficiario en el derecho clásico únicamente *inquilinus*.

Biondi[383], en sentido contrario, ratifica, gracias al testimonio de estos textos, que la prenda de la superficie era reconocida en el derecho clásico. Para el autor una vez "admitido el origen clásico de la *actio de superficie* como *in rem* no es posible dudar de la admisibilidad de la prenda de la *superficies*".

Pastori[384], sobre la base de la analogía existente entre el usufructo y la superficie, afirma que de igual modo que en el usufructo la prenda únicamente la podía constituir el usufructuario basándose en su derecho, también en la superficie la prenda únicamente podía ser constituida por el superficiario. Puesto que una vez constituida la superficie, el superficiario será el único titular capaz de dar en prenda su derecho. Para Pastori el término *hodie* en D. 13.7.16.2 (*Paul. 39 ed.*) supone admitir en aquel tiempo la posibilidad de dar en prenda la superficie en la medida que se había producido la extensión útil de las acciones *in rem* a la *superficies*.

---

382 "Il pegno della superficies", cit., pp. 464 ss., el autor dedica gran parte del trabajo al análisis pormenorizado de cada uno de los textos, un análisis más bien filológico para intentar demostrar que palabras son añadidos justinianeos.

383 *La categoia romana delle servitutes*, pp. 506 ss.

384 *La superficie nel diritto romano*, cit., pp. 150 ss.

Entendemos que la admisibilidad de la prenda en la relación superficiaria está íntimamente relacionada con la evolución de la misma en el ámbito del *ius honorarium*. Y, en este sentido, la aproximación al régimen *ususfructus* y de los *agri vectigales* –en la medida que se extiende al régimen de la superficie la protección procesal de éstos– permite reconocer la prenda de la superficie. Hay que recordar la doble configuración de la superficie: *iure civile* el superficiario fue siempre un inquilino y, por tanto, no es posible admitir la prenda de la superficie; *iure honorario* el superficiario puede ceder en prenda su derecho de superficie[385]. Los textos, a pesar de los posibles retoques justinianeos, evidencian la consideración real *iure praetorio* que la superficie alcanza en el derecho clásico, lo que permite afirmar la posibilidad por parte del superficiario de dar su derecho en prenda.

8. LA CONFIGURACIÓN DE LA *SUPERFICIES* EN ÉPOCA CLÁSICA

La superficie surge de la necesidad de otorgar una sustantividad jurídica a las construcciones levantadas en suelo público. A partir de ahí las relaciones superficiarias comienzan a contemplarse como "un buen negocio", "negocio rentable" que se práctica habitualmente *inter cives*.

Así, una vez que estas relaciones se afianzan entre particulares –comienzos de la época clásica– y surgen los primeros problemas, tanto respecto del *dominus soli*, como de los terceros que perturban el pacífico goce de la edificación, la realidad confirma que el régimen del *ius civile* no podía dar solución a una figura tan compleja: por un lado, el principio *superficies solo cedit* impedía que suelo y superficie fuesen dos realidades jurídicamente diferentes y, por otro, la *lex locationis* era insuficiente para proteger al *conductor* del suelo que construía sobre el mismo y que empleaba grandes cantidades de dinero. La protección *ex conducto* resulta escasa.

El derecho civil da un primer paso al imponer al *dominus soli* la obligación de ceder sus acciones para que el superficiario pueda de-

385 VACCA, L., "Il C.D. *duplex dominium* e l'*actio Publiciana*", La proprietà e le proprietà, Milano, 1988, p. 48: "la duplicità dell'ordenamiento romano, si estende a tutto il diritto privato delll'età classica, dalle obligazioni alle successioni."

fenderse frente a los terceros que impiden el pacífico goce de la superficie. Aún así este primer avance se muestra insuficiente para quien ha invertido una cantidad importante de dinero en realizar una construcción en suelo ajeno. Ante esta situación el pretor decide otorgar una protección mayor a estas situaciones fácticas que se asemejan a otros *iura in re aliena* ya reconocidos, pero que en el ámbito del *ius civile* únicamente se amparan bajo la *locatio-conductio*.

Y es en ese momento, gracias a la concesión por el magistrado jurisdiccional de un interdicto específico, el *interdictum de superficiebus*, como medio de protección extraprocesal de la superficie, cuando ésta empieza a disponer de una cierta configuración jurídica propia e independiente del suelo.

Además, el comentario de Ulpiano al edicto refiere una *actio de superficie –actio utilis–* otorgada de forma genérica por el pretor, siempre previa *causae cognitio*. Siendo dicha acción la que permite que el pretor, a medida que este tipo de relaciones se van consolidando y siempre que se trate de arrendamientos *ad non modicum tempus*, configurar la superficie como instituto de derecho pretorio, con un régimen similar al de los *agri vectigales* y al *ususfructus*.

Tal régimen bipartito, uno civil y de carácter obligatorio, otro pretorio de marcada naturaleza real, continúa a lo largo de todo el derecho clásico.

Los problemas de índole urbanístico y las dificultades económicas que constituyen, en buena medida, el trasfondo real de la *superficies* recibieron valoraciones distintas *iure civile* y *iure praetorio*. Para el derecho civil la exclusión de una configuración autónoma no chocaba con las necesidades de ese momento. Posteriormente cuando se produce la carestía de vivienda, el problema que las concesiones superficiarias venían a resolver, se resuelve *iure civile* mediante la venta del suelo u otras relaciones contractuales. Sin embargo, el derecho pretorio, a través de la tutela procesal, permite conciliar las demandas económicas y las nuevas necesidades urbanísticas[386]. El

---

[386] CORBINO, A., "Il numero chiuso dei diritti reali e l'esperienza giuridica romana.", Melanges a la memoire de Henryk Kupiszawski, Varsovie, 1996, pp. 105 ss, manifiesta que los ciudadanos romanos no tuvieron mayor libertad, en orden a la configuración de nuevos institutos de naturaleza real, de la que hoy disponen los

pretor salva los obstáculos de un sistema férreo y tipificado como el del *ius civile*, y permite que nuevas figuras como la superficie puedan encontrar un cierto reconocimiento jurídico[387].

Pastori[388] afirma: "L'aspetto economico del diritto de superficie no deve essere passatto sotto silenzio, in quanto esso è idoneo a illuminare il significato delle riforme attuale dal pretore, il quale fu chiamato a conciliare l'esigenza del propietario di non perdere la disponibilità del sulo nei rigurardi di chi avesse semplicemente edificato o piantato, con la necesita di limitare la disponibilità del propietario in favore del superficiario".

Esta dualidad de regímenes jurídicos trae consigo que formalmente la *superficies* no sea enunciada como derecho real, aunque *de facto* recibe protección jurídica como si de un *ius in re aliena* se tratara. Algo que, por otra parte no solo se produce en la *superficies*, sino que es común al resto de los *iura in re aliena*[389]. En esta ocasión, como afirma Cuena[390], "el *ius honorarium* supera y trasciende al *ius civile* en multitud de campos concretos en los que se queda sencillamente anticuado, pero sin suplantarlo por completo".

ciudadanos. Si bien, "la experiencia romana no se substrae jamás a la observancia del principio de "tipicidad", que gobernó en todo momento el desarrollo del sistema". Pero ésta es una tipicidad totalmente diferente a la que nosotros conocemos hoy en las codificaciones, ya que lo que en los sistemas modernos únicamente puede venir impuesto por la ley, en Roma, es más, venía impuesto por un conjunto de factores opuestos y coordinados, alguno de los cuales más sensibles (como la reflexión jurisprudencial, la actividad magistral edicente y aquella de la chancillería imperial) a las necesidades de novedad. Y como sucede hoy, tampoco en Roma la autonomía privada pudo nunca dar directamente vida a nuevas figuras de los derechos."

[387] Vid., POLACEK, A. "Proprietà e possesso nel diritto romano postclásico", cit., p. 534, el autor analiza una serie de situaciones en las cuales casos como los del esclavo ponían de manifiesto que en muchas ocasiones aunque la ley no permitía ciertas situaciones éstas se producían en la práctica, del mismo modo dice: "sappiamo che c'è una *regula iuris* che dice *<superficies solo cedit>*, però noi non vogliamo che le cose stiano così se questa regola non civa."

[388] *La superficie nel diritto romano*, cit., p. 71.

[389] GROSSO, G., *Usufrutto e figure affini nel diritto romano*, cit., p. 2: "la contrapposizione della proprietà, identificata colla cosa, agli altri diritti reali, può già contribuire a spiegare como i Romani non abbiano avuto un termine tecníco per indicare una categoría di diritti così fortemente sentita como quella dei diritti reali."

[390] CUENA, F., Sistema jurídico y Derecho Romano, Santander, 1998, p. 132.

En este sentido son concluyentes las palabras de Riccobono[391] "Così il rapporto di superficie aveva avuto nel diritto classico una suficiente protezione, che risultava praticamente dal concorso degli ordinamenti civile e pretorii, i quali d'altrode dal punto di vista teorico, qui come in tanti altri casi, erano fra loro oppugnanti. Ed erano, tali como è ovvio, per il fatto che il rapporto meramente personale nell'ambito del *ius civile* aveva avuta la tutela reale del pretore, la cuale segnava decisamente i destini futuri dell'istituto"[392].

Polacek[393] explica la discrepancia entre los principios del *ius civile*, la creación pretoria y la elaboración jurisprudencial en los siguientes términos: "la respuesta se puede encontrar en el reconocimiento por parte de los cultivadores y creadores del Derecho romano práctico de situaciones en las cuales el hecho debe ser no sólo reconocido, sino también tutelado".

Ahora bien, el acercamiento de la *superficies* a los *iura in re aliena* no se hizo de manera repentina, sino que como el mismo pretor dice en la concesión del interdicto parte primero de la *lex locationis*, la cual regulaba las relaciones superficiarias en el *ius civile* y desde ahí comienza a desarrollarse una protección cada vez más amplía, otorgada mediante acciones útiles, que acaban modelando todo el instituto. Es decir, desde que esas primeras concesiones de *loca publica* otorgadas a los particulares (en torno al siglo III a. de C., la *lex agraria* habla de estas relaciones superficiarias), hasta que finalmente la *superficie* es tutelada como un derecho real pasan varios siglos, tiempo en el cual el magistrado y la jurisprudencia van adaptando esta nueva figura a los *iura in re aliena*.

La equiparación de la superficie al usufructo o a los *agri vectigales*, a través de la extensión analógica de sus acciones, hace posible

---

391 "La violazione del principio superficies solo cedit nel diritto giustinianeo", cit., p. 303.

392 En el mismo sentido se pronuncia PASTORI, F., *La superficie nel diritto romano*, cit., p. 183. "la superficie en el derecho clásico, aunque sea a través de una valoración empírica y como consecuencia de las acciones útiles concedidas al superficiario, tiende a obtener una configuración autónoma que la coloca al lado de los derechos reales sobre cosa ajena."

393 "Superficies", cit., 375; Id., "Proprietà e possesso nel diritto romano postclásico, cit., p. 521.

que una relación meramente obligatoria, como fue originariamente *iure civile* la relación superficiaria, pase a ser considerada análoga a los *iura in re aliena*[394]. Momento en el que venta, el legado *per damnationem* y la donación comienzan a utilizarse como instrumentos de constitución de la *superficies*.

Y es que los institutos jurídicos romanos responden a las necesidades sociales y económicas de los ciudadanos, y el *officium praetoris* adapta, una vez más, a dichas demandas el *ius*[395]. Porque como afirma Gallo[396] "a los particulares, a los ciudadanos, a los hombres no le interesa la abstracta formulación de las normas, cuánto la solución de los casos que les conciernen".

---

[394] En este sentido es interesante el artículo de GALLO, F., "Alle origini dell'analogia", Diiritto e proceso nella esperiencia romana, Napoli, 1994, pp. 37 ss., recuerda como no sólo Salvo Juliano, sino que también el emperador Adriano en el senadoconsulto en el cual se aprueba la redacción de edicto prevé la existencia en el mismo de lagunas y el recurso a la analogía para colmar las mismas, que encuentra correspondencia en D. 1.3.11 (*Iul. 90 dig.*).

[395] CUENA, F., Sistema jurídico y Derecho Romano, cit., p. 140.

[396] GALLO, F., "Un nuovo approccio per lo studio del *ius honorarium*", SDHI 62, 1996, p. 62.

CAPÍTULO III
SUPERFICIES EN EL DERECHO ROMANO POSTCLÁSICO

1. ALGUNAS CUESTIONES PREVIAS A LA CONFIGURACIÓN DE LA *SUPERFICIES* EN EL DERECHO POSTCLÁSICO

La *superficies* en el derecho clásico debido a su configuración jurídica *iure civile-iure praetorio* se presenta cuanto menos compleja. En el periodo postclásico el instituto alcanza un carácter singular.

Es sabido que en el Bajo Imperio se producen cambios drásticos que afectan a aspectos socio-políticos, económicos y jurídicos, unos cambios que condicionan la configuración del instituto de la *superficies*[397].

Este es un momento de graves tensiones sociales y políticas que desembocan en no pocas guerras. Algunas ciudades son destruidas casi por completo, las edificaciones se convierten en una gigante escombrera. La economía sufre un retroceso importante, en parte motivado por los gastos de la guerra. A partir del reinado de Constantino se produce una aguda crisis económica, que el Estado es incapaz de afrontar[398]. Esta crisis también determina el comportamiento de

---

[397] 1 FUENTESECA DEGENEFEE, M., *De Emphyteutico iure*, Madrid, 2003, p. 97: "...la enfiteusis al igual que el derecho de superficie tuvo su regulación definitiva en el Bajo Imperio, cuando las concesiones perpetuas y hereditarias no constituyeron ya la excepción, como en el periodo precedente, sino la regla general".

[398] Vid. CAMERON, A., *Il tardo imperio romano*, trad. al italiano M. de Nardis e P. Rosafio, Bologna, 1995, pp. 144 ss.

los ciudadanos, que, en su mayoría, no dispondrán de medios económicos suficientes para invertir en negocios. Así, por ejemplo, la construcción de viviendas decae considerablemente. Los fondos del Estado se dedican casi por completo a cuestiones militares, los impuestos aumentan considerablemente y la decadencia llega a todos los sectores. El empobrecimiento da lugar a un escepticismo que afecta tanto a los militares como a los ciudadanos de a pie, produciéndose grandes diferencias sociales, entre unos pocos ricos y la mayor parte de la población con niveles de renta muy bajos[399].

Los vínculos entre las circunstancias económicas, socio-políticas y jurídicas en el Imperio romano son innegables. La crisis económica no deja indiferente a las relaciones jurídicas. Como había ocurrido en el periodo republicano el suelo y las concesiones superficiarias se van a ver afectadas por el intervencionismo público. Se vuelve a los orígenes republicanos de la práctica superficiaria. Así, a tenor de los datos de que disponemos, las concesiones por parte del emperador de terrenos públicos para que los particulares edifiquen en ellos son mucho más numerosas que las realizadas entre particulares. También son numerosas las constituciones imperiales que se refieren a la concesión de terreno a un particular, bien para que construya en él o bien para que disponga de la construcción realizada previamente, e incluso se llegan a reconer jurídicamente situaciones de hecho.

En el ámbito jurídico decaen los escrúpulos formales que informaban el viejo *ius civile* que, por un lado, habían supuesto cierto freno a la obra innovadora del pretor y a la interpretación jurisprudencial y, por otro, no habían permitido que la *superficies* fuese reconocida como entidad jurídica autónoma del suelo[400]. A partir de este momento la configuración jurídica que el instituto de la superficie había adoptado tiempo atrás *iure praetorio* se consolida.

Se produce así un giro en el derecho, una transformación debida al cambio producido en las circunstancias políticas, sociales, económicas y religiosas. De manera que en este periodo, al igual que ocu-

---

[399] C. 11.48.5. *Impp. Valentinianus, Valens*, a. 366. Esta constitución que transcribe una ley del año 366 d. de C., hace alusión al sistema de permuta que venían utilizando los campesinos de la época para así no tener necesidad de utilizar la moneda.

[400] PASTORI, F., *La superficie nel diritto romano*, cit., p. 207.

rre en otras etapas, el Derecho lo que hace es adaptarse a una nueva realidad social[401].

Este reconocimiento coincide con la mutación que sufre el *dominium*[402]. De ahí que que Polacek[403] afirme que si la ductilidad del derecho vulgar llevó incluso a negar que *servitutes* o *pignus* fuesen

---

[401] GUARINO, A., "Vulgarismus e Diritto volgare", *Pagine di Diritto romano* I, Napoli, 1993, p. 371: "La decadenza del diritto romano postclásico non può, non debe essere addebitata alla pretesa tabe del <volgarismo>, ma va attribuita esclusivamente alll'inettitudine dei legislatori e degli operatori del diritto nel periodo del Basso Imperio. Il rilassamento <vulgaristico> della giurisprudenza di queste periodo è un fatto innegabile e, del resto, incontestato, na non può essere indicato come causa della decadenza giuridica romana, della quale invece esso costituisce soltatanto un effetto, o più precisamente una manifestazione". CALONGE, A., "Reflexiones en torno al denominado Derecho Romano vulgar de occidente", De la Antigüedad al medievo, s. IV-VIII, III Congreso de Estudios Medievales, Madrid, 1993, pp. 363 ss., observa como esa decadencia del derecho procede no sólo de un sistema centralizado donde la falta de juristas es evidente, también las circunstancias sociales, políticas y económicas penetran en el derecho de los IV y V.

[402] CANNATA, C., *"Possessio" "Possessor", "Possidere" nelle fonti giuridiche del basso imperio romano. Contributo allo studio del sistema dei rapporti reali nell'epoca postclassica*, Milano,1962, p. 147, para el autor el término derecho real sobre cosas inmuebles tiene dos acepciones totalmente distintas del término propiedad, con el que con frecuencia viene confundido: una es aquella económico-social, que expresa la pertenencia exclusiva de la cosa a un sujeto en orden a la facultad de usar y gozar de la misma, además de otorgar, con respecto a esa, actos de disposición (constituir derechos menores a favor de otros, alienar); la otra es aquella técnico-jurídica. Por tanto, si en el primer sentido el término propiedad puede ser usado con suficiente precisión en cualquier tiempo y lugar (salvo la necesidad de determinar límites concretos que las facultades enunciadas padecen), la extensión del segundo más allá del ordenamiento jurídico constituye, a juicio del autor, una postura dogmática y superficial, que no puede encontrar justificación alguna; BISCARDI, A., "Studi sulla legislazione del Basso Imperio II: Orientamenti e tendenze del legislatore nella disciplina dei rapporti reali", Studi Senesi 54, 1940, p. 282, afirma que desde las constituciones de Constantino el concepto de *dominium* se oscurece, es absorbido en una categoría más amplía y al mismo tiempo más vaga, donde se encuadran las relaciones económicamente análogas a la propiedad. De forma que ese concepto de *possessio* elaborado por la jurisprudencia clásica, que indirectamente había delimitado el concepto de *dominium*, desaparece en los siglos IV y V, constituyendose un nuevo concepto de "señorío sobre la cosa", que acoge el contenido económico de las diferentes formas de gozar de los bienes dominicales.

[403] "Proprietà e possesso nel Diritto Romano postclásico", cit., pp. 530 ss.

iura in re aliena, mucho menos podía aceptarse una idea semejante para la *superficies* o la enfiteusis. Según el autor: "Verso la fine del IV sec. d. C. la regola seguente acquistò importanza: colui che aveva costruito un edificio –col consenso del padrone del suolo– poteva divenire proprietario dell'edificio. Altrimenti l'edificio diveniva proprietà del proprietario del fundo. In questo caso, l'imprendedore della costruzione poteva solamente reclamare l'equivalente delle spese della costruzione. In altri termini: o l'imprenditore possedeva la costruzione quale proprietà o non la possedeva per niente".

De alguna manera la plena *potestas* –característica del *dominium ex iure civile*– ahora se desdibuja con el reconocimiento jurídico de otras fórmulas de poder sobre las cosas que terminan configurándose bajo la indicación *proprietas*[404].

La explicación de una transformación tan brusca en la configuración de la superficie desde el derecho clásico al postclásico, debemos buscarla en la influencia del Derecho de los pueblos orientales del Imperio. Un primer paso se da en relación al principio *superficies solo cedit* que ahora se convierte en un principio derogable por la propia autonomía de las partes, de manera que suelo y superficie pueden ser dos entidades jurídicas diferentes, sin entrar en contradicción con el derecho. La relajación del principio va más allá aún: se admiten dos propiedades, una la del suelo, otra sobre las distintas partes de la edificación, lo que lleva a admitir sin traba alguna la denominada "propiedad superficiaria".

La vigencia del principio de accesión es meramente formal. El hecho de que Caracala[405] aplique el principio *superficies solo cedit*

---

[404] Vid., por todos PASTORI, F., "Le influenze del Diritto postclassico nella configurazione del rapporto superficiario", AAC IX, 1993, p. 129; CANNATA, C., "*Possessio*" "*Possessor*", "*Possidere...*", pp. 3 ss., observa que los términos "possessio", "possessor" y "possidere" en las fuentes postclásicas son usados de modo bastante más amplío y, al menos aparentemente, más vago que en las fuentes jurídicas del periodo clásico, incluso que el que tienen hoy en el lenguaje jurídico. Así, estos términos se encuentran en el lenguaje técnico relativo a todos los derechos reales sobre cosas muebles, tanto usados de forma absoluta, como dotados para calificar diversos géneros como *jure possidere*, *firmiter possidere*, *sine inquietudine possidere*, *firmus posesor*, *secura possessio*.

[405] C. 3.32.2: *si inferiorem partem aedificii, quae solo contingit, ad te pertinere probare potes, eam quam vicinus imposuit, accesisse dominio tuo non ambigitur.*

en las provincias del Imperio que hasta ese momento no lo conocían no supone una ratificación incondicional de su vigencia absoluta e inderogable[406]. En este sentido afirma Solazzi[407]: esta constitución tan solo está haciendo referencia a la hipótesis "de un vecino que, sin el consentimiento del propietario de la construcción o del suelo, había edificado sobre una parte del edificio"[408].

Maschi[409] sostiene que la constitución de Caracala se otorga en un momento en el que en Roma el principio de accesión, en cierta forma, estaba superado. Con esta constitución la Cancillería Imperial contesta a la demanda de un ciudadano que, de acuerdo con su Derecho local considera la parte superior del edificio jurídicamente independiente, pero que por propia voluntad se somete al Derecho romano. La Cancillería Imperial contesta de acuerdo al derecho civil romano: el emperador no invoca expresamente *superficies solo cedit*, pero la vigencia del principio de accesión condiciona la adquisición de la propiedad.

Creemos que lo que en realidad se discute en este momento –por influencia de ciertas prácticas provinciales– es la admisibilidad, sin ningún tipo de traba jurídica, de que suelo y superficie son dos realidades jurídicas con autonomía, aunque la contestación se adapte al viejo principio civil, dado que entre las partes no existe ninguna relación jurídica.

El ejemplo más claro de la superación del principio de accesión aparece en una fuente perteneciente a la tradición jurídica occidental como es el Epitome de Gayo[410]:

> "*Item regulariter constitutum est, ut superposita inferioribus cedant: id est ut, si quis in solo nostro, sine nostro permissu, domum aedificaverit, ad eum cuius terra est, domus aedificata pertieneat*".

---

[406] Vid. *supra* pp 80 ss.

[407] SOLAZZI, S., "La superficies nel diritto giustinianeo", cit., p. 31.

[408] Vid., en contra SITZIA, ED, voz superficie, cit., p. 1462, para quien el texto de la constitución de Caracala no permite una lectura tan reducida como la que hace Solazzi.

[409] MASCHI, C., "La proprietá divisa per piani, superficie e l'estensione ai provinciali del principio "superficies solo cedit", cit., p. 158.

[410] 2.1.4.

El texto enuncia el principio cuando dice: "*item regulariter constitutum est ut superposita inferioribus cedat*", pero a renglón seguido se introduce cierta modificación cuando se añade: "*sine nostro permissu*". La importancia del pasaje reside en esta segunda frase, ya que, no sólo se hace depender el principio de accesión de la voluntad del *dominus*, también permite entrever el recocimiento de la llamada "propiedad superficiaria", o propiedad por pisos de un edificio, bastando para ello el mero consentimiento del *dominus soli*.

Para Sitzia[411] "el Epitome probablemente no se interesaba por el problema de la existencia de la propiedad superficiaria, sino que, una vez establecido que la propiedad del edificio correspondía al constructor, el problema de la pertenencia del suelo debía, de hecho, aparecer como irrelevante desde el punto de vista práctico". Lo decisivo era la falta de aplicación del principio *superficies solo cedit*.

Maschi[412], mantiene que la vigencia del principio *superficies solo cedit* coexiste con la posibilidad de derogación del mismo y ello va a encontrar su fundamento y justificación en la autodeterminación del *dominus soli*.

A partir de este momento la configuración del *ius superficiei* e incluso el reconocimiento de la propiedad no encuentran impedimento alguno en la legislación postclásica.

2. VESTIGIOS DEL *IUS SUPERFICIEI* EN LA LEGISLACIÓN POSTCLÁSICA

A pesar de la imprecisión terminológica del lenguaje postclásico no cabe duda que en diferentes constituciones de la época podemos apreciar la existencia de un *ius* que asimila lo que la doctrina

---

[411] *Studi sulla superficie in epoca giustinianea*, Milano, 1979, p. 51.

[412] MASCHI,C., "Fonti giustinianee e fonti bizantine in tema de proprietá superficiaria", Archivies de droit privé, 1953, p. 99, nota 16. En el mismo sentido ARCHI, G., *"Epitome Gai". Studio sul tardo diritto romano in occidente*, Milano, 1935, p. 239, para quien el derecho postclásico en materia de accesión se caracteriza por la falta de comprensión conceptual del modelo clásico, esto es, en el derecho vulgar el concepto de *superficies solo cedit* no se acoge en los mismos términos que en el derecho clásico, pasando a ser un principio derogable.

ha denominado dominio útil y que conecta perfectamete con el *ius superficiei*. Por otra parte, en este periodo las relaciones superficiarias se alejan de la enfiteusis, ya que ésta viene regulada de manera especial.

Una muestra de esta situación es la constitución del año 362 del emperador Juliano, donde se concede la posesión de los edificios construidos en terrenos públicos devastados:

> C. Th.15.1.9: *conperimus super ergasteria publica, quae ad ius pertinnet civitatis, plerosque sibi domos struxisse. Praecipimus ergo eas inconcusso iure qui aedificaverunt, possidere. Imp. (Iiulianus*, a. 362)[413].

Se trata de una constitución irregular que otorga la posesión de esas casas a los constructores de las mismas, probablemente con el objeto de incentivar la iniciativa privada y poner remedio a la situación de ruina que viven las ciudades del Imperio[414]. Ahora, cuando se destruyen las edificaciones, ya no existe una cuadrilla de hombres dispuestos a levantar el edificio, sino que, ante la falta de recursos económicos, los ciudadanos abandonan los edificios y las ciudades se ven invadidas por las ruinas. La constitución pocos años después fue revocada por los emperadores Teodosio, Valentiniano y Graciano[415].

La constitución recuerda aquellas concesiones de suelo público llevadas a cabo en épocas anteriores[416] (concesión de *Adrasto*, *Lis fullones*...), realizadas a perpetuidad o por largo tiempo a cambio

---

413 También en C. 8.10.3. *Imp. Alexander Severus*, a. 224.

414 POLACEK, A., "Proprietà e possesso nel Diritto Romano postclassico", cit., p. 527, afirma que la decadencia de la vida económica, agravada por las luchas políticas, atenúa los estímulos necesarios para la actividad privada.

415 C. Th. 15.1.22. "*Praescribtio temporis iuri publico non debet obsistere, sed ne rescribta quidem. Atque ideo diruenda sunt omnia, quae per diversas urbes vel in foro vel in quocumque publico loco civitatis extructa noscuntur.*" También en el C. 8.11.6. "*Praescriptio temporis iuri publico non debet obsistere, sed nec rescripta quidem. atque ideo diruenda sunt omnia, quae per diversas urbes vel in foro vel in quocumque publico loco contra ornatum et commodum ac decoram faciem civitatis extructa noscuntur. Impp. Gratianus, Valentinianus, Theodosius*, a. 383.

416 Vid., supra, pp. 60 ss.

de una contraprestación económica, en las que se autorizaba expresamente la construcción de viviendas en suelo público. En este caso el texto se refiere a la construcción de viviendas por ciudadanos particulares sobre las tiendas de Antioquia, que pertenecen a la ciudad. En ella se viene a legitimar una situación de hecho, puesto que del propio precepto se desprende que las viviendas habían sido construidas sin previa autorización, de modo que la constitución legaliza la situación de los constructores. En el texto utiliza el término "*possidere*", es decir, el derecho a poseer esas casas por parte de sus constructores. Entendemos que, como afirmaLevy[417], el derecho a poseer en realidad no es más que una concesión superficiaria, a pesar de que en la constitución falte toda referencia al pago de una contraprestación pecuniaria.

La Constitución de Juliano otorga la posesión a quien reconstruya las ruinas, una situación del todo anómala para el derecho clásico, pero un reflejo del cambio que se produce en el lenguaje jurídico en el Bajo Imperio. No se trata de una desnaturalización del derecho, sino de un lenguaje de profanos, atécnico, especialmente desde Constantino cuando términos como *possessio* y *dominium* tienden a confundirse[418]. La precisa delimitación semántica de la jurisprudencia clásica desaparece. Ahora ambos términos pierden precisión y admiten variedad de usos jurídicos.

El término *possessio*, afirma Cannata[419], fue utilizado durante el Bajo Imperio unas veces como equivalente a *dominium*, en cuanto indicaba un derecho con contenido de propiedad; pero en otras ocasiones sirvió para indicar la posición de los titulares de situaciones diversas, en particular el *ius perpetuum* y la enfiteusis. Una situación que por analogía podemos extender al *ius superficiei*, puesto que se denomina *dominium* no sólo al *dominium ex iure Quiritium*, sino

---

417 *West Roman law: the law of property*, Philadelphia, 1951, p. 50, para el autor el lenguaje de la constitución es, sin lugar a dudas, genérico, puesto que no hace referencia a una situación concreta.

418 LEVY, E, M *West Roman Law: the Law of property*, cit., p. 19.

419 *"Possessio" "Possessor", "Possidere" nelle fonti giuridiche del basso imperio romano. Contributo allo studio del sistema dei rapporti reali nell'epoca postclassica*, cit., p.160.

también a cualquier relación que implique el ejercicio *de facto* de un poder dominical[420].

La imprecisión terminológica que en más de una ocasión presentan las fuentes postclasicas dificulta el estudio de figuras como la *superficies*, más parece que estamos ante una *quasi proprietas* que propiamente ante un *ius in re aliena.* No sorprende en este sentido que Biscardi[421] considere que la superficie en el derecho postclásico es concebida como una "forma de propiedad del edificio, distinta de la del suelo". Sin embargo, esta afirmación debe ser objeto de alguna matización. Es cierto que en este periodo, como veremos en el capítulo dedicado a la propiedad superficiaria, se admite la propiedad del edificio separada del suelo, incluso la de las diferentes partes del mismo, pero ello no significa que la superficie, entendida como el derecho a gozar de la forma más amplía posible del edificio construido en suelo ajeno a cambio del pago de un canon, no fuese reconocida en este momento. Estamos ante dos figuras jurídicas distintas: por un lado, el *ius in re aliena* y, por otro, la propiedad superficiaria. No debemos confundir ambas figuras aún cuando la mayor parte de las veces las constituciones que regulan el derecho real se refieran a él como *dominium.*

La confusión terminología afecta también al contenido práctico de estos institutos –superficie, enfiteusis, *ius perpetuum*– ya que no sólo se denomina *domini* a los titulares de tales derechos, sino que a los mismos se les protege de manera análoga al *dominus*: disponen automáticamente de *rei vindicatio*[422], la cual se convierte en una especie de acción común para todos estos institutos e incluso se aplica el *iudicium comumuni dividundo*[423]. Ejemplos que demuestran, sin lugar a dudas, la asimilación de todas estas figuras al *dominium* clásico y que evidencian como "la categoría de los *iura in re aliena* era

---

420 LEVY, E. M., *West Roman Law: the Law of property*, cit., p. 32.

421 "Studi sulla legislazione del Basso Imperio II: Orientamenti e tendenze del legislatore nella disciplina dei rapporti reali", cit., p. 288.

422 C.Th. 2.23.1 *Impp. Honorius et Theodosius*; C. 10.10.5, *Impp. Diocletianus, Maximianus*, a. 290.

423 C.Th. 2.25.1 *Imp. constantinus*; Vid. BISCARDI, A., "Studi sulla legislazione del Basso Imperio II: Orientamenti e tendenze del legislatore nella disciplina dei rapporti reali", cit., pp. 284 ss.

ajena al espíritu de los compiladores del Código Theodosiano"[424]; pues éstos no sólo utilizan una terminología extraña a la clásica, sino que además confunden e incluso refunden todos los derechos dominicales sobre cosa ajena hasta acercarse al dominio útil.

Para Cannata[425], por el contrario, "il provedimiento ha carattere amministrativo, di policia urbana, ed esprime solo la tolleranza dell'autorità per una situazione de fatto di per sè illecita: il reflesso suggettivo di questa tolleranza è limitato alla attribuzione ai costrutti di un generico *ius possidendi.*"

Sin embargo, aún admitiendo el carácter meramente administrativo de la norma –que defiende Cannata– no hay que olvidar que otras constituciones requieren la obligación de pagar un canon: *quas nonnulli in solo reipublicae extruxerun, placitam praestare pensionem cogantur*[426].

Otra posible alusión al derecho de superficie aparece en la constitución recogida en el Código Teodosiano 15.1.42:

> *(Arcadius et Honorius AA. Eutychiano p(raefecto) p(raetirio) Eudoxiopolitanae civitatis cives pro oblato no... suma patriam ergasteria condonamus. Ne quis igitur ergasteria memorata a nostra serenitate deinceps petere moliatur eaque ratione civium, quorum censum cupimus ampliari, iura perturbet. (a.404)*

La constitución no establece el pago de canon alguno por lo que puede entenderse que la misma otorga un derecho aún más amplío que una concesión superficiaria, el dominio. Sin embargo, creemos que la constitución adjudica el goce del edificio de la forma más amplía posible que, de acuerdo al lenguaje utilizado en las fuentes

[424] DUPONT, C., "Les *jura in re aliena* dans le Code Thèodosien", RIDA 24, 1977, p. 233.

[425] *"Possessio" "Possessor", "Possidere" nelle fonti giuridiche del basso imperio romano. Contributo allo studio del sistema dei rapporti reali nell'epoca postclassica*, cit., p. 54, nota 4; también SITZIA F., *Studi sulla superficie in epoca giustinianea*, cit., pp. 54 ss., cree que la disposición únicamente se compromete a garantizar un genérico *ius possidendi* a los constructores de las construcciones levantadas en suelo público, pero sin atribuir un verdadero y propio derecho real.

[426] C. 11.10.1 *Imp. Iulianus AA. Atarbio.*

postclasicas puede ser denominado posesión, aunque en realidad estamos ante un *ius superficiei*.

El texto que ha sido calificado como exponente del reconocimiento de la propiedad superficiaria, puede inducir a error[427]. Por un lado, podemos entender que son dueños de las construcciones quienes han levantado las mismas en un suelo del que disponen por venta o por donación, es decir, podemos admitir que aquí suelo y superficie son objeto de dos propiedades atribuidas a sujetos distintos y, por tanto, estamos ante un supuesto de propiedad horizontal. Pero cabe también pensar que tanto la donación como la venta son modos de constitución de un derecho que sin llegar a ser *dominium* confiere la *possessio* de la casa a su constructor, estamos ante un supuesto de *ius superficiei*[428] en el que el superficiario sería el poseedor de la construcción levantada a sus expensas en suelo ajeno.

El mismo lenguaje de atribución del dominio al titular del *dominium utile* se encuentra en una constitución del Código de Justiniano, un texto bastante significativo[429]:

> C. 11.62.14: *Iubemus omnes, qui in quacumque dioecesi in quacumque provincia vel quolibet saltu fundos patrimoniales vel templorum aut agonothetici seu relevatorum iugorum vel cuiuscumque iuris per quadraginta iugiter annos (possessione scilicet non solum eorum qui nunc detinent, verum etiam eorum quoque qui antea prossederant computanda) ex quocumque ti-*

---

427 Vid., por todos BISCARDI, A., "Studi sulla legislazione del Basso Imperio II: Orientamenti e tendenze del legislatore nella disciplina dei rapporti reali", cit., p. 287; JANVIER, Y., *La législation du Bas- Empeire Romain sur les edifices publics*, Aix- en- Provence, 1969, pp. 250 y 390; CANNATA, C., *"Possessio" "Possessor", "Possidere" nelle fonti giuridiche del basso imperio romano. Contributo allo studio del sistema dei rapporti reali nell'epoca postclassica*, cit., p. 54.

428 La doctrina romanística, una vez más, se ha mostrado dividida a la hora de admitir el reconocimiento de la propiedad superficiaria en este texto. Entre los detractores de esta teoría se encuentra SITZIA, F., *Studi sulla superficie in epoca giustinianea*, cit., pp. 56 ss., quien cree que aun admitiendo que se pueda adquirir la propiedad del edificio tampoco ello entraña el reconocimiento de la propiedad superficiaria, puesto que al igual que ocurre con el litoral junto con la propiedad del edificio también puede adquirirse la del suelo.

429 FUENTESECA DEGENEFEE, M., *De Emphyteutico iure*, cit., pp. 82 ss., y 141.

tulo vel etiam sine titulo hactenus possederunt vel postea per memoratum quadraginta annorum spatium possederint, nullam penitus super dominio memoratorum omnium fundorum vel locorum vel domorum a publico actionem vel molestiam aut quamlibet inquietudinem formidare. 1:Sed impositum canonem pro qualitate iuris, cuius praedia sunt vel loca, per singulos annos solventes pro certo habeant suum esse quod possident vel postea possederint, ita ut omnibus, ad excludendam omnem quolibet modo e publico movendam quaestione, nudae et ex quocumque titulo vel etiam sine titulo corporalis quadraginta annorum iugis possessionis exceptio possit sufficer. 2: Hoc etiam adicendo, ut illi quoque, qui dempto canone huiusmodi fundos ab initio pricipali iussione datos sibi fuisse confirmant, si per quadragesimos annos adempti canonis beneficium iugiter possederunt, nec canonem, cuius ademptionem quadraginta, sicut dictum est, annorum possessio testatur, possint penitus profligari, eo quod nostrae pietati placuit in utroque casu, id est tam salvo quam dempto canone, possessorum iura nostrorum in eo statu, in quo per quadragesimos, sicut dictum est, iugiter annos manserunt, absque ulla innovatione durare. (Anastasius,A Matroniano, a. 491)

Aunque la constitución no hace mención alguna al *ius superficiei*, entendemos que la misma se refiere no sólo a concesiones enfitéuticas, también a todas aquellas que tengan por objeto bienes públicos de los que disfruten los ciudadanos por un espacio superior a cuarenta años. En la constitución se reconoce que todos aquellos que disfrutan de un terreno público desde hace más de cuarenta años quedan desde este momento legitimados para utilizar una acción contra todo aquel que le perturbe en su pacifica posesión. Transcurridos esos cuarenta años adquieren un derecho que hasta entonces no tenían, siempre que abonen el canon correspondiente. Dicho derecho viene referido con el término "*dominium*" o la expresión "*suum esse*", aunque es evidente que en la medida en que se exige el pago de un canon, no constituye verdadero dominio. Además el enfiteuta no puede adquirir propiedad, pues su posesión no es una *possessio ad usucapionem*[430]. Por ello entendemos que estamos ante un dere-

[430] C. 7.39.7.7. *Imp. Justinus*, a. 525.

cho de enfiteusis o un derecho de superficie, aunque –conforme a la terminología de la época– se hable de *dominium*[431]. Es decir, se reconoce la configuración de derechos limitativos de la propiedad a pesar de que los términos utilizados sean *dominium* y *dominus*.

Igualmente la constitución recogida en C. Th. 7.8.5[432] utiliza el término "*dominium*" para referirse a un *ius in re aliena*:

> *(Impp. Arcadius et Honorius AA. Hosio Mag (istro) officiorum):In qualibiet vel nos ipsi urbe fuerimus vel ii qui nobis militant commorentur, omnii tam mensorum quam etiam hospitum iniquitate summota duas dominus propriae domus, tertia hospiti deputata, eatenus intrepidus ac securus possideat portiones, ut in tres domu divisa partes primam eligendi dominus habeat facultatem, secundam hospes quam voluerit exequatur, tertia domino relinquenda. Plenum enim aequitate atque iustitua est, ut qui aut successione fruitur aut empto vel extructione gaudet electam praecipue iudicio suam rem teneat et relictam. Ergateria vero, quae mercimoniis deputantur, ad praedictae divisionis iniuriam non vocentur, sed quieta sint et libera et ab omni hospitantium iniuria defensata solis dominis conductoribusque deserviant. Sane si stabulum, ut adsolet, militari viro in tertia domus parte defuerit, ex ergasteriis, nisi id dominus qualibet occasione providerit, pro animalium numero vel domus qualitate deputabitur. Inlustribus sane viris non tertiam partem domus, sed mediam hospitalitatis gratia deputari decernimus ea deutaxat condicione servata, ut alter ex his quilibet quive maluerit divisionem arbitri aequitate faciat, alter eligendi habeat optionem. Et firmissimum perpetuo quod iussimus perseveret, ita ut triginta libras auri qui inlustri sunt praediti dignitate fisco*

---

[431] Vid. CANNATA, C., *"Possessio" "Possessor", "Possidere" nelle fonti giuridiche del basso imperio romano. Contributo allo studio del sistema dei rapporti reali nell'epoca postclassica*, cit. p. 68: "Il possesso quarantennale di cui se parla nel testo non conduce all'acquisto della proprietà, ma –si diceva– conferma la situazione precedente, "*absque ulla innovatione*" (&2 infine), situazione che dipende dalla natura del fondo e dal comportamento del possessore, e potrà essere *in perpetuum* o enfiteusis (in quest' epoca, invero, assasi simili), ovvero un *ius privatum salvo o dempto canone*".

[432] Reproducida en C. 12.40.2. *Impp. Arcadius et Honoriuus*, a. 398.

nostro se inlaturos esse cognoscant, ceteri vero militia sciant se esse privandos, si generale praeceptum amplius usurpando quam iussimus reprehensibili temeritate violaverint. (Dat. VIII id. feb. Const(antino)p(oli) Hon(orio) IIII et Eutychiano Consss.) (398 febr. 6)

La constitución suscita diferentes lecturas en la doctrina. Levy[433] afirma que la expresión *extructione gaudet*, –si se entiende que el propietario del suelo no lo es del edificio–, puede verse como el reconocimiento de la propiedad superficiaria en el derecho postclásico. Sin embargo, creemos que con razón Sitzia[434] aclara lo siguiente: la expresión no debe entenderse como la admisibilidad de la propiedad superficiaria, ya que tanto *empto vel extructione gaudet* como *successione fruitur* parecen referirse a aquellos supuestos en los que diferentes sujetos –teniendo la disposición material de la casa– están obligados a hospedar tanto a los militares como a las personas integrantes del séquito del emperador. A pesar de que en el resto de la constitución se califica a esos sujetos como *domini*, es bastante improbable que los emperadores hubiesen impuesto esta obligación de hospedaje a aquellas casas cuyos habitantes fuesen propietarios. Dicha expresión, a parte de las imprecisiones del lenguaje del siglo IV, muestra únicamente un indicio a favor de la derogación del principio *superficies solo cedit*, pudiendo incluso suponer que el constructor adquiere tanto el suelo como el edificio construido sobre él. En este sentido *extructione gauadet*, debe ser entendida de forma análoga a lo contemplado en C. Th. 15.1.9, sobre la construcción levantada *super ergasteria publica*.

Esta interpretación se acomodada a la realidad económica del momento. Como venimos diciendo esta era una época de crisis económica y probablemente fuese habitual quien construyese en suelo ajeno, en este caso público, tuviese como gravamen la obligación de alojar al ejército o a las personas del séquito imperial, entendiendo que dicha obligación haría las veces de canon[435]. Es decir, se trataría en realidad de un *ius superficiei* revestido de una peculiaridad: el

---

433 *West Roman law: the law of property*, cit., p. 54.

434 *Studi sulla superficie in epoca giustinianea*, cit., pp. 52 ss.

435 DUPONT, "Les jura in re aliena dasn le Code Théodosien", cit., p. 250.

pago del *solarium* se sustituye por la obligación del dar alojamiento a determinadas personas.

Esa misma falta de precisión en el uso de los términos *dominium* y *possessio* aparece también en el Código de Justiniano

> C. 11.70.1: (*Impp. Gratianus, Valentinianus et Theodosius AAA Florum) Divi patris nostri aperta praeceptio es, fundos ex reprivata nostra ita tradi perpetuarii, ut periculo collacantium officiorum que tradantur. Neque enim quicquam potest ex devotionis plenitudine vacillare, si apparitione iudiciaria et fundi idoneis attributi sunt es sit fiscalis indemnitas idónea fideiussione munita. Quorum si alterum vel utrumque neglectum est, qua ex hoc titulo pensitatio canonica desiderat, ex officiorum facultatibus serventur.*

En este supuesto se establece la obligación de los *domini* de pagar un canon por la disposición de terrenos de las ciudades. Una vez más es evidente que no estamos ante un verdadero dominio cuando al "*dominus*" se le impone la obligación de pagar un canon por su dominio. Estamos ante otro supuesto más de dominio limitado: un derecho de superficie.

Otro texto especialmente significativo para el reconocimiento de un derecho real limitativo del *dominium* es:

> C. Th. 2.23.1[436] *(Impp. Honor(ius) et Theod(osius) AA. Crispino comiti et mag(istro) equitum): Quisquis armatae militiae stipendiis communitus in solo publico vel aedificium aliquod construxerit vel saeptis quibuslibet spatia certa concluserit, perpetuo iure et firmo dominio aedem ex nostra generali auctoritate possideat nec per subreptionem aliquis postea eadem loca a nostra clementia audeat postulare. 1. Illud quoque sancimus, si quisquam militum simili condicione ante hoc tempus loca publica possidenda detinuit ac postea eadem per alias competitionum nebulas detectus fuerit amisisse, reformari ea-*

[436] La constitución ha sido estudiada por algunas autores en relación con la *rei vindicatio*, sin embargo nosotros ponemos la atención en el significado que la atribución de suelo público para construir en él pueda tener a la hora de hacer una calificación jurídica del mismo.

> *dem, ita tamem, si probatum fuerit a nullo antea possessum solum hac qua ostendimus a milite ratione detentum: vel si in alios forte eorum militum voluntate translatum fuisse quod tenuerant potuerit perdoceri. (2). Ne quis sane post hanc definitionem nostri numinis subripiendo postulare audeat haec spatia, de quibus praesens oraculi nostri forma comprehendit, poenam viginti librarum auri iubemus adscribi. (a. 423)*

Esta constitución es quizás la más explicita a la hora de reconocer el *ius superficiei* en el Bajo Imperio. En ella se contempla el derecho de un militar que ha levantado una casa en suelo público: tal derecho se califica como perpetuo *iure ac firmo dominio possideat*. Según Cannata[437] la constitución no reconoce un derecho de propiedad, sino un derecho de naturaleza real, firme y a perpetuidad, que se asemeja especialmente a las concesiones de tierras vacantes a los veteranos. Más bien se trata de concesiones superficiarias –dada la imprecisión terminológica y conceptual en el derecho postclásico no se habla la *superficies*–. Además –indica Cannata– "debe tenerse presente que los derechos reales que tienen un preciso *nomen iuris* en las fuentes postclásicas no aparecen precisamente diferenciados los unos de los otros."

Debemos apuntar como nota característica de este periodo la desaparición del rigor que –en orden a la constitución de la superficie– había presidido el derecho clásico. Ahora el mero consentimiento del *dominus soli* basta para constituir un *ius superficiei.*

Las diversas constituciones promulgadas en los siglos IV y V que recogen concesiones superficiaras nos permiten afirmar que estamos ante un instituto jurídico peculiar que dista bastante de su configuración clásica. Ahora, desde el momento en el que se realiza la concesión se adjudica al concesionario el "*possidere*"[438]; los pode-

---

[437] CANNATA, C., *"Possessio" "Possessor", "Possidere" nelle fonti giuridiche del basso imperio romano. Contributo allo studio del sistema dei rapporti reali nell'epoca postclassica*, cit., pp. 174 ss.

[438] CANNATA, C., *"Possessio" "Possessor", "Possidere" nelle fonti giuridiche del basso imperio romano. Contributo allo studio del sistema dei rapporti reali nell'epoca postclassica*, cit., pp.109 ss., nota 29: "Quando si parla di titolo del possesso, si possono intendere due cose notevolmente diverse: o ci si referisce alla *iusta causa* de esso, vale a dire all'atto (contratto, concessione, ecc) che rende le-

res del superficiario son similares a los del *dominus soli* o a los del enfiteuta, en medio de una notable confunsion entre enfiteusis o *ius perpetuum* y el *ius superficiei*, o, lo que es lo mismo, el *dominium utile*. Así, Cannata[439] afirma "Il linguaggio delle fonti postclassiche rivela una certa tendenza a concepire unitariamente questo sistema di diritti a carattere dominicale; unità che risulta ove essi si guardino non dall'angolo offerto dalla posizione dello Stato, bensì da quella del titolare del diritto."

Sitzia[440], mucho más contundente en este tema sostiene que: "... le fonti postclassiche sembrano ignorare l'esistenza di un diritto di *superficie*: quando parliamo di concessioni superficiarie intendiamo quindi referirci alle concessioni aventi ad oggeto un edificio o un suelo pubblico sul quale si concede al privato di edificiare."

A pesar de toda la confusión e imprecisión terminológica debemos admitir al menos dos puntos fundamentales en el derecho del Bajo Imperio: por un lado, el tratamiento conjunto que se le otorga en las fuentes a todos los derechos de carácter dominical, llámense *dominium*, *possessio*, *ius emphyteuticum*, *ius superficiei*...; y, por otro, que dentro de ese tratamiento unitario y confuso debemos distinguir aquellos supuestos que, como la superficie, llegan a tener un contenido mucho más amplío de aquel que habían tenido en el periodo clásico o que puedan tener en el derecho justinianeo. En este sentido Biscardi[441] afirma que en la legislación del Bajo Imperio "la propietà corrisponde técnicamente al *dominium*; l'enfiteusis e la superficie sono costruiti como *iura in re aliena* (*serivitutes* in senso lato), sulle norme di un spunto fornoto dall'imperatore Zenone (C. 4.66.1)".

La consideración unitaria de los derechos reales derivados de concesiones de suelo público, con sus características peculiares

---

gittimo l'acquisto del possesso, ovvero, si può avere riguardo alla quialità, attuale e permamente, rivestita dal possessore, e che gli conferisce il diritto a continuare il possesso, indistrubato. Il titulo, in questo caso, sarà un diritto reale sulla cosa: proprietà, enfiteusi, *ius perpetuum* ecc. La terminologia ora studiate ("*aliquo iure possidere*") esprime il titolo nel secondi di questi due sensi.

[439] Id., p. 167.

[440] *Studi sul la superficie in epoca giustinianea*, cit., p. 64, nota 163.

[441] "Studi sulla legislazione del Basso Imperio II: Orientamenti e tendenze del legislatore nella disciplina dei rapporti reali", cit., p. 323.

como: la perpetuidad, la irrevocabilidad, la inalienabilidad tanto por actos *inter vivos* como *mortis causa*, llevaba necesariamente a una sustancial asimilación de la problemática relativa a las concesiones superficiarias a aquella otra del *ius perpetuum* y de la enfiteusis. En este sentido, considerando la tendencia postclásica al acercamiento entre el *ius perpetuum* y la propiedad, podemos afirmar que también las concesiones superficiarias dieron lugar a situaciones que en la conciencia social venían consideradas como formas de propiedad, que la misma legislación imperial no intentaba clasificar de forma precisa, limitándose a confirmar y a garantizar para el futuro la posesión del edificio construido en suelo público[442].

Ahora bien, todas estas constituciones hacen referencia a concesiones de terreno público, probablemente porque las concesiones superficiarias entre particulares –dadas las circunstancias económicas del periodo postclásico– debieron ser poco frecuentes. Aunque es problable que algunos terratenientes del Bajo Imperio concedieran suelo a particulares para construir, realizandose dichas concesiones de mutuo acuerdo entre las partes, y, a falta de acuerdo, sería de aplicación la normativa relativa a la construcción en suelo público.

Para de los Mozos[443] en el derecho postclásico, al desaparecer las trabas que existían anteriormente, se acelera la transformación de la superficie, acercándose la *superficies* a aquella configuración que mostraban los textos no jurídicos clásicos.

---

442 SITZIA, F., *Stuti sulla superficie in epoca giustinianea*, cit., pp. 64-65; Vid. CANNATA, C., *"Possessio" "Possessor", "Possidere" nelle fonti giuridiche del basso imperio romano. Contributo allo studio del sistema dei rapporti reali nell'epoca postclassica*, cit., pp. 184 ss; BISCARDI, A., "Studi sulla legislazione del Basso Imperio II: Orientamenti e tendenze del legislatore nella disciplina dei rapporti reali", cit., p. 323: el autor resume de la siguiente manera la orientación de la legislación postcásica en el ambito de los derechos reales: "1) La formazione de in nuovo concetto di signoria sulla cosa ed il riassorbimento in esso di vari istituti d'origine provinciale, che reagisce anche su altri rapporti tipicamente romani, come l'usufrutto, e sulla nozione di possesso; 2) l'elevazione di ogni *causa adquirendi* a modo di acquisto della proprietà; 3) la tendenza al molteplice e l'assenza di ogni criterio sistematico nella disciplina dei nuovi modi di acquisto, introdotti o reconosciuti ora per la prima volta; 4)l'allargamento del concetto di servitù.

443 DE LOS MOZOS, J. L., *El Derecho de superficie en general*, cit., p. 43.

Observa Dupont[444] que la legislación del periodo comprendido del 312 al 438 no sólo fue bastante negligente con los *iura in re aliena*, aunque quizá sería más correcto decir que el legislador de la época no sólo fue poco conservador respecto de la tradición clásica, sino que además erosiona conceptos jurídicos típicos de aquella tradición, como el *dominium*. En el caso de la superficie es evidente que en el derecho postclásico no recibe un tratamiento propio, sino que en unas ocasiones se confunde con la enfiteusis[445], mientras que en otras se acerca a la posesión o al dominio.

444 "Les *jura in re aliena* dans le Code Thèodosien", cit., p. 272.

445 Vid., en este sentido LEVY, E., *West Roman Law: the Law of property*, cit., p. 49.

CAPÍTULO IV
LA *SUPERFICIES* EN EL PERIODO JUSTINIANEO

1. EL *IUS SUPERFICIEI*

En el periodo justinianeo es el momento en el que la *superficies* se configura como un *ius in re aliena*. Después de todos los avatares sufridos por el instituto de la superficie desde sus inicios en el periodo republicano dentro del ámbito público, pasando por la protección del pretor y su sucesiva aproximación a los derechos limitativos de la propiedad, hasta la imprecisión, es ahora, en el derecho justinianeo, cuando el instituto de la *superficies* adquiere una configuración jurídica definitiva como derecho real sobre cosa ajena. Concepto que de forma casi general ha pasado a las modernas codificaciones.

Justiniano –en su mirada a la tradición jurídica clásica– a propósito de la configuración del *ius superficiei* parece fijarse más en el *ius honorarium*. En este sentido Biondi[446] afirma: "el derecho justinianeo representa el último desarrollo del instituto según la línea señalada por el pretor".

La desaparición en el derecho justinianeo del *officium praetoris* motiva que toda aquella protección que el pretor, apoyado siempre por la jurisprudencia, otorgaba al superficiario, ahora sea asumida por el derecho justinianeo. Se establecerá en qué casos y a través de qué medios jurídicos se protegerá al superficiario y se afirman for-

[446] *La categoria romana delle servitutes*, cit., p. 525.

malmente los principios que en el ordenamiento clásico eran únicamente implícitos[447]. La superficie que en el derecho clásico se acercaba a los derechos reales por efecto de las acciones útiles acordadas al superficiario, en el derecho justinianeo se enuncia formalmente como derecho real.

A pesar de que es en el periodo justinianeo en el que se produce la configuración definitiva de la superficie como derecho real sobre cosa ajena, no podemos obviar la falta de interés que el instituto tuvo para Justiniano. Este desinterés lleva a enunciar la superficie únicamente en el comentario de Ulpiano al edicto recogido en el título 43.18 del Digesto, donde los añadidos compilatorios muestran la configuración justinianea del mismo. Así, si observamos el *Corpus iuris civilis* podemos comprobar que ni tan siquiera en título 3.32 del Código, que contiene la constitución de Caracala que extiende el principio *superficies solo cedit* a todos los ciudadanos del imperio, se hace mención de la *superficies*. Del mismo modo que tampoco las Instituciones o las Novelas justinianeas albergan esta figura jurídica como tal[448].

La falta de interés por la *superficies* se debe a diversas circunstancias: por un lado, la situación socio-urbanística ha cambiado sustancialmente en esa última etapa del Imperio romano –ahora ya no existe la importante demanda de viviendas que experimentó Roma en otros tiempos–; por otro lado, no debemos olvidar que, a pesar del esfuerzo de Justiniano y sus compiladores por volver a la tradición clásica, la influencia postclásica se deja sentir en los diferentes institutos.

De este modo, Justiniano no ofrece una regulación completa y nueva a la *superficies*, lo único que hace es utilizar todo el material clásico del que disponía, eso sí haciendo los añadidos y retoques necesarios, no sólo en el ya citado principio de accesión, sino también en la referencia a la *lex locationis* y a la protección *in personam* que deriva de ella. De igual forma los compiladores justinianeos disciplinan el *interdictum de superficiebus* que antaño había reconocido el *officium praetoris*, a través de la correspondiente *causae cognitio*.

---

[447] PASTORI, F., *La superficie nel diritto romano*, cit., pp. 203 ss.

[448] Vid., en este sentido MASCHI, C., "Fonti giustinianee e fonti bizatini in tema di propietà superficiaria", cit., p. 95.

Pero la influencia postclásica, y con ello el acercamiento entre propiedad y derecho real de superficie, motiva que la doctrina romanística se divida a la hora de otorgar una calificación jurídica al *ius superficiei* en el derecho justinianeo. Así, mientras que para unos autores la *superficies* en la experiencia jurídica justinianea fue configurada como un *ius in re aliena*; para otros la superficie en este periodo es en realidad propiedad, concretamente propiedad superficiaria. Veamos cada una de las posturas.

Biondi[449] sostiene la teoría de la propiedad. Según el autor la superficie en el derecho justinianeo se equipara a la propiedad, no distinguiéndose los poderes dominicales del superficiario de aquellos del *dominus*, de forma que el superficiario formalmente tiene la misma tutela jurídica que el propietario; más aún, al haber desaparecido las restricciones clásicas se aplican los actos traslativos de la propiedad.

Así, al perfilarse el superficiario como *dominus* de la superficie la *actio in rem* del *ius praetorium* se identifica definitivamente como *actio vindicatio*. Como *dominus* de acuerdo a lo confirmado en D. 6.2.12.2-3 (*Paul. 19 ed.*) puede ejercitar dicha acción. Es decir, para Biondi en el derecho justinianeo se produce una situación inversa a la que se daba en el periodo clásico: la superficie con Justiniano se configura como una entidad autónoma distinta del suelo, susceptible de propiedad al igual que el suelo y se reconoce plenamente la propiedad superficiaria. Por lo tanto, afirma Biondi, no tiene sentido la posición de aquellos autores que atribuyen al superficiario un derecho de goce ilimitado pero que únicamente puede ser calificado como *ius in re aliena*. El autor se pregunta: ¿qué otra cosa que no sea dominio puede ser un derecho real de goce ilimitado?

No obstante Biondi no distingue entre el reconocimiento de un derecho real limitativo de la propiedad, como es la *superficies*, y la admisión de la propiedad superficiaria. El autor no tiene en cuenta

---

[449] *La categoria romana delle servitutes*, cit., p. 526, esta misma postura la mantiene MASCHI, C., "Fonti giustinianee e fonti bizatini in tema di proprietà superficiaria", cit., pp. 97 ss., afirma que a tenor de la fuentes bizantinas en el derecho justinianeo el superficiario es propietario de la superficie, si bien los compiladores justinianeos, debido a las influencias del derecho clásico, no llegan a un reconocimiento formal de la propiedad superficiaria.

que en el periodo justinianeo existen dos realidades jurídicas diferentes: por un lado el *ius in re aliena* y, por otro, se reconoce el dominio horizontal de las diferentes partes de una edificación, la denominada propiedad superficiaria, que olvidan quienes califican la superficie como propiedad.

Ademas, en el derecho justinianeo no hay ningún tipo de impedimento para que ese acercamiento clásico, más procesal que jurídico-formal, de la relación superficiaria a los *iura in re aliena* se convierta ahora en este periodo en el reconocimiento jurídico pleno de la *superficies* como un derecho real, al igual que ya había sucedido con los *agri vectigales* o con el *usufructus* y el *usus.*

Como ya hemos apuntado Justiniano acoge la posición del *ius honorarium*, reconociendo la superficie como una figura de carácter real.

Ya en su día Coviello[450] afirma que el superficiario tiene todos los derechos del propietario: puede gozar de la cosa como quiera, disponiendo de todos los medios de defensa que competen a aquél. Por tanto, se pregunta el autor: ¿qué le falta al superficiario para ser *dominus*? Nada *de facto*, pero de *iure* el reconocimiento jurídico. Por lo que jurídicamente el superficiario únicamente tiene un *ius in re aliena* y no la propiedad de la superficie.

En este mismo sentido Polacek[451] cree que Justiniano, por un lado trató de restablecer el espíritu de los juristas clásicos y, por otro, la institución salió perdiendo en importancia inmediata: Bizancio ya no sufría escasez de solares que había experimentado Roma en otro tiempo, aunque la superficie no desapareció completamente y los juristas justinianeos no pudieron silenciarla. Sin embargo, a pesar de que en el derecho Justinianeo los superficiarios disponían de los mismos medios de protección que la propiedad, no fueron reconocidos como propietarios, sino unicamente como titulares de un *ius in re aliena*.

---

[450] "Della superficie", cit., pp. 85 ss., en este mismo sentido se pronuncia PUGLIESE, G., "Note sulla superficie nel diritto giustinianeo", Temi Emiliana 2, 1943, pp. 119 ss; DE LOS MOZOS, J.L., *El Derecho de superficie en general y en relación con la planificación urbanística*, cit., p. 48.

[451] "Superficies". Aspectos jurídicos de una solución de la crisis de viviendas en el mundo romano, cit., p. 377.

Sitzia[452], además de negar la propiedad superficiaria en la experiencia jurídica justinianea, va más allá al afirmar la vigencia en ese periodo del principio *superficies solo cedit*, en cuanto que el constructor adquiere la propiedad del edificio construido en su terreno.

A nuestro jucio la teoría más acertada es la enunciada por Solazzi[453], para quien el derecho de superficie en el derecho justinianeo recibe una protección más amplia, aunque ello no implica que el derecho real sobre cosa ajena se haya convertido en un derecho de propiedad. Así afirma: "la costruzione su suolo altrui può essere nel diritto giustinianeo propietà del costruttore, ma questa propietà non è superficiaria. Se invece il costruttore ha solamente il diritto reale di superficie, egli non è propietario".

La separación entre propiedad y superficie viene avalada por el hecho de que también en el derecho justinianeo el elemento esencial de toda relación superficiaria es el *solarium*. Contraprestación pecuniaria que entendemos no la debería pagar el superficiario si la superficie fuese considera propiedad. Por ello, aunque se admita que al superficiario se le reconoce un derecho ilimitado sobre la superficie, ello no quiere decir que se le atribuya la calificación de *dominus*.

En este tiempo histórico se produce una separación entre los distintos derechos reales de carácter dominical y la propiedad, aunque en materia de *superficies* la influencia postclásica se deja sentir más que en otros campos y se tiende a identificar superficie y enfiteusis. Es más, mientras Justiniano ordena con particular claridad la enfiteusis, no muestra el mismo interes por la superficie. A este respecto contamos con dos supuestos de concesiones superficiarias en las que se califica el derecho atribuido al particular como enfiteusis. Son los casos comtemplados en las Novelas 7.3.2. y 120.1.2.

> Nov. 7.3.2 "....*Sed si quidem deterius fecerit praedium, aut suburbanum, aut domun qui emphyteusin percepit, cogi eum de suo diligentiam ac restitutioem prisci status facere, et obligatum esse ad hoc ipsum, et heredes eius, et successores,*

---

452 *Studi sulla superficie in epoca giustinianea*, cit., p. 32.

453 "La *superficies* nel diritto giustinianeo", cit., p. 27, afirma que la obligación del *solarium* no es un obstáculo en un sistema jurídico proclive a gravámenes de carácter real.

eiusque res, insuper et debitos omnes reditus sine dilatione exigi. Quod autem dictum est anobis, ut nullius immobilis rei ecclesiasticae sut ptochicae alienatio sit permissa, ad nullan nostrae ripublicae personam sancimus valere, non solum super contantibus domibus, et suborbanis, et hortis, et agris, sed etiam super ruinis, sive ex igne, sive ex terrae motu, sive ex qualibet alia causa ruina sit, sed etiam in iis, quae etiam in puris ruinis nullum aedificium habentibus neque materiam iacentem..."

Nov. 120.1.2: *Si vero quaedam sunt loca aut ipsi sanctissimae maiori ecclesiae aut alicui venerabilium domorum competentia, in quibus antiquae habitationes depositae sunt et ex quibus nullus praebetur reditus, praedictae vero venerabilis domus, quibus competunt loca, haec reaedificare non possunt, licentiam damus ipsis ordinatoribus earum emphyteoseos perpetuo iure tradere ipsa loca, ita tamen, ut emphyteusis in tertia parte pensionum quae ex habitationibus adhuc stantibus colligebantur, ex principiis temporis emphyteuseus procedad, aut si emphyteota voluerit magis sub isto pacto accipi, ut loca primitus aedificet, et ex additis illic per aestimationem pensionibus medietatem partis dari venerabili domui a qua ipsa loca accepit, et hoc fieri concedimus, uti vero huiusmodi emphyteotam et illic inventa (de) depositis habitationibus materia.*

Ambos textos muestran como Justiniano incluía bajo la rubrica de enfiteusis la superficie. Este hecho viene a demostrar, por un lado, la influencia postclásica que sufre el legislador justinianeo, además de la escasa importancia que en ese momento debía de tener el instituto superficiario; y, por otro lado, que la *superficies* es considerada uno más de los *iura in re aliena*, no como propiedad.

Para Sitzia[454] estos dos textos demuestran que en la Cancillería imperial no siente la necesidad de distinguir ambas figuras, por lo que el derecho de *superficies* no debía aparecer a los ojos de los redactores de las constituciones como un instituto de características precisas que valiesen para diferenciarlo de la enfiteusis. A su juicio,

---

[454] *Studi sulla superficie in epoca giustinianea*, cit., pp.70 ss.

parece inverosímil la hipótesis de que los compiladores fueran los primeros en diferenciar *superficies* como *ius in re aliena*, con una estructura típica separada de otros derechos reales.

Ahora bien, pese a la regulación conjunta que Justiniano da a la superficie y a la enfiteusis, no podemos confundir ambos institutos[455]. El objeto de ambos es diverso: mientras que las concesiones enfitéuticas se basan en el suelo para su explotación agraria, en las superficiarias se entrega el suelo para transformarlo y construir en él un edificio. Una vez construido el mismo, el derecho del superficiario consiste en la facultad de goce del edificio, por lo que el *dominus soli* dispondrá del suelo, siempre que ello no limite el derecho del superficiario; por el contario, en la enfiteusis el *dominus soli* pierde toda disposición sobre el suelo mientras dure el *ius enfiteuticum*. Es posible afirmar que *superficies* y enfiteusis son dos realidades jurídicas diferentes, dos *iura in re aliena* con una naturaleza jurídica totalmente distinta[456].

Las propias circunstancias jurídicas motivan la configuración definitiva de la *superficies* como derecho real limitativo. En el derecho justinianeo el principio *superficies solo cedit*, al igual que sucedió en el derecho postclásico, está superado, ya no se trata de un axioma inderogable. Así, aunque formalmente Justiniano recoge la accesión en el *Corpus iuris*, ésta puede ser derogada por la autonomía de las partes, lo que faculta el reconocimiento formal del *ius superficiei*. A ello se suma la desaparición del procedimiento formulario y del *officium praetoris*, que pierde el espíritu conciliador del derecho con la

---

[455] BRAGA DA CRUZ, G., "O dereito de superficie no Dierito Romano, cit., p. 291, aprecia la necesidad de distinguir el derecho de superficie de la enfiteusis. Así, afirma el autor: "Não há, finalmente, possibilidade de confundir o direito de superficie com a enfiteuse. Superficiario e enfiteuta encontram-se em situaciones jurídicas inteiramente diversa: O primero (o superficiario) tem apenas um direito real de gozo sobre uma coonstrução implantada em terreno alheio, sem ter qualquer direito imediato sobre o terreno que serve de base à construção. O segundo (o enfiteuta) tem o domínio útil sobre o próprio solo, e é como consequência disso que tem também o domínio sobre todas as coisas que nesse mesmo solo se acham implantadas."

[456] Vid. FUENTESECA DEGENEFFE, M., *De emphyteutico iure*, cit., p. 187, afirma que la enfiteusis es un *ius in re* diferente de la propiedad y de un derecho real sobre cosa ajena.

realidad fáctica. Estas circunsancias dan lugar a que la superficie se tutele con una acción real propia: la *actio in rem superficies* y no con una *utilis actio in rem* como venía sucediendo en el derecho clásico.

En este mismo sentido afirma Pastori[457]: "las acciones útiles acordadas al superficiario no representan más un instrumento técnico procesal derivado del *imperium* del magistrado, pues como afirma Justiniano en D. 3.5.46 (47).1[458] (*Paul 1 sent.*): *nihil refert quis directa an utili actione agat*. Esto es un residuo histórico representado por la *causae cognitio* pretoria, ya que en el derecho justinianeo la concesión de las acciones al superficiario no depende del *officium praetoris*, sino que es disciplinada por la ley."

En cuanto a los modos de constitución del *ius superficiei* en el derecho justinianeo entendemos que siguieron en vigor los admitidos en el derecho clásico: *locatio-conductio*, *emptio-venditio*, legado y donación[459]. Ahora bien, no debemos olvidar que Justiniano regula conjuntamente superficie y enfiteusis[460], y que, al igual que suecede en la enfiteusis, también en la constitución de la *superficies* prevalece la autonomía de las partes[461], teniendo primacía los pactos y convenios que el *dominus soli* y el superficiario hayan celebrado[462].

---

457 *La superficie nel diritto romano*, cit., p. 212.

458 *Index Interpolationum*, cit., p. 42.

459 D. 43.18.1 (*Ulp. 70 ed.*)Vid., en este sentido *Index Interpolationum*, cit., pp. 295 ss., sobre las interpolaciones llevadas a cabo en el texto.

460 Nov. 7.3.2. y 120.1.2.

461 C. 4.66.2 (*Imp. Justinianus*, a. 529); Vid., por todos FUENTESECA DEGENEFFE, M., *De emphyteutico iure*, cit., pp. 119 ss; GIUFFRÈ, V., *L'emersione dei "Iura in re aliena" e il numero chiuso*, Napoli, 1192, p. 205.

462 Vid., BOTTIGLIERI, A., *La nozione romana di enfiteusi*, Napoli, 1994, pp. 127 ss., analiza el papel asumido por los *pacta* llevados a cabo entre las partes: "Si debe ricordare che il patto aggiunto puó determinarne una diversa configurazione. A questa si collega la dottrina della *natura contractus*, particularmente elaborata dai bizantini e da cui deriva la distinzione tra elementi derogabili ed indereogabili: inderogabili sono quelli che si riferiscono alla struttura tipica del contratto e quindi l'intervento del patto che deroga a tali elementi, importa trasformazione del contratto da uno ad un altro tipo; derogabili invece quelli che possono essere esclusi o modificati da patto, senza che venga meno quel determinato tipo di contratto."

La configuración como derecho real que la superficie alcanza en el derecho justinianeo se refleja en textos como D. 39.2.19 (*Gai., ed., tit. de damno infecto*):

> *Eorum, qui bona fide absunt, in stipulatione damni infecti ius non corrumpitur, sed reversi cavendi ex bono et aequo potestas datur, sive domini sint sive aliquid in ea re ius habeant, quialis est creditor et fructuarius et superficiarius.*

El carácter compilatorio del texto se refleja en el inciso <*et superficiarius*>[463], éste nos permite asegurar que los compiladores oponían propiedad a superficie, de manera que en el derecho justinianeo ambas figuras no se pueden equiparar. Los compiladores justinianeos otorgan al superficiario un *aliquid in ea re*, es decir, entienden que el superficiario es el titular de un derecho real sobre cosa ajena, derecho con entidad propia que no puede ser equiparado a la propiedad, ni confundido con la enfiteusis, en cuanto que los compiladores, y siempre por influencia clásica, lo que hacen es confirmar el carácter de derecho real sobre cosa ajena que *iure praetorio* tenía la *superficies*.

El *ius superficiei* se configura como un derecho real sobre cosa ajena alienable, en virtud del cual el superficiario tiene el pleno disfrute del edificio construido en suelo ajeno a cambio de pagar una contraprestación económica al *dominus soli.*

Es necesario, por tanto, distinguir que el *ius in re aliana* concede al titular un derecho sobre el edificio construido en suelo ajeno, a cambio del pago del *solarium*; mientras que si consideramos que el superficiario es propietario del edificio no le une nada con el dueño del suelo, por tanto no tendría que pagar el canon establecido.

Los autores que defienden que en el derecho justinianeo el superficiario era *dominus* están confundiendo la calificación jurídica del mismo con la noción que éste tenía *de facto*, es decir el hecho de que el superficiario ejerciese su derecho como un *quasi dominus* y estuviese protegido por todos los medios de tutela que amparaban

---

[463] *Index Interpolationum*, p. 86; PASTORI, F., *La superficie nel diritto romano*, cit., p. 217; LEVY, E., *West Roman Vulgar Law: theLaw of Property*, cit., p. 80; SOLAZZI, S., "La superficie nel diritto giustinianeo", cit., p. 24.

al *dominus soli* genera dicha confusión. Sin embargo, jurídicamente uno es titular de un *ius in re*, el *dominus*, y el otro, el superficiario, tiene únicamente un *ius in re aliena.*

Tampoco el hecho de que el derecho justinianeo le otorgue al superficiario la *cautio damni infecti* en D. 39.2.19 (*Gai., ed., tit., de damno infecto*) y D. 39.2.13.8 (*Ulp. 53 ed.*)[464] debe servir para calificar a éste como *dominus*[465]. Pugliese[466] a próposito de estos textos afirma: no hay duda que las innovaciones de ambos textos se deben a la mano de los compiladores justinianeos. Aunque en esas mismas fuentes justinianeas también se le otorga la *cautio damni infecti* al usufructuario o al acreedor pignoraticio (D.39.2.11. *Ulp. 53 ed.*), supuestos que vienen corroborados en D.39.2.18 pr. (*Paul 48 ed.*)[467] donde se extiende el elenco de los legitimados activos de la *cautio.*

Otorgar la *cautio damni infecti* al superficiario no le convierte en propietario del edificio, del mismo modo que no es propietario todo aquel que dispone de la cosa –usufructuario, acreedor pignoraticio, enfiteuta– tampoco lo es el superficiario. Todo lo contrario, la concesión de la *cautio damni infecti* viene a equiparar formalmente la *superficies* con el resto de *iura in re aliena*. Ahora ya no se trata de una extensión útil como en el derecho clásico, sino que formalmente dispondrá de la *cautio.*

Igualmente el superficiario dispondrá de la *operis novi nuntiatio* enunciada en D. 39.1.3.3 *Ulp. 52 ed.*

> *Si ego superficiarius sim et opus novum a vicino, an possim nuntiare? Movet, quod quasi inquilinus su: sed praetor mihi utilem in rem actionem dat, et ideo et servitutum causa actio mihi dabitur et operis novi nuntiatio debet mihi concedi.*

El texto no puede esgrimirse como prueba a favor del carácter de propietario del superficiario puesto que la *operis novi nuntiatio* tam-

---

[464] "*Superficiarium et fructuarius damni infecti utilite sitpulari hodie constat.*"

[465] BIONDI, B., *La categoria romana delle servitutes*, cit., p. 525.

[466] "Note sulla superficie nel diritto giustinianeo", cit., p. 125; BRANCA, G., *Danno temuto e danno da cose inanimate nel diritto romano*, Padova, 1937, p. 211.

[467] *Damni infecti stipulatio competit non tantum ei, cuius in bonis res est, sed etiam cuius periculo res est.*

bién se otorga al enfiteuta, al acreedor pignoraticio –D. 39.1.9 (*Gai ad ed. urb. tit. de op. Novi nunt.*)– y al usufructuario –D.43.25.1.4 (*Ulp. 71 ed*).; D. 39.1.1.20 (*Ulp. 52 ed.*)–.

La concesión justinianea de la *operis novi nuntiatio* se puede esgrimir como una prueba más de la calificación jurídica de la *superficies* como *ius in re aliena.*

Del mismo modo en el derecho justinianeo la *actio Publiciana*[468] deja de ser una concesión útil del pretor otorgada en circunstancias particulares y pasa a formar parte de los medios de defensa propios del superficiario. Se trata de una de esas acciones reales que el superficiario, en cuanto titular de un derecho real, comparte con otros titulares de *iura in re aliena*. En la experiencia jurídica justinianea la *Publiciana* tutela situaciones de *quasi-dominio* que no necesariamente deben transformase con el tiempo en dominio. No podemos ignorar el cambio que en este periodo sufre la *actio* Publiciana[469], al permitir que aquellas relaciones jurídicas que por su propia naturaleza no admiten usucapión *–agri vectigales o superficies–* puedan disponer de dicha acción, entre los medios de defensa procesal. Por tanto, tampoco es válido esgrimir la concesión generalizada de la *actio Publiciana* para afirmar que la superficie fue considerada propiedad en el derecho justinianeo.

Por lo que respecta a la *vindicatio servitutis* se otorga de forma útil al superficiario tanto en el texto del interdicto como en otros textos:

> D. 43.18.1.9. (*Ulp 70 ed.*) *Servitutes quoque praetorio iure constituentur et ipsae ad exemplum earum, quae ipso iure constitutae sunt, utilibus actionibus petentur: sed et interdictum de his utile competit.*

---

[468] D. 6.2.12.2.(Paul. 19 ed.): "*In vectigalibus et in aliis praediis, quae usucapi non possunt, Publiciana competit, si forte bona fide mihi tradita sunt.*(3) *Idem est, et si superficiariam insulam a non domino bona fide emero.*"

[469] CARUSI, E., *L'azione Publiciana in Diritto romano*, cit., pp. 122 y 136 afirma que en el momento de realizar la Compilación, y debido a los continuos cambios económicos y jurídicos de la sociedad romana, la *actio Publiciana* sufrió un cambió importante no sólo en extensión, sino también perdiendo la rigidez propia de épocas anteriores. En el derecho justinianeo basta tener la *possessio bonae fidei* para poder utiliza la *Publiciana.*

> D. 39.1.3.3. (*Ulp 52. ed.*) *Si ego superficiarius sim et opus novum fiat a vicino, an possim nuntiare? movet, quod quasi inquilinus sum: sed praetor mihi utilem in rem actionem dat et ideo et servitutium causa actio mihi dabitur et operis novi nuntiatio debet mihi concedi.*

Una acción de la que también disponen el enfiteuta, el usufructuario[470] y el acreedor pignoraticio[471] y de la que ahora el superficiario tiene de forma útil en cuanto titular de un *ius in re aliena*[472].

El derecho justinianeo otorga al superficiario el *interdictum unde vi*[473]: D.43.16.1.5 (*Ulp. 69 ed.*) *Proinde et si superficiaria insula fuerit, qua quis deiectus est, apparet, interdicto fore locum.* Esta concesión responde a la calificación jurídica de *superficies* como *ius in re aliena* y, por tanto, considera que el superficiario es poseedor del edificio superficiario.

Igualmente el superficiario dispone de las acciones divisorias –*actio communi dividundo utilis* y *actio familiae erciscundae*– que le son otorgadas en el propio texto del interdicto: D. 43.18.1.8.(*Ulp. 70 ed.*) y en D. 10.2.10 (*Ulp. 69 ed.*)[474]. En ambos casos la concesión

---

[470] D. 43.25.1.4. *(Ulp. 71 ed.) Item Iuliano placet fructuario vindicandarum servitutium ius esse: secundum quod opus novum nuntiare poterit vicino et remissio utilis erit. ipsi autem domino praedii si nuntiaverit, remissio inutilis erit: neque sicut adversus vicinum, ita adversus dominum agere potest ius ei non esse invito se altius aedificare. sed si hoc facto usus fructus deterior fiat, petere usum fructum debebit. Idem Iiulianus dicit de ceteris, quibus aliqua servitus a vicino debetur.*

[471] D.8.1.16 *(Iul. dig. 49) Ei, qui pignori fundum accepit, non est iniquum utilem petitionem servitutis dari, sicuti ipsius fundi utilis petitio dabitur. idem servari convenit et in eo, ad quem vectigalis fundus pertinet.*

[472] PUGLIESE, G., "Note sulla superficie nel diritto giustinianeo", cit., p. 126, para quien la facultad otorgada en el texto del interdicto (43.18.1.9.*Ulp 70 ed.*) se refiere a aquellas servidumbres constituidas *praetorio iure* por el superficiario, mientras que aquellas enunciadas en D. 39.1.3.3.(*Ulp 52. ed.*) contemplan las servidumbres que en ventaja del superficiario se constituyan por el propietario del suelo.

[473] ALBERTARIO, E., "Il possesso de la superficie", cit., p. 425, donde el autor además de afirmar el carácter espurio del texto, sostiene que el derecho justinianeo considera al superficiario poseedor como consecuencia de la consideración que Justiniano tiene de la posesión.

[474] *Item praedia, quae nostri patrimonii sunt; sed et vectigalia, vel sueperficaria, nec minus hae quoque res, quas alienas defunctus est, bona FIDE possidet.*

de estas acciones es justinianea, tanto el texto del interdicto como la mención <*vel superficiaria*> de D. 10.2.10 (*Ulp. 69 ed.*) son considerados por la doctrina un añadido compilatorio[475]. Aunque en el derecho clásico dichas acciones fueron extendidas en vía útil por el pretor al superficiario, equiparándolo a otros titulares de *iura in re aliena*[476].

A tenor de lo expuesto podemos afirmar que el *ius superficiei* en la experiencia jurídica justinianea puede definirse como un *ius in re aliena*, transmisible tanto por actos *inter vivos* como *mortis causa*, que permite a su titular disponer de la forma más amplia posible de la edificación construida en suelo ajeno a cambio de la única obligación de pagar el *solarium* al *dominus soli*. Una calificación que dista bastante del *dominium*.

2. *SUPERFICIES* COMO *SERVITUS*

Para algunos autores la superficie en el Derecho romano justinianeo fue considera una *servitus* más. El máximo valedor de esta teoría es Biondi[477]. Veamos detalladamente la tesis de Biondi.

La cuestión para Biondi no se basa en afirmar o negar que la superficie sea una servidumbre, o en determinar el momento histórico del que provine, lo relevante es concretar el contenido que la servidumbre, en este caso de *superficies*, puede tener. Comienza el *iter* de dicho estudio desde el derecho clásico, tanto en el *ius civile* como en el *ius honorarium*, hasta el derecho justinianeo y parte del análisis de D. 39.1.3.3 (*Ulp. 52 ed.*):

> *Si ego superficiarius sim et opus novum fiat a vicino, an possim nuntiare? movet, quod quasi inquilinus sum: sed praetor mihi*

---

[475] Vid. *Index Interpolationum*, p.124; ALBERTARIO, E., "Il pegno della superficie", cit., p. 473, nota 1; RICCOBONO, S., "La violazione del principio superficies solo cedit nel diritto giustinianeo", cit., p. 512, nota 2.

[476] FERNANDEZ BARREIRO, A., "La <*actio communi dividundo utilis*>", Estudios jurídicos en homenaje al profesor Santa Cruz Tejeiro, Valencia, 1972, pp. 277 ss.

[477] *La categoria romana delle servitutes*, cit., pp. 537 ss.

> *utilemin rem actionem dat, et ideo et servitutium causa actio mihi dabitur et operis novi nuntiatio debet mihi concedi.*

En este supuesto, afirma Biondi, el pasaje señala que el superficiario puede ejercitar la misma *vindicatio servitutis* que el *dominus soli*: se trata por tanto de una tutela no de la superficie, concebida como *servitus*, sino de una servidumbre perteneciente al suelo o de una servidumbre constituida por el superficiario. Una conclusión que creemos no se puede extraer del texto pues únicamente otorga al superficiario la *vindicatio servitutis* en cuanto titular de un derecho real sobre cosa ajena.

El segundo de los textos que apoyan la tesis de Biondi es D. 30.86.4 (*Iul. 34 dig.*) que considera a la superficie una servidumbre[478]:

> *Valet legatum, si superficies legata sit ei, cuius in solo fuerit, licet is dominus solii sit: nam consequetur, ut hac servitute liberetur et superficiem lucrifaciat*[479].

En este supuesto Juliano contempla el caso del legado de una superficie efectuado por el superficiario a favor del *dominus soli*. Parece que el legado sería nulo, ya que, en base al principio *superficies solo cedit*, el *dominus soli* se convierte en *dominus* de la superficie, de manera que el legado tendría como objeto una cosa perteneciente ya al legatario. Sin embargo, afirma el Biondi, que esta conclusión no podría mantenerse de acuerdo al *ius honorarium*, el cual acuerda, ya en el periodo clásico, una *actio in rem* al superficiario, concibiendo la superficie como una entidad que puede ser objeto de relaciones

---

[478] LONGO, C., "La categoria delle 'sevitutes' nel diritto romano classico", BIDR 11, 1898, p. 338, afirma que el texto está interpolado por los bizantinos, tanto que, a juicio del autor, no se ve claro de qué servidumbre está hablando, por lo que parece que se trata de un derecho de superficie competente a un tercero, el cual ha sido incluido por los justinianeos bajo la rúbrica de las servidumbres, si bien está inclusión de la superficie en las servidumbres no está clara para Longo.

[479] El texto ha sido considerado interpolado tanto en el *Index Interpolationum*, p. 239 como por el propio Biondi, *La categoria romana delle servitutes*, cit., p. 538, contrariamente ARANGIO-RUIZ, V., "La struttura dei diritti sulla cosa altrui", cit., p. 463, nota 1, afirma la genuidad el texto ya que Juliano hablaba de servidumbre de forma generalizada.

jurídicas independientemente del suelo. Iguamente Juliano, dentro del mismo *ius civile*, considerando la relación obligatoria que indudablemente media entre el *dominus soli* y el superficiario, admite la eficacia del legado, que conlleva la extinción de aquella relación. Añade el texto que el legatario viene a ser liberado *hac servitute.*

Así, se excluye que la *servitus* pueda ser entendida como usufructo, o que se trate de una simple expresión, siendo necesario reconocer que la superficie, concebida como *servitus*, se configura como una relación que media entre el suelo y la superficie. Pero, Biondi se pregunta: "è possibile una servitù di tal fatta?"[480]

A lo que el propio autor responde: en el ámbito del *ius civile* esto está perentoriamente excluido por el principio *superficies solo cedit*: el *dominus soli* se convierte en *dominus* de la superficie, y, consecuentemente, admitir una servidumbre entre suelo y superficie tenía como obstáculo la máxima *nemini res sua servit.*

Ahora bien, la cuestión se presenta más delicada respecto del derecho pretorio, donde la introducción de una *actio in rem* y de las acciones útiles a favor del superficiario puede dar lugar a cuestionarse cómo *iure praetorio* es posible que la relación entre suelo y superficie se pueda configurar como *servitus*. Una cuestión que para Biondi es inadmisible, ya que en el *ius honorarium* ni tan siquiera se otorga al superficiario *la actio Publiciana*. A lo que se añade la falta de forma, pues *iure praetorio* no es posible acordar acciones de servidumbre en base a una relación constituida mediante una simple locación. Estas dudas son eliminadas en D. 8.4.17[481] *(Pap. 7 quast.)*, donde Papiniano excluye tanto las acciones de las servidumbres, como el interdicto de precario por la misma consideración: *aedificium soli condicionem secutum.*

---

480 *La categoria romana delle servitutes*, cit., p. 539.

481 *Si precario vicinus in tuo maceriam dexerit, interdicto <quod precario habet> agi non poterit, nec maceria posita donatio servitutis perfecta intellegitur, nec utiliter intendetur ius sibi esse invito te aedificatum habere, cum aedificium soli condicionem secutum inutilem faciat intentionem. Ceterum si in suo maceriam precario, qui servitutem tibi debuit, duxerit, neque libertas usucapietur et interdicto <quod precario habet> utiliter cum eo agetur. quod si donationis causa permiseris, et interdicto ager non poteris et servitus donatione tollitur.*

Sin embargo, en el derecho justinianeo se ponen las bases necesarias para que la relación entre suelo y superficie pueda ser considerada una servidumbre: por un lado, desaparecen las razones formales y aquellas otras incertidumbres derivadas del dualismo entre los dos ordenamientos clásicos; por otro, las servidumbres son de un solo tipo y tuteladas mediante la ley, la cual establece sobre qué tipo de cosas pueden constituirse aquellas.

Además, para Biondi, la superficie constituye una entidad jurídica susceptible de plena propiedad independientemente del suelo, por tanto igual que es posible la alienación de la superficie separada del suelo, también cabe que entre suelo y superficie exista una relación de servidumbre, puesto que la regla *nulli res sua servit* no es un obstáculo. Surge de este modo el concepto de la superficie como servidumbre donde el hecho de que la superficie sea considerada en la experiencia jurídica justinianea tanto propiedad como servidumbre no induce a ninguna contradicción.

Así, toda la confusión que ha generado el instituto de la superficie se debe a la falta de distinción de los diferentes aspectos de la relación: a) la relación entre el superficiario y la superficie; b) la relación entre el suelo y la superficie.

Biondi afirma[482]: "L'oppinione tradizionale, che anche attraverso la distinzione tra dominio diretto e dominio utile, sostiene che il superficiario sia propietario della superficie, sostenuta anche nel diritto moderno, è ineccepibile, e del tutto aderente alla concezione giustinianea, ma risulta incompleta, giacchè con rispecchia la situazione giuridica nella totalità dei suoi rapporti. Dal momento che per esigenza fisica la superficie insiste sempre e necessariamente sul suolo, occorre determinare quale sia la natura del rapporto che intercede tra suolo e superficie, posta che il suolo appartenga a persona diversa del superficiario. Dire che il superficiario sia *dominus* della superficie non risolve per nulla la questione. Infatti oggetto del diritto di superficie non soltanto è la superficie nella sua entità materiale, ma in quanto insiste sul suolo; e poichè il superficiario non è certo proprietario del suolo, bisogna ammettere necessariamente che, *oltre* al diritto di proprietà sulla superficie su sulo altrui, e che non si può

[482] *La categoria romana delle servitutes*, cit., pp. 547 ss.

certo identificare con la proprietà. A questo rapporto rispetto al suolo si accenna nelle fonti quando si parla di <*ius in ea re*> (D. 39.2.19 *Gai., ed., iti. de damno infecto*) e di superficie che il titulare ha <*in alieno solo* >".

De este modo, prosigue Biondi, el hecho de que la propiedad superficiaria requiera necesariamente del suelo no quiere decir que la misma tenga un carácter excepcional, o que tenga un titulo adquisitivo distinto de cualquier otra propiedad. No es posible sostener que la propiedad superficiaria esté condicionada a la existencia de una relación jurídica con el suelo, ya que quien construye sobre suelo ajeno, aunque sea arbitrariamente, sigue siendo propietario de la superficie. De forma que, aún cuando falte una relación jurídica con el suelo, se tendrá siempre el dominio de la superficie.

Ahora bien, cuando existe una relación jurídica que permite construir sobre suelo ajeno, esta relación se configura como una servidumbre, precisamente, dice Biondi[483], la servidumbre de tener la superficie sobre suelo ajeno. "No puede ser objeto de confusión el hecho de que la superficie sea propiedad y servidumbre, puesto que ambas figuras no tienen como objeto la misma entidad jurídica, es decir, el superficiario es propietario de la superficie, y no hay duda de que tal propiedad tiene como objeto una cosa corporal, un inmueble. Mientras que a favor de esta entidad inmobiliaria existe, por el hecho mismo de la constitución de la superficie, una servidumbre a cargo del suelo, que tiene como objeto el derecho de tener la superficie sobre suelo ajeno". Es decir, son dos entidades distintas, que incluso pueden existir la una sin la otra, como sucede en el caso de la superficie construida sin previa autorización, en la que se tiene la propiedad, pero no la servidumbre.

Estamos ante una relación entre dos fundos, puesto que no se puede negar, afirma el autor, que la superficie sea un fundo. Los dos fundos pertenecen a propietarios diferentes. Siendo la forma de constitución de la servidumbre un pacto que podría equiparse al de las *servitus oneris ferendi*[484].

---

[483] *La categoria romana delle servitutes*, cit., p. 449.

[484] BIONDI, B., *La categoria romana delle servitutes*, cit., pp. 550 ss., entiende que "ad ammettere la configurazione del rapporto come servitù non fa ostaco-

Sin embargo, aclara Biondi, es necesario distinguir los diferentes modos de constitución de una relación superficiaria, puesto que éstos no presentan una estructura uniforme: 1) cuando la superficie ya existe, la relación está perfectamente individualizada: por un lado, la propiedad de la superficie y, por otro, una servidumbre a favor de la superficie y a cargo del suelo. Por tanto, en este supuesto no hay dificultad, existe una propiedad superficiaria –la superficie se puede considerar como un fundo– y surge una servidumbre a cargo del suelo y a favor de la superficie; 2) cuando la concesión es *ad aedificandum* –la más frecuente– no es posible hablar de propiedad puesto que no existe nada que pueda formar objeto de propiedad, ya que en Derecho romano hasta Justiniano el espacio no es "cosa" y mucho menos fundo[485]. En consecuencia tampoco es posible hablar

---

lo che nelle concessioni ad aedificandum o ad meliorandum manca attualmente il fondo dominante, giacchè nessuna difficoltà presenta ai Romani la costituzione di servitù <*futuro quoque aedificio quod nondum est*> (D. 8.2.23.1 *Pom. 23 Sab.*)". El autor manifiesta como la identificación del tipo de servidumbre es del todo irrelevante en la época justinianea.

[485] LONGO, G., "La categoria romana delle 'servitutes' nel diritto romano classico", cit., pp. 335 ss., afirma la tendencia bizantina de agrupar los *iura in re aliena* bajo el concepto de *servitutes*, si bien, a juicio del autor, sería mejor seguir el sistema de los jurisconsultos romanos, puesto que las servidumbres prediales tienen unas características comunes que merecen constituirse bajo una categoría única: las *servitutes*; mientras que el uso, el usufructo, la habitación son institutos por sí mismos y merecen un tratamiento independiente, igual que se hace con los otros *iura in re*: la prenda, la hipoteca o la superficie.

BIONDI, B., *Le servitù prediali nel Diritto Romano*, Milano, 1946, p. 76, afirma que la categoría de las servidumbres experimenta un profundo cambio con Justiniano, alargándose hasta incluir en ella tanto al usufructo, el uso, la habitación, la superficie y los límites legales de la propiedad. Especialmente estos dos últimos se incluyen en esta categoría de servidumbre al existir una relación entre un fundo y otro. Además incluir entre las servidumbres el usufructo, el uso, la habitación determina un profundo cambio en el significado terminológico del término, es decir, bajo el término servidumbre se acoge cualquier derecho de goce sobre cosa ajena. Así, la servidumbre justinianea se entiende en dos sentidos: un sentido amplio que indica el derecho real de goce, y comprende el usufructo, el uso, la habitación, las servidumbres prediales; y un sentido estricto que indica las servidumbres prediales, en contraposición al uso, el usufructo y la habitación. GROSSO, G., *Le sevitù prediali nel Diritto Romano,* Torino, 1969, pp. 4 ss., para el autor la dogmática bizantina acoge bajo el término de *servitus* los derechos sobre cosa ajena, como lo

de servidumbre, falta el fundo dominante. Para la constitución de la superficie se procedía de la siguiente forma: a) atribución a favor del superficiario de la facultad de maniobrar sobre el suelo del concedente para levantar la superficie; b) renuncia a favor del superficiario de hacer valer el principio *superficies solo cedit*; c) constitución a favor de la futura superficie de una servidumbre a cargo del suelo, situación admitida por los romanos: *futuro quoque aedificio quod nondum est* (D. 8.2.23.1 *Pom. 23 Sab.*).

La situación descrita es transitoria, pues una vez construida la superficie, tanto la facultad de construir como la renuncia a utilizar el principio de accesión cesan para dar lugar a un derecho de propiedad sobre la superficie; por otra parte, la servidumbre ya no es futura, sino presente. En estos supuestos se pasa del *frui* o del *locare superficiem* a una relación de dominio y de servidumbre.

Según Biondi la afirmación que deriva de D. 30.86.4 (*Iul.24 dig.*) encuentra correspondencia en otras decisiones, entre ellas la recogida en D. 39.3.23.1 (*Ulp. 53 ed.*), donde una situación si no de superficie, sí análoga a la misma, se califica como *servitus*: *eritque ista quasi sevitus*. En este caso Justiniano habla de *quasi servitus* para distinguir ésta de aquella *servitus naturalis* que conlleva la afluencia natural del agua.

También en D. 39.2.1.3[486] (*Ulp. 53 ed.*) se incluye la *superficies* en la categoría genérica de *servitutes*. Según Biondi "*ut puta servitutem*" implica tanto la superficie como el usufructo, ya que para los compiladores el usufructo y la superficie se engloban dentro de las servidumbres.

---

demuestran los diferentes textos que hacen alusión a dicha categoría y que han sido interpolados por los justinianeos, de forma que los diferentes *iura in re aliena* se unifican bajo el concepto de *servitus*. Una terminología extraña al Derecho romano clásico, donde *servitutes* eran únicamente las servidumbres prediales. Sin embargo, en los supuestos de superficie y enfiteusis no está clara la asimilación a las servidumbres, ya que su asimilación a la propiedad los aleja de esa categoría general a pesar de que preceptos como D. 30.86.4 muestran la tendencia generalizadora bizantina; GROSSO, G., *I problemi dei diritti reali nell'impostazione romana*, cit., pp. 312 ss.

[486] *Sive corporis dominus sive is qui ius haber (ut puta servitutem) de damno infecto caaveat, puto eum repromittere debere, non satisdare, quia suo nomine id facit, non alieno.*

De igual forma D. 27.9.3.4[487] (*Ulp. 35 ed.*) refleja relaciones análogas a la superficie y enuncia, mediante las interpolaciones llevadas a cabo por los compiladores, el concepto de servidumbre que Justiniano tiene tanto de la superficie como de *ius praedii*.

Como conclusión a su teoría Biondi afirma que Justiniano configura la superficie como *servitus* entendida siempre en el sentido tradicional de relación entre fundo y fundo, donde el fundo sirviente es el suelo y el fundo dominante es la superficie. Se trata de una precisa configuración legislativa de la relación a la que se le aplica el régimen jurídico de las servidumbres. El término *servitus* tiene un significado técnico equivalente a la moderna denominación de derecho real sobre cosa ajena.

La configuración que hace Biondi de la superficie como *servitus* parte del reconocimiento de la propiedad superficiaria en el derecho justinianeo, pues sólo en ese caso es posible admitir una servidumbre entre el suelo y la superficie. Ahora bien, Biondi olvida que la *superficies* es *ius in re aliena* autónomo y diferenciado de las servidumbres y de la propiedad. No desaparece en ese momento histórico el *ius superficiei*, ni tampoco se confunde con las servidumbres. El *ius superficiei* consiste en la facultad de construir y gozar del edificio construido en suelo ajeno y no, como pretende Biondi, únicamente en la facultad de levantar el edificio. Dada la confusión terminológica postclásica es posible que los compiladores engloben bajo el término *servitus* a todos los *irua in re aliena*, lo que no significa que éstos desaparezcan.

La tesis de Biondi, sin duda novedosa, en su momento, no ha dejado impasible a la doctrina, dando lugar a posiciones de lo más diversas. Veamos por separado algunas de ellas.

Según Grosso[488] a pesar de que D. 30.86.4 (*Iul. 34 dig.*) incluye la superficie en la genérica categoría de *servitutes*, ésta no fue entendida como una servidumbre predial que medie entre la construcción y el suelo, únicamente se denomina *servitus* al propio derecho de su-

---

[487] *Si ius* εμφγτευγτικοη *emfuteutikon vel* εμβατευτιχσν *habeat pupillus, videamus, an distrahi hoc a tutoribus possit. et magis est non posse, quamvis ius praedii potius sit.*

[488] *I problemi dei diritti reali nell'impostazione romana*, cit., p. 323.

perficie, a aquel que grava y comprime la propiedad. En todo caso se trata de una afirmación aislada, puesto que tanto la enfiteusis como la superficie, como consecuencia de su acercamiento a la propiedad, tenían una posición distinta de las servidumbres.

Así, afirma Grosso, las propias fuentes justinianeas se revelan contra el cuadro armónico del derecho justinianeo que presenta Biondi donde se coordinarían perfectamente la concepción de la superficie como propiedad y la *servitus* entre el suelo y el edificio construido sobre él. Más aún, las observaciones que en abstracto se puedan hacer de esta tesis en D. 30.86.4 reflejan que *superficiem lucrifacere* es únicamente consecuencia de *servitute liberari*, de forma que la adquisición de la propiedad de la superficie no entra en juego.

Además, añade Grosso, la tendencia a romper el principio romano *superficies solo cedit* y a acercar de forma analógica la superficie a la propiedad, todo ello confrontado con la constitución de aquélla como *ius in re aliena*, revela únicamente una solución de compromiso frecuente en el derecho justinianeo. Por lo que concluye el autor: "lo sforzo del Biondi di portare tale costruzione della proprietà della superficies ad uno sviluppo lógico rigoroso, e di coordinarla in un quadro sistematico col concetto della *servitus*, urta contro la relata storica"[489].

Para Grosso *servitus* es el derecho sobre el edificio, aunque es indudable que, en la tendencia justinianea de encuadrar todos los *iura in re aliena* en las servidumbres, la calificación de *servitus* recae sobre el derecho real de superficie[490].

También para Solazzi[491] la experiencia jurídica justinianea considera la *superficies* una *servitus*, aunque su teoría dista bastante de la propuesta por Biondi. Para el autor la superficie al igual que el resto de los derechos reales sobre cosa ajena entran dentro de una categoría genérica de *servitutes*. Una teoría que se plasma en D. 30.86.4

---

489 GROSSO, G., Rec. a Biondi, B., "*La categoria romma delle servitutes*", SHDI 5, 1939, pp. 248 ss.

490 En este mismo sentido se manifiesta LEVY, E., *West Roman Vulgar Law: theLaw of Property*, cit., p. 80, para quien D.30.86.4 (*Iul. 34 dig.*) únicamente representa la tendencia postclásica de aplicar a la *superficies* la regulación de las servidumbres, contrariamente a la tendencia justinianea de acercarla a la enfiteusis.

491 "La *superficies* nel diritto giustinianeo", cit., p. 26; Id., "Sulla superficie come servitù", SDHI 13, 1947, pp. 307 ss.

(*Iul. 34 dig.*) y se confirma en D.39.2.45 (*Scaev. 12 quaest.*) y D. 8.2.24 (*Paul 15 Sab.*)

Según el autor en la exégesis de D. 30.86.4 (*Iul. 34 dig.*) se observa como las palabras <*hac servitute liberetur*> son extrañas. De forma que si el derecho de superficie fuese una servidumbre, el hecho de que el legatario sea *dominus soli* no constituiría una *ratio dubitandi* contra la validez del legado, ya que la remisión de la servidumbre puede formar objeto de un legado. La duda, a su juicio, nace porque la propiedad del suelo comprende también la propiedad del edificio, es decir, *superficies* que <*solo cedit*>. Por tanto <*hac servitute*> sólo manifiesta la tendencia bizantina de incluir la superficie dentro de las servidumbres.

La interpretación más novedosa la hace Solazzi de D.39.2.45 (*Scaev. 12 quaest.*):

> *...Aedificatum habes: ago tibi ius non esse habere: non defendis. ad me possessio transferenda est, non quidem ut protinun destruatur opus (iniquum enim est demolitionem protinus fieri), sed ut id fiat, nisi intra ceterum tempus egeris ius tibi esse aedificatum habere*

Según el autor es imposible que en el original clásico se hablase de transferir la *possessio* del fundo, por tanto originariamente el término sería *superficies,* no *possessio.* Escévola con ese término indicaría el edificio separado del suelo en propiedad del mismo constructor, mientras que los compiladores creyeron que señalaba el derecho de superficie como si la construcción fuese hecha *in alieno solo*; y, puesto que para ellos el derecho de superficie era una servidumbre, no pudieron permitir que, siendo el objeto de la controversia una *servitus altius non tollendi*, se transfiriera una servidumbre totalmente diferente, la *superficies*[492].

---

[492] Contrario a esta argumentación se manifiesta GROSSO, G., *Le servitù prediali nel Diritto Romano*, cit., p. 300: "si è congetturato che qui *possesso* significasse *possesso* del fondo, per la distruzione dell'edificio; ma ciò tanto crea difficoltà che Solazzi ha congetturato che, anzichè di *possessio*, si parlasse di *superficies*; ma anche così mutata non si comprende che cosa la frase volesse dire; e inoltre non si spiega perchè in caso di *indefensio* si dovesse far demolire dall'attore ciò che, ove si fosse svolta la lite, e si fosse addivenuti all'accertamento del diritto dell'attore, avrebbe dovuto, almeno normalmente, distruggere il proprietario del fondo servente. (D.8.5.15)".

Otro de los textos en los que a juicio de Solazzi *servitus* suple a *superficies* es D.8.2.24[493] (*Paul. 15 Sab.*). En el texto, afirma el autor, el vocablo *iure*, al igual que a la expresión *iure infinito,* o bien es un añadido compilatorio o bien se le ha privado del genitivo de especialización. El original debía decir: <*dum inferiora aedificia non graviore superficie onoret quam pati debet*>. Ademas el hecho de que el comentario *15 ad Sabinum* trate *de servitutibus* no supone un impedimento para que en el mismo se mencione la superficie[494].

Solazzi[495] afirma: "É indubbio che il superficiario, una volta divenuto propietario ciò che si eleva sopra il suolo altrui, può avere diritti di servitù su questo suolo. Ma una cosa è affermare che il diritto di superficie è una servitù, come dicono i testi da me addotti, un'altra cosa ammettere che con la proprietà del soprassuolo possano congiungersi servitù sul suolo. Il dilema <servitù o proprietà> si pone per l'edificio oggetto del diritto di superficie, e bisogna scegliere fra un corno e l'altro. Il diritto di superficie o è proprietà o è servitù".

Por su parte Pugliese[496] sintetiza la tesis de Biondi en tres puntos: 1) el superficiario es propietario de la construcción; 2) el super-

---

[493] *Cuius aedificium iure superius est, ei ius est in infinito supra suum aedificium imponere, dum inferiora aedificia non graviore servitute oneret quam pati debent.*

[494] Para SITZIA, F., *Studi sulla superficie in epoca giustinianea*, cit., pp. 32 ss., la reconstrucción que Solazzi lleva a cabo de D.8.2.24 (*Paul. 15 Sab.*) es poco convincente. El libro 15 de Paulo *ad Sabinum* trataba de las servidumbres, pero si esta argumentación no se quiere considerar decisiva, se puede afirmar que dificilmente Paulo hablaría para una concesión superficiaria de *suum aedifcium*. De esta forma la reconstrucción del texto propuesta por Solazzi vacia de significado al mismo. A este respecto, se pregunta el autor, ¿cuál sería el límite más allá del cual el superficiario no puede edificar? El límite sería la *lex locationis*, aunque la perífrasis utilizada en el texto para indicar un principio tan obvio resulta extraña. Así, la referencia de Solazzi a la superficie es inaceptable. El texto en derecho justinianeo debe ser entendido como una de las habituales limitaciones sociales del dominio, en el que Justiniano trata de impedir que a los propietarios superiores no le sea lícito sobreelevar el edificio para perjudicar la posición del propietario inferior más allá de la medida tolerada. Para Sitzia los textos adoptados por Solazzi para demostrar la tendencia justinianea a incluir a la superficie dentro de *servitus* no prueban nada, únicamente D. 30.86.4 muestra dicha tendencia, aunque un único texto no puede servir para probar toda una teoría.

[495] "La *superficies* nel diritto giustinianeo", cit., p. 26.

[496] "Note sulla superficie nel diritto giustinianeo", cit., p. 120 ss. A la tesis de Pugliese se adhiere SITZIA, F., Studi sulla superficie in epoca giustinianea, cit.,

ficiario puede tener la construcción sobre suelo ajeno en virtud de un derecho de servidumbre, del que éste es el titular; 3) la concesión *ad edificandum* da lugar a un derecho real independiente.

En este sentido, afirma Pugliese, la tesis de Biondi sólo se puede acoger si se admitiese que el edificio superficiario pertenece a un *dominus* diferente del propietario del suelo. La servidumbre respecto del suelo sería admisible unicamente cuando la construcción, perteneciendo a otra persona, pueda funcionar como fundo dominante, constituyéndose en este caso una *servitus oneris ferendi*. Ahora bien, si el suelo y superficie pertenecen a la misma persona esto no es viable.

Esta argumentación, a juicio del autor, se recoge en los diferentes textos que Biondi utiliza para sostener su tesis. El primero de ellos: D. 30.86.4. (*Iul. 34 dig.*), donde, contrariamente a la explicación de Biondi, la ventaja del legado consiste en la liberación de la servidumbre, concebida como un peso impuesto sobre el suelo a favor de la construcción, pues de lo contrario tendría más sentido silenciar la extinción de la servidumbre, para resaltar la adquisición de la propiedad. Según Pugliese la primera explicación, si se presupone que se trata de una verdadera servidumbre predial, es inexplicable. Igualmente es extraño que el compilador no aprovechase una ocasión tan propicia para aclarar que al superficiario le correspondía la propiedad de la construcción y, por tanto, el problema relativo a la validez del legado quedaría superado. Si el texto había sido ya interpolado por qué no eliminar los equívocos creados.

Todo este problema, afirma Pugliese, se resuelve si entendemos que <*hac servitute*> no se refiere a la relación entre la construcción y el suelo, sino al goce de la construcción por parte de un tercero, en cuyo caso lógicamente se produce la liberación de la servidumbre. Así, una vez venido a menos este derecho, automáticamente la propiedad se expande y se produce la adquisición –no jurídica, sino económica– por parte del *dominus soli*. De forma que el pasaje confirma la tendencia justinianea a incluir dentro de las servidumbres todos los derechos

---

pp. 27ss., acoge la tesis de Pugliese para quien el texto adquiere cierta lógica si se supone que la expresión <*hac servitute*> no se refiere a la relación entre construcción y suelo, sino al goce de la construcción por parte de un tercero.

reales sobre cosa ajena: cuando el compilador interpoló el texto quería dar a *servitus* un valor técnico en el sentido justinianeo.

A primera vista también puede parecer importante D. 8.4.17 (*Pamp. 7 quaest.*). En este caso la servidumbre viene negada al seguir el edificio el destino jurídico del suelo, es decir, al aplicarse la accesión. De modo que superada la fuerza de este principio, la servidumbre subsistiría. Un razonamiento correcto, aunque en ningún caso se refiere a la relación entre la construcción y el suelo, pues el fundo dominante en este supuesto es el fundo del vecino que <*maceriam ducit*> y no la <*maceria*> o el edificio. Poder elevar una construcción sobre el fundo contiguo se entiende como una *utilitas fundi*, de forma que puede valer como contenido de una eventual *servitus* perteneciente al mismo fundo, no de la construcción considerada de forma autónoma. Por tanto, no cabe sostener que, cuando no se aplica el principio de accesión, los justinianeos configuraran la relación entre la construcción y el suelo como una relación de servidumbre.

En este mismo sentido Pugliese considera que la interpretación que Biondi ofrece de D. 39.2.13.1 (*Ulp. 53 ed.*), aunque ingeniosa, es muy forzada. Biondi pretende ver en las palabras <*ut puta servitutem*> una alusión a la superficie. Y aunque es verdad que no puede tratarse en este supuesto de una servidumbre predial, no se puede estar seguro de que el compilador se diese cuenta de este hecho.

Tampoco, afirma Pugliese, Biondi encuentra un mejor argumento en D. 27.9.3.4 (*Ulp. 35 ed.*). Este es un fragmento oscuro, del que no se puede extraer que la superficie sea una servidumbre. En primer lugar este texto no se refiere a la superficie, pues el significado de εμβατευτιχσν no se corresponde con superficie, acaso con enfiteusis y, en segundo lugar, *ius praedii* para los justinianeos no significa servidumbre predial. Por tanto no tiene sentido que los justinianeos utilicen la expresión *ius praedii* en lugar de *servitus*.

La conclusión para Pugliese es lógica: no hay ninguna prueba textual para afirmar que los justinianeos concibieron como servidumbre la relación entre suelo y construcción. A pesar de la interpretación que Biondi hace de D. 30.86.4. (*Iul. 34 dig.*) no se puede afirmar de un único texto, además ambiguo, la existencia de una doctrina similar en el derecho justinianeo. Doctrina que a lo largo de todo el resto del *Corpus iuris* no se menciona. Por tanto, afirma el autor, no existe ningún problema. El superficiario no es propietario de la construcción, unicamente tiene sobre ella un derecho real que le permite gozar plenamente de la misma. De forma que la relación entre la construcción y el suelo no se traduce en una servidumbre predial, sino que viene regulada contractualmente.

Braga da Cruz[497], acertadamente, afirma que la superficie es un *ius in re aliena* autónomo, que no puede ser confundido ni con las servidumbres prediales, ni con el usufructo. Según el autor "las diferencias entre el *ius superficiei* y las servidumbres prediales son varias: en primer lugar las servidumbres prediales presuponen siempre la existencia de dos predios: un fundo dominante y otro sirviente. El derecho de superficie, inversamente, presupone la existencia de un único fundo, sobre el cual se construye una edificación o una plantación. Por otro lado, la servidumbre no puede alienarse sino en conjunto o con el predio sobre el cual recae. El derecho de superficie, por el contrario, es alienable *inter vivos* y transmisible *mortis causa*, independientemente de la transmisión del suelo en el que se encuentra ubicada. Además, tampoco la servidumbre puede ser gravada con otras servidumbres, mientras que nada impide al superficiario que constituya servidumbres sobre la construcción objeto del derecho."

Nosotros, como enunciábamos al comienzo de este epígrafe, nos manifestamos contrarios a la teoría de Biondi. No cabe afirmar que la relación entre el suelo y la superficie haya de ser *servitus*; pues desde el momento en el que superficiario y *dominus soli* acuerdan la constitución de una relación superficiaria, ésta se convierte en una relación de carácter real con entidad jurídica propia que en el periodo clásico estuvo tutelada, *iure praetorio*, por las acciones útiles que el pretor extendió al superficiario, y a la que Justiniano dota de una *actio in rem*. De esta forma la *superficies* se configura definitivamente como un *ius in re aliena*, cuyo objeto puede ser tanto el suelo para modificarlo y construir en él, como la superficie ya construida. Ahora bien, el superficiario no es *dominus* de la superficie, sino titular de un derecho real sobre el suelo que le permite construir y disfrutar de la superficie de la forma más amplía posible. Pero tampoco podemos hablar de servidumbre en quellos casos en los que se admite la propiedad de la superficie o de los diferentes pisos de la superficie, puesto que estaremos

[497] "O dereito de superficie no Dierito Romano, cit., pp. 290 ss.

ante dos figuras jurídicamente diferentes: por una lado, un derecho real de superficie y, por otro lado, la propiedad del edificio o de una parte de éste distinta del suelo, la denominada propiedad superficiaria.

D.30.86.4 (*Iul. 30 dig.*) únicamente constituye un indicio aislado a favor de la tendencia bizantina de incluir los *iura in re aliena* dentro de la categoría de las servidumbres, que no prueba, como pretende Biondi, la existencia de una relación de servidumbre entre el suelo y la construcción.

3. CONTENIDO JURÍDICO DE LA *SUPERFICIES*

En el estudio de la *superficies* es necesario determinar el contenido de la misma, en cuanto a los derechos y obligaciones que competen al superficiario, en tanto titular del derecho, y los derechos y obligaciones del *dominus soli*, en cuanto sujeto que soporta dicho derecho limitativo sobre su propiedad.

Ahora bien la escasez de fuentes relativas a la superficie nos impide concretar de forma precisa el contenido del derecho. Por ello, para suplir las lagunas existentes en materia superficiaria y debido a la analogía existente entre superficie y enfiteusis, debemos recurrir a las normas propias de la enfiteusis o a las del usufructo. Algo que nos parece perfectamente posible dado que desde el derecho postclásico se produce una cierta asimilación entre superficie y enfiteusis, aunque es Justiniano quien acerca definitivamente ambas figuras con la regulación de las Novelas 7.3.2 y 120.

A. Derechos del superficiario

El superficiario como titular de un derecho real sobre la construcción levantada en suelo ajeno tendrá los siguientes derechos[498]:

1.- El superficiario puede ejercer actos de disposición sobre el objeto del derecho. El superficiario podrá transmitir, tanto por actos

---

[498] Vid., LUCCI, A., "Il diritto di superficie", cit., p. 285; COVIELLO, N.,"Della superficie", cit., pp. 63 ss.

inter vivos[499] –donación, dote, compraventa...– como *mortis causa* –legado, testamento, sucesión intestada o donaciones *mortis causa*–, el *ius superficiei*. Basta para ello mencionar las palabras de Ulpiano en D. 43.18.1.7 (*Ulp 70 ed.*) cuando dice: *sed et tradi posse intelligendum est, ut et legari et donari possit*. La transmisión del *ius* puede ser tanto a titulo gratuito como oneroso. Nada impide que el titular de la *superficies* transmita su derecho de forma gratuita, si bien ello no repercute en la obligación del pago del *solarium* que desde ese momento compete al nuevo titular.

La facultad del superficiario de disponer libremente de su derecho no encuentra más limitación que las establecidas en el propio título constitutivo de la relación superficiaria, por tanto no es preceptivo que el superficiario comunique al *dominus soli* la transmisión de su derecho, salvo acuerdo en contrario. Así, cuando el superficiario enajena o transmite por actos *mortis causa* su derecho, los nuevos superficiarios tendrán como única limitación lo establecido en dicho titulo constitutivo[500].

Se trata de una facultad más amplía que la del enfiteuta, quien tiene obligación de comunicarle al *dominus* la enajenación del derecho[501]. De forma que si el dueño ejerce su derecho de preferencia y paga el importe solicitado por el enfiteuta, se extingue el derecho que grava su propiedad –C. 4.66.3[502]–. Sin embargo, nada dicen las fuentes acerca de esta

---

499 FERNÁNDEZ DE BUJÁN, A., *Derecho Privado Romano*, cit., pp. 430 ss; GUILARTE, V., *El Derecho de superficie*, cit., p. 46: "debemos tener en cuenta que no se enajena la propia cosa, cuya facultad de enajenación corresponde al *dominus soli*, sino su derecho real de goce sobre una superficie cuya propiedad pertenece a otro".

500 Vid., BOTTIGLIERI, A., *La nozione romana di enfiteusi*, cit., pp. 127 ss.

501 FERNÁNDEZ DE BUJÁN, A., *Derecho Privado Romano*, cit., p. 426; FUENTESECA DEGENEFFE, M., *De emphyteutico iure*, cit., p. 126. "El *emphyteuta* que pretenda enajenar su *ius emphyteuticum* necesita el permiso del concedente, quien tiene derecho preferente (*ius protimeseos*) sobre cualquier otro comprador. Por esta razón, el *emphyteuta* debe notificarle su intención de vender y las condiciones de venta, y aquél puede entonces ejercitar su derecho de preferencia durante el plazo de dos meses. Si transcurrido ese tiempo el propietario no interviene en la enajenación propuesta por el *emphyteuta*, éste puede realizarla sin su concurso. Al enajenar su derecho, el *emphyteuta* queda obligado a pagar al propietario el 2% del valor de su *ius emphyteuticum*, el llamado *laudemium*".

502 *Cum dubitabatur, utrum emphyteuta debeat cum domini voluntate suas meliorationes, quae Graeco vocabulo emponemata dicuntur, alienare vel ius emphyteuticum in alium transferre, an eius exspectare consensum, sancimus, si qui-*

obligación por parte del superficiario, por lo que entendemos que en este caso no procede el *ius protimeseos* a favor del *dominus soli*.

Siguiendo el comentario al edicto de Ulpiano el superficiario podrá constituir un usufructo o un derecho de uso sobre su propio derecho. De igual modo y de acuerdo a D. 20. 4. 15[503] (*Paul. 68 ed.*) el superficiario puede dar en prenda o hipoteca dicho derecho. A este respecto D. 20.1.9.1[504] (*Gai. 9 ed. prov.*) establece que "lo que puede ser objeto de compraventa puede también pignorarse", por ello una vez que admitimos la venta como medio de constitución de la superficie, admitiremos que ésta puede ser dada en prenda; una posibilidad que se reitera en D.13.7.16.2[505](*Paul. 29 ed.*) al contar el superficiario con acciones dominicales útiles.

Igualmente el superficiario podrá constituir servidumbres sobre la superficie siempre que éstas no afecten al *solum*. En este supuesto hemos de entender que la única restricción para el superficiario consiste en que una vez concluido el derecho de superficie aquellas deben extinguirse, de manera que el *dominus soli* no debe verse afectado por estas servidumbres. Las servidumbres constituidas por el superficiario se extinguen junto con el *ius superficiei*.

2- El superficiario tiene derecho al uso y disfrute del modo más amplio posible de la edificación objeto del derecho de superficie[506]. En este punto la doctrina se pregunta hasta dónde abarca la libertad en el goce de la construcción.

---

dem emphyteuticum instrumentum super hoc casu aliquas pactiones habeat, eas observari: sin autem nullo modo huiusmodi pactio interposita est vel forte instrumentum emphyteuseos perditum est, minime licere emphyteutae sine consensu domini suas meliorationes aliis vendere vel ius emphyteuticum transferre.

503 "*Etiam superficies in alino solo posita pignori dari potest ita tamen, ut prior causa sit somini soli, si non solvetur si solarium.(Paul. 68 ed.).*

504 "*...Quod emptionem venditionem que recipit etiam pignorationem recipere potest*".*(Gai. 9 ed. Prov.).*

505 "*Etiam vectigal praedium pignori dari potes: sed superficiarium quia hodie utilis actiones superficiariis dantur.*"

506 BRAGA DA CRUZ, G., "O Direito de superficie no Direito Romano", cit., p. 309.

La doctrina más antigua sostenía que el superficiario como consecuencia del derecho de goce podía destruir o alterar la superficie[507]. El propietario no tenía ningún interés en oponerse a las alteraciones que los edificios pudieran sufrir, ya que el derecho de superficie, al contrario de lo que sucede en la enfiteusis, no conlleva la facultad de reversión.

Sin embargo, desde finales del siglo XIX se ha defendido la tesis contraria, y así se manifiestan desde Coviello hasta Braga da Cruz[508].

Para Coviello[509] sería injusto otorgar al superficiario la opción de destruir el edificio, puesto que con dicha operación el superficiario dispondría de la posibilidad de liberarse de sus obligaciones en el momento en que él quisiera y prueba de ello es D. 39.2.39.2 (*Pomp. 21 Sab.*), donde se afirma que destruida la superficie el propietario del suelo pierde su derecho a percibir el *solarium*[510].

Entendemos que el *ius abutendi* corresponde unicamente al *dominus soli,* en cuanto que él es también el *dominus* de la superficie[511]. El superficiario por amplios que sean los poderes, no es propietario de la construcción. Tampoco a este respecto es posible diferenciar las dos modalidades de superficie, es decir, por un lado aquella construida por el *dominus soli* y entregada al superficiario, y, por otro lado, aquella en la que al superficiario se le entrega el *solum* para que lo transforme y construya sobre él un edificio, puesto que en ambos casos el superficiario es únicamente titular de un *ius in re aliena*, en ningún caso propietario de la construcción.

Otra cosa, bien distinta, es que el superficiario pueda, sin necesidad de autorización por parte del *dominus soli*, realizar en la superficie todas aquellas mejoras y modificaciones que entienda pertinentes, ampliar o eliminar parte del edificio, incluso demolerla con el objeto de reconstruir, puesto que de lo contrario el superficiario

---

507 Vid. COVIELLO, N., "Della superficie", cit., p. 51, el autor aporta toda la doctrina anterior sobre el tema.

508 BRAGA DA CRUZ,G., "O direito de superficie no direito romano", cit., p. 314.

509 COVIELLO, N., "Della superficie", Id., cit., p. 57.

510 Vid., supra, pp. 56 ss.

511 BIONDI, B., *La categoria romana delle servitutes,* cit., p. 535.

acabaría con el objeto del derecho. Ahora bien, en el supuesto de que en el acto de constitución las partes pacten lo contrario la norma general no regirá[512].

3.- El superficiario, en cuanto titular de un derecho real, dispone como defensa procesal del el *interdictum de superficiebus* (D.43.18.1.pr. *Ulp. 70 ed.*) que ejercerá frente a todo aquel que le perturbe en el pacífico goce de la superficie; de la *actio superficies* que desde Justiniano es una acción real directa; de la *actio Publiciana* que ejercerá el superficiario cuando el transmitente del *ius superficiei* constituido mediante venta no sea el *dominus soli*; de la *actio negatoria utilis* que ejercerá el superficiario contra todo aquel que se apropie de una servidumbre sobre el edificio superficiario; de la *actio confessoria utilis* para hacer valer la titularidad de las servidumbres pertenecientes a la superficie; también dispone el superficiario de la *actio communi dividundo*, la *actio familiae erciscundae*, de la *cautio damni infecti*, de la *operis novi nuntiatio*, del interdicto *unde vi*[513] y del interdicto de precario, para poder recuperar la cosa cuando el superficiario sea privado de ésta indebidamente, así como las excepciones correspondientes.

B. Obligaciones del superficiario

1.-La principal obligación del superficiario es el pago del *solarium*; una obligación primordial, que sobresale de todas las demás.

La doctrina romanística se plantea si el pago del *solarium* es requisito esencial o no en la relación superficiaria.

Para Lucci el *solarium* tiene la misma naturaleza que el *vectigal*, por lo que sigue al fundo[514].

Coviello[515] a este respecto se pregunta cómo podemos considerar el *solarium* esencial cuando las fuentes nos hablan de diferentes modos de constitución del derecho que van desde el arrendamiento has-

---

512 FERNÁNDEZ DE BUJÁN, A., *Derecho Privado Romano*, cit., p. 430.

513 D. 43.16.1.3 (*Ulp. 69 ed.*).

514 LUCCI,A., "Il diritto di superficie", cit., p. 286.

515 COVIELLO, N., "Della superficie", cit., p. 55.

ta la venta o la donación. Cómo se debe entender el *solarium*, cómo reconocimiento del *dominium*, o sólo una compensación por el goce de la cosa. Ante estos interrogantes las dudas surgen a la hora de considerarlo un elemento esencial de la relación superficiaria, puesto que si simplemente representa el reconocimiento del *dominium*, no podremos decir que es esencial, mientras que si lo consideramos una compensación del goce, se estaría ante el mismo supuesto de una *locatio* ordinaria. Además la obligación de pagar el *solarium* se transmite junto con el derecho.

Sostiene Coviello que el *solarium* es una condición para el ejercicio del derecho de superficie, cualquiera que quiera ejercitarlo ha de pagar la contraprestación. Paulo en D.13.7.16.2 (*Paul. 29 ed.*)[516] dice que el acreedor pignoraticio debe pagar el *solarium* al *dominus soli* para poder ejercitar su derecho de prenda sobre la superficie. También en D. 13.7.17 (*Marciam., ad form hyp.*) Marciano establece que puede pignorarse el derecho de superficie sin perjuicio de la renta que devenga el solar construido.

Para Vogt la obligación de pagar el canon es absoluta desde las primeras concesiones de las áreas públicas, el mismo carácter que tiene el *solarium* en el *ius superficiei*[517].

Guilarte[518] sostiene que si se admite la posibilidad de otros modos de constitución del derecho que no sea la *locatio-conductio*, concretamente la compraventa, habrá que concluir que sería perfectamente admitida la constitución de un derecho de superficie sin *solarium*. No obstante, añade el autor, debe pensarse que generalmente existe la obligación de pagar el *solarium*, puesto que con frecuencia se alude a la misma en las fuentes, aunque también tenemos conocimiento de concesiones gratuitas.

Entendemos que la obligatoriedad del pago del *solarium* ha quedado atestiguada en numerosas inscripciones. Tanto la lápida *columnae divi Marci*[519] como la inscripción conocida como *Aedificium del Hospi-*

---

516 "*Etiam vectigale praedium pignori dari potest; sde et superficiarium, quia hodie utiles actiones superficiariis dantur.(Paul. 29 ed.)*".

517 VOGT,H., *Das Erbbaurecht des klassischen römischen Rechts*, cit., p. 68.

518 GUILARTE, V., *Derecho de superficie*, cit., p. 47.

519 Vid., supra pp. 60 ss; FIRA, *Negotia*, cit, pág 359: "*permissum sit aedificare loco cannabea a solo iuris sui pecunia sua, praestaturus solarium sicut caeteri*".

tium procuratoris superficiarium Puteolanum[520] recogen la obligación de pagar el *solarium*. Ahora bien, como revelan esas mismas fuentes epigráficas –*Lis fulollum*– es posible constituir un *ius superficiei* exento del pago del *solarium*, aunque dicha exención deberá constar en el titulo constitutivo. El superficiario conserva su derecho en tanto abone el correspondiente *solarium*, de lo contrario el *ius superficiei* decae[521]. Ello supone que el *solarium* es una obligación esencial del derecho de superficie, salvo que las partes hayan dispuesto lo contrario en el título constitutivo.

2.- El superficiario soportará la obligación de pagar todos los impuestos y las cargas que graven la *superficies*. Está obligación se establece en la Constitución 10.16.2[522], y por analogía con el usufructo, dado que el usufructuario, como establece D. 7.1.7.2 y 3[523] (*Ulp. 17 Sab.*) está gravado con esta obligación, debemos pensar que con mucho más motivo lo está el superficiario, que goza de mayores facultades sobre la cosa objeto de su derecho que el usufructuario, además de percibir los frutos.

3.- El superficiario está obligado a conservar la cosa en buen estado. Esta obligación ha sido negada por parte de la doctrina, dado que las fuentes no la mencionan; sin embargo, puesto que el superficiario no es más que el titular de un derecho sobre cosa ajena parece que tendría la obligación de conservar inalterada la sustancia de la cosa, debiendo conservarla para su legítimo dueño, el *dominus soli*. El hecho de no disponer del del *ius abutendi* le obliga a conservar el edificio[524]. En este sentido González[525] añade que el derecho de superficie referido a una parte de una *insula* obliga al

[520] FIRA, *Negotia*, cit., 361.

[521] FUENTESECA DEGENEFFE, M., *De emphyteutico iure*, cit., p. 130: "En el caso del *ius emphyteuticum* se mantendrá al emphyteuta en su derecho en tanto pague la renta. Esta es la única obligación que recae expresamente sobre el emphyteuta."

[522] C. 10.16.1.2: ...*Annonas autem is solvere debet, qui possessiones tenet et fructus percipit.* (*Valerianus et Gallienus AA et Valerianus C. Antiocho a.260).*

[523] Vid., en este sentido a COVIELLO, N.,"Della superficie", cit., p. 56.

[524] GUILARTE, V., *Derecho de superficie*, cit., p. 48.

[525] GONZALEZ, J., *El Derecho real de superficie*, cit., p. 34.

superficiario a conservar la parte del edificio o del piso objeto de su derecho, puesto que de otro modo estaría perjudicando al resto de superficiarios.

4.- En el supuesto de que la concesión del derecho sea *ad edificandum,* superficiario tiene que prestar caución cuando el edificio superfiario comporte algún riesgo para los colindantes[526].

C. Derechos del *dominus soli*

1.- El *dominus soli* conserva todas las facultades que como tal le son propias. Tendrá todos los medios procesales que competen a cualquier *dominus* para la defensa de su *ius,* tanto en lo referente al suelo como a la superficie. Puede ejercitar la *revindicatio* tanto contra un tercero como contra el propio superficiario, aunque éste contará con la posibilidad de defenderse mediante una *exceptio*, como pone de manifiesto D. 43.18.1.4 (Ulp. 78 ed.)[527].

Igualmente cuenta el *dominus soli* en defensa de su posición jurídica con los interdictos posesorios, y así lo expresa Ulpiano en D.43.17.1.3 y 7 (69 ed.)[528].

2.- El *dominus soli* conserva el derecho de goce del suelo sobre el que está apoyada la superficie, siempre que este derecho no limite el *ius in re aliena* que grava el mismo. Ahora bien, en la práctica el *dominus soli* no podrá ejercitar este derecho sobre el suelo en el que

---

[526] FERNÁNDEZ DE BUJÁN, *Derecho privado romano*, cit., p. 431.

[527] *Is autem, in cuius solo superficies est, utique non indiget utili actione, sed habet in rem, qualem habet de solo. plane si adversus superficiarium velit vindicare, dicendum est exceptione utendum in factum data, nam cui damus actionem, eidem et exceptionem competeré multo magis quis dixerit.*(*Ulp. 70 ed.)* Vid., *Index Interpolationum*, cit., p. 298.

[528] *Inter litigadores ergo quotiens est propietatis controversia, aut convenit inter litigadores, uter possessor sit petitor, aut non convenit. si convenit, absolutum est, ille possessoris commodo, quem convenit possidere; ille petitoris onere fungetur. sed si inter ipsos contendatur, uter possideat, quia alteruter se magis possidere adfirmat tunc, si res soli sit, in cuius possessione contenditur, ad hoc interdictum remittendur. (7) Hoc interdictum locum habet, sive quis totum fundum possidere se dicat, sive pro certa parte, sive pro indiviso possideat.* (*Ulp. 69 ed.*).

se asienta la edificación, sino sobre el subsuelo, siempre que ello no perturbe al superficiario.

3.- Al propietario le pertenecen todas aquellas accesiones naturales que puedan provenir de la lluvia, aluvión etc., así como las industriales. Si bien, mientras dure el *ius superficiei,* será el superficiario quien dispondrá de dichas accesiones cuando éstas afecten directamente a la edificación[529]. Al igual que sucede en la enfiteusis o en el usufructo y dado que el superficiario tiene derecho de usar y disfrutar de la edificación de la forma más amplia posible, privarle del uso de las accesiones incorporadas a aquella supondría limitar su derecho.

4.- El principal derecho para el *dominus soli* será el cobro del *solarium.* En cuanto que el pago del *solarium* es una obligación esencial del superficiario también su cobro será un derecho esencial para el dueño del suelo. El *dominus soli* recibirá la contraprestación económica con preferencia incluso al crédito asegurado con una hipoteca sobre la superficie: D.13.7.16.2 (*Paul. 29 ed.*): *Etiam vectigale praedium pignori dari potest: sed et superficiarium, quia hodie utiles actiones superficiariis dantur*[530].

Cabe preguntarse si el *dominus soli* debe prestar su consentimiento cuando el superficiario disponga de su derecho por enajenación como ocurre en la enfiteusis, y si le corresponde también el *laudemium.* A tenor de las fuentes, tanto jurídicas como epigráficas, parece que al *dominus soli* en el *ius superficiei* no le corresponde tal derecho[531]. En este

---

[529] D. 7.1.9.4 (*Ulp. 17 Sab.*) *Huic vicinus tractatus est, qui solet in eo quod accessit tractari: et placuit alluvionis quoque usum fructum ad fructuarium pertinere. sed si insula iuxta fundum in flumine nata sit, eius usum fructum ad fructuarium non pertinere Pegasus scribit, licet proprietati accedat: esse enim veluti proprium fundum, cuius usus fructus ad te non pertineat. quae sententia non est sine ratione: nam ubi latitet incrementum, et usus fructus augetur, ubi autem apparet separatum, fructuario non accedit*; FUENTESECA DEGENEFFE, M., *De emphyteutico iure*, cit., p. 124: "el enfiteuta tiene derecho de usar y disfrutar la cosa y sus accesiones en el modo más amplio posible sin las limitaciones impuestas al usufructuario".

[530] Vid., *Index Interpolationum*, cit., p. 223, en este sentido se afirma la interpolación del inciso final del texto, desde *sed*...hasta el final.

[531] FERNÁNDEZ DE BUJÁN, *Derecho Privado Romano*, cit., p. 431; GUILARTE, V., *Derecho de superficie*, cit., p. 50.

sentido la regulación del *ius superficiei* se aleja de la enfiteusis, quizás porque en el derecho de superficie el *dominus soli*, una vez extinguido el derecho, recibe una ventaja que no recibe el dueño del *ager* enfitéutico, la construcción, ya que cuando desaparece el *ius superficiei* lo construido accede al suelo y, salvo pacto en contrario, el *dominus soli* no tiene que abonar el valor de la edificación.

D. Obligaciones del *dominus soli*

1.- La obligación principal del *dominus soli* consiste en permitir al superficiario el pacífico goce del *ius superficiei* en los términos convenidos.

2.- En aquellos supuestos en los que el edificio haya sido construido por el *dominus soli*, éste deberá prestar la *cautio damni infecti* para garantizar los vicios provenientes del edificio. En este sentido Ulpiano aclara en D. 39.2.9.4 (53 ed.)[532] que dicha obligación se establece porque el propietario del suelo constituye el derecho sobre el edificio superficiario[533]. Sin embargo, para Braga da Cruz la obligación de prestar la *cautio damni infecti* correspondería de forma conjunta al *dominus* y al superficiario[534].

3.- El *dominus soli* tiene la obligación de indemnizar al superficiario por los daños y perjuicios que éste haya podido sufrir durante el tiempo en el que ha sido titular del *ius superficiei*.

4. EXTINCIÓN DEL *IUS SUPERFICIEI*

Las fuentes omiten toda referencia a los medios de extinción del *ius superficiei*. Este silencio nos obliga a remitirnos a los modos generales de extinción de los *iura in re aliena*. Así, el derecho de superficie se extingue por destrucción total del fundo en el que se asienta la edifi-

[532] *... quotiens superficiaria insula vitiosa est, dominum et de soli et de aedifitii vitio repromittere aut eum,ad quem superficies pertinet de utroque satisdare: quod si uter que cesset, vicium in possessionem mittendum* (*Ulp. 53 ed.*).

[533] Vid. COVIELLO, N., "El Derecho de superficie, cit., p. 56.

[534] BRAGA DA CRUZ, G., "O dereito de superfície no direito romano", cit., p. 315.

cación[535]; por confusión; por cumplimiento del término[536] y por mutuo acuerdo del superficiario y del *dominus soli*[537]; por muerte del superficiario cuando no tiene herederos y no ha realizado testamento[538].

Ahora bien, junto con estos casos de extinción unánimemente admitidos nos encontramos con otros supuestos especiales como la ruina o destrucción del edificio, la prescripción o el no uso, el abandono y la falta de pago del *solarium*. Veamos cada uno de ellos:

A. Ruina o destrucción del edificio

La destrucción de la edificación en principio no debería plantear ninguna duda en tanto causa de extinción del derecho de superficie, sin embargo en el seno de la doctrina romanística provoca posiciones enfrentadas.

Coviello afirma que en este supuesto debemos distinguir los dos modos de constitución de la superficie, aquel en el que se toma el suelo para construir y, aquel otro, en el que el derecho de superficie se constituye sobre el edificio ya construido. En el primer caso, aunque el edificio sea destruido, el *ius in re aliena* persiste, puesto que quedaría a salvo la posibilidad del superficiario de reconstruir el edificio. Sin embargo, en el segundo caso el *ius in re aliena* de superficie desaparece[539]. Contrario a esta tesis se manifiesta Guilarte[540], según el autor la esencia de la relación superficiaria consiste en el derecho de tener y gozar de una construcción sobre suelo ajeno, sin que en tal derecho resulte decisivo el sujeto que ha construido el edificio, por tanto esta variable no debe considerarse a la hora de la extinción del derecho.

Entendemos que en ambos casos el derecho de superficie se extingue por la destrucción el edificio, independientemente de que haya sido construido por el superficiario o por el *dominus soli*. El edificio no puede reconstruirse por el superficiario puesto que estaría mermando el derecho de propiedad del *dominus soli*. En cualquier

535 C. 4.66.1. *Imp. Zeno*, a 476 - 484.
536 D. 6.3.3. (*Paul. 21 ed.*).
537 C. 4.66.3. *Imp.Justinianus*, a 530.
538 FERNÁNDEZ DE BUJÁN, *Derecho Privado Romano*, cit., p. 432.
539 COVIELLO, N., "Della superficie", cit., p. 82.
540 GUILARTE, *Derecho de superficie*, cit., p. 51.

caso será necesario atender al titulo constitutivo del derecho de superficie, de tal manera que la destrucción del edificio pueda dar lugar a la extinción del derecho en los casos en los que las partes así lo hayan establecido. Prima la autonomía privada de las partes[541].

Entendemos que el *ius superficiei* se extingue por la destrucción total que no parcial de la construcción, en cuanto que el derecho consiste en la facultad de disfrutar del edificio levantado en suelo ajeno, independientemente que éste haya sido construido a expensas del superficiario o del *dominus soli*. En el supuesto de que el superficiario pretenda construir un nuevo edificio deberá necesariamente constituirse un nuevo *ius superficiei*.

Una cuestión distinta surge cuando la destrucción del predio sobre el que se asienta la superficie no sea total, sino parcial. No obstante, tal cuestión se plantea por analogía con la enfiteusis pero debe considerarse de difícil realidad práctica en la superficie, por cuanto parece improbable la perdida parcial de la superficie por destrucción parcial de la finca, dado que la misma llevaría aparejada la destrucción total del edificio, siendo las consecuencias jurídicas las mismas que en el caso de destrucción del edificio[542].

En el caso de destrucción de la superficie y, por tanto, de la extinción del derecho se plantea el problema de a quién pertenecen los materiales del edificio destruido: al *dominius soli* o al superficiario que ha constuido el edifico. En este supuesto debemos de distinguir el tipo de concesión superficiaria. En el caso de que la concesión recaiga sobre el edicifio los materiales perteneceran al *dominus soli*, puesto que es él quien ha construído la edificación; mientras que en el supuesto de que la concesión se haya realizado *ad edificandum* los materiales, de acuerdo con las normas propias de la *inaedificataio*, serán de aquel a quien pertenecian antes de proceder a la realización del edificio. Se aplica por tanto la *inaedificatio* en bienes inmuebles, que faculta al dueño de los materiales a ejercer la *rei vindicatio* –D. 6.1.59 y D. 7.1.15.pr.– contra el dueño del suelo en el que se asienten los materiales[543].

---

[541] BRAGA DA CRUZ, G., "O dereito de superficie no dereito romano", cit., p. 315; FERNÁNDEZ DE BUJÁN, *Derecho Privado Romano*, cit., p. 432.

[542] GUILARTE, V., *Derecho de superficie*, cit., p. 52.

[543] MUSUMECI, F., *Inaedificatio*, cit., p. 125 ss.

B. Por prescripción o no uso

El *ius superficiei* no debe extinguirse por el no uso de la edificación, en cuanto que el derecho del titular tiene como contrapartida el pago del *solarium*, de forma que mientras el superficiario abone el mismo, no importa si usa o no el edificio objeto del derecho. La esencia del derecho recae sobre el pago del *solarium*.

La doctrina tradicionalmente viene sosteniendo que el no uso del derecho real de superficie no basta para la extinción del mismo[544].

La prescripción, sin embargo, sí opera la extinción del derecho de superficie, de la misma manera que lo hace en el derecho de enfiteusis. En este sentido Fuenteseca Degeneffe[545] afirma: "para que el *ius emphyteuticum* se extinga por prescripción no basta el no uso por el *emphyteuta*, sino que es necesaria la *usucapio libertatis*. El concedente debe poseer, por tiempo ordinario, el fundo libre del *ius emphyteuticum*, y asimismo es posible que el *ius emphyteuticum* se extinga por el transcurso del tiempo, cuando el mismo enfiteuta adquiera por *usucapio* la propiedad del *fundus emphyteuticus*."

C. Abandono

En el caso de abandono debemos considerar dos hipótesis: por un lado, cuando el derecho de superficie se ha constituido a titulo gratuito, no cabe duda de que el abandono supone un modo de extinción del derecho. Una situación identica a la que se da en el usufructo para el que las fuentes reconocen el abandono como causa de extinción. No obstante, en el supuesto de que el derecho de superficie haya sido constituido a titulo oneroso, el abandono no debe dar lugar a la extinción[546].

El abandono del ejercicio del derecho, salvo pacto en contrario de las partes, no debe dar lugar a su extinción, puesto que si admitimos el abandono del ejercicio del derecho da lugar a la extinción, estamos fa-

---

[544] COVIELO, N., "Della superficie", cit., p. 84; BRAGA DA CRUZ, G., "O dereito de superficie no dereito romano", cit., p. 316; GUILARTE, V., *Derecho de superficie*, cit., p. 56,

[545] FUENTESECA DEGENEFFE, M., *De emphyteutico iure*, cit., p. 130; FERNÁNDEZ DE BUJÁN, *Derecho Privado Romano*, cit., p. 432.

[546] D. 7.4.25 (*Pomp. 11 Var. lect.).*

cultando al superficiario para que en cualquier momento pueda abandonar la titularidad del derecho y, por ende, se sitúa al *dominus soli* en una posición desigual, a pesar de que con ello se produzca la consolidación de la propiedad por extinción de la carga del *ius superficiei*[547]. En este supuesto podemos equiparar abandono y renuncia y dado que la *superficies* nace, en el derecho justinianeo, del acuerdo bilateral de ambas partes no se puede admitir ésta como medio de extinción[548].

La doctrina a este respecto muestra cierta división de opiniones. Así, para un grupo de autores entre los que se encuentran Lucci[549] el derecho de superficie no se extingue por el abandono del superficiario, puesto que se debe siempre considerar la obligación de pago del *solarium* en los términos pactados. Una cosa es el derecho de goce del superficiario y otra la obligación de pagar el *solarium*. Aunque todo superficiario puede siempre que quiera renunciar a su derecho a disfrutar de la superficie, queda vinculado a la obligación de pago de la prestación. Estos autores esgrimen a favor de su tesis la analogía entre *superficies* y enfiteusis, en la que al enfiteuta no le está permitido devolver la finca al propietario en contra de su voluntad, aunque se trate de predios estériles.

Por el contrario, aquellos autores como Coviello[550] que consideran el *solarium* como un honor real, sí reconocen la facultad de abandono como modo de librarse de la obligación de pagar el *solarium*. Dicha obligación como condición del ejercicio del derecho de superficie no puede ser un obstáculo al abandono, como causa de extinción del derecho, puesto que cuando cesa el ejercicio del derecho cesa también el canon que era condición del mismo[551].

D. La falta de pago del *solarium*

La falta de pago del solarium conlleva la extinción del *ius superficiei*. Si entendemos que la contraprestación económica es una obli-

547 En este sentido C. J. 4.10.5. *Impp. Diocletianus, Maximianus*, a. 293.

548 C. 11.61(62).3. *Impp. Honorius, Theodosius*, a. 415.

549 LUCCI, A., "Il diritto di superficie", cit., p. 55.

550 COVIELLO, N.,"Della superficie", cit., pp. 84 ss.

551 COVIELLO, N.,"Della superficie", cit., p. 85. GUILARTE; V., *Derecho de superficie*, cit., p. 55.

gación intrínseca a la titularidad del derecho, salvo pacto en contrario de las partes, la falta de pago da lugar a la extinción del derecho.

Ahora bien, puesto que no existe una regulación específica para la *superficies*, el problema es determinar el periodo de tiempo que debe transcurrir para se produzca la caducidad del derecho.

En este caso podemos acogernos bien a la regulación de la enfiteusis, en cuyo caso la falta de pago del *solarium* durante tres años consecutivos otorga al propietario el derecho a devolución; o bien a la del arrendamiento, en cuyo caso tal como se establece en D. 19.2.4 (*Pomp. 16 Sab.*) y en D. 39.4.10.1.(*Hermog. 5 epit.*)[552] la superficie se resolverá si la falta de pago del *solarium* se mantiene durante dos años.

A este respecto consideramos que una vez que la relación superficiaria sale del ámbito de las relaciones personales y se convierte en un *ius in re aliena* el régimen jurídico aplicable a la misma será el de los derechos reales, en este caso el de la enfiteusis[553] (C. 4.66.2; Nov. 7. 3.2; Nov. 120.8.). De forma que transcurridos tres años sin abonar el pago del *solárium*, elemento esencial de la institución, el derecho del superficiario decae *ipso iure*[554].

Por el contrario, Coviello sostiene que en este supuesto al derecho de superficie no se le pueden aplicar ni las reglas de la enfiteusis, ni las del arrendamiento, pues cada una de estas relaciones jurídicas tiene distinta naturaleza. La *locatio-conductio* es un contrato consensual, mientras que el derecho de superficie es *in bonis* en el patrimonio del titular. De acuerdo con D.50.16.149 (*Gai. 10 ad leg. Iul. et Pap.*) la extinción del arrendamiento se produce por la falta de pago de la contraprestación, si bien es dificil extrapolar esta caracteristica a la superficie, ya que ésta posee existencia propia independiente del pago del *solarium*. A juicio del autor, lo más que puede suceder es que el ejercicio del derecho quede en suspenso mientras

---

552 "*Non solutis vectigalium pensionibus pellere conductores, necdum etiam tempore conductionis completo vel ab his usuras ex mora exigere permittitur*".

553 LUCCI,A., "Il diritto di superficie", cit., p. 55. considera extinguido el derecho de superficie cuando transcurra un determinado número de años sin pagar el canon, los mismos que se computan en el caso del *vectigal*, tres años.

554 FERNÁNDEZ DE BUJÁN, *Derecho Privado Romano*, cit., p. 432, considera que "el impago del canon, no producía la extinción, sino su suspensión".

no haya pago del *solarium*, pero no cesará el derecho[555]. Ahora bien, Coviello no especifica el modo en el que queda en suspenso el derecho. Hemos de entender que superficario no puede disponer de su derecho en ese tiempo y que, por tanto, revierte al *dominus soli*.

---

[555] COVIELLO, N.,"Della superficie", cit., p. 85.

CAPÍTULO V
LA PROPIEDAD SUPERFICIARIA EN LA EXPERIENCIA JURÍDICA ROMANA

La configuración que progresivamente alcanza el instituto de la *superficies* en la experiencia jurídica romana hasta convertirse en un *ius in re aliena* está íntimamente relacionada con la denominada "propiedad superficiaria"[556] –hoy conocida como propiedad horizontal–. Es innegable que los ciudadanos en ciertas ocasiones encuentran en el derecho real de superficie el instrumento jurídico para poder disfrutar de una vivienda de forma más amplía que con una simple locación, sin embargo las circunstancias económicas y urbanísticas a lo largo de la experiencia jurídica romana propician la propiedad por partes de un edificio.

Roma desde el siglo II a. de C., sufre un grave problema de vivienda. Este problema lo resuelven los romanos con la construcción de edificios verticales, la *insula*. Pero la construcción de estas casas plantea una nueva dificultad jurídica: determinar si la experiencia jurídica romana permite que los diferentes pisos de una *insula* puedan ser objeto de titularidades jurídicas diversas, es decir, si es posible admitir la propiedad superficiaria en Derecho romano.

La respuesta a este interrogante no es una, ni tampoco la misma para todas las etapas de la experiencia jurídica romana. Durante la República el principio *superficies solo cedit* impedía titularidades

[556] El tema de la *commino pro diviso* fue en su día enunciado por SAVIGNY, F., *Trattato del possesso secondo i principi del diritto romano*, cit., p. 91, quien niega que en el Derecho Romano se hubiera admitido la misma.

jurídicas independientes sobre cada una de las partes de un edificio: la *insula* constituía objeto único y unitario de derechos. El rigor absoluto de la accesión hacía inviable en este momento histórico que los diferentes *coenacula* pudiesen ser objeto de propiedades autónomas, separadas del dominio del suelo, aunque ello choca con las exigencias que la práctica cotidiana demandaba.

A propósito del desarrollo de este tipo de viviendas comienza a plantarse la admisibilidad de una propiedad separada de los pisos de una *insula*. El tema es, sin duda, complejo: en las fuentes clásicas y justinianeas hay una ausencia de noticias claras y definitivas, mientras que en la etapa postclásica no sucede lo mismo.

1. LA SITUACIÓN EN EL PERIODO CLÁSICO

El estudio de la propiedad superficiaria en el derecho clásico resulta bastante arduo. Para poder llevar a cabo dicho estudio es necesario acudir a los textos clásicos recopilados por Justiniano, pero sin olvidar las posibles interpolaciones que los mismos puedan haber sufrido.

A. Las fuentes jurídicas: D. 43.17.3.7 (*Ulp. 69 ed.*); D. 39.2.47 (*Nerat. 6 membr.*) y D. 41.1.28 (*Paul. 16* Sab.)

En los tres textos se plantea la duda de la posible falta de aplicación de *superficies solo cedit* en el periodo clásico. Veamos cada uno de ellos.

> D.43.17.3.7 *(Ulp. 69 ed.) Sed si supra aedes, quas possideo, cenaculum sit, in quo alius quasi dominus moretur, interdicto uti possidetis me uti posse Labeo ait, non eum qui in cenaculo moretur: semper enim superficiem solo cedere. plane si cenaculum ex publico aditum habeat, ait Labeo videri non ab eo aedes possideri, qui* κργπτας *possideret, sed ab eo, cuius aedes supra* κργπτας *essent. verum est hoc in eo, qui aditum ex publico habuit: ceterum superficiarii proprio interdicto et actionibus a praetore utetur. dominus autem soli tam adver-*

sus alium quam adversus superficiarium potior erit interdicto uti possidetis: sed praetor superficiarium tuebitur secundum legem locationis: et ita Pomponius quoque probat.

Este texto es un exponente de la atenuación que el principio *superficies solo cedit* experimenta ya en época clásica. Al igual que sucede con el reconocimiento de la *superficies*, tanto por parte del magistrado jurisdiccional como de la jurisprudencia, se produce una actuación que incide en la propiedad superficiaria: la inobservancia en determinadas ocasiones del principio de accesión proporciona comentarios jurisprudenciales como los de este texto[557].

La flexibilidad en el periodo clásico a la hora de no aplicar la accesión comienza con la concesión del interdicto de superficie, por lo que no resulta extraño que para reconocer la sustantividad jurídica de las diferentes partes de un edificio tampoco se aplicase aquel principio. Aunque, a decir verdad, siempre que se da esta circunstancia estamos ante supuestos especiales, situaciones no habituales que debemos calificar como de excepcionales.

En el texto Labeón afirma la vigencia del principio de accesión: "*semper enim superficies solo cedere*" y el interdicto *uti possidetis* corresponde al dueño de la parte inferior del edificio: "*sed supra aedes, quas possideo, coenaculum sit, in quo alius quasi dominus moretur, interdicto uti possidetis me uti posse labeo ait, non eum qui in cenaculo moretur*". Ahora bien, en el supuesto de que el aposento tenga un acceso directo desde la calle, como es el caso, el pretor se servirá del interdicto propio de la *superficies*. De forma que Labeón acaba equiparando ese *quasi dominus moretur* al superficiario al que le corresponde el interdicto propio de la *superficies*. Es decir, ante situaciones especiales –se trata de un edificio en el que el piso superior cuenta con un acceso independiente de aquel sobre el que se asienta– el principio de accesión pierde aplicación y el pretor, siempre más flexible, procederá a defender a ese *quasi dominus* con las acciones propias de un superficiario.

---

[557] *Index Interpolationum*, cit., p. 295: en el texto están interpoladas las siguientes frases: *plante...essent*; *verunt...utetur*; *verum... locationis*; Vid., en este sentido LENEL, O., *Edictum*, cit., pp. 216 s.

Este análisis no es compartido por la doctrina romanística especializada en el tema; todo lo contrario, en la mayor parte de los casos la doctrina se ha mostrado reticente a admitir cualquier atenuación del principio de accesión en el derecho clásico. Por ello, creemos conveniente analizar las diferentes posturas doctrinales al respecto, comenzando por aquellas más cercanas en el tiempo.

Silveira Marchi[558] defiende la posibilidad, ya apuntada por Pineles y Serrao[559], de que Labeón en su comentario no tuviese en cuenta el principio *superficies solo cedit*, al tener dos propiedades distintas asentadas en una misma porción de suelo. Con esta decisión parte de la jurisprudencia clásica –Labeón y Ulpiano– estaría reconociendo, aunque con carácter excepcional, la propiedad separada de dos pisos del mismo edificio en el caso de que éstos tuviesen acceso directo a la vía pública.

Silveira Marchi, remarcando siempre ese carácter excepcionalísimo, excluye la posibilidad de que dicha derogación se pueda entender como una norma de aplicación general. Labeón únicamente no aplica el principio de accesión en los supuestos en los que el piso superior posea *aditus ex publico*. Si bien el autor afirma que en el derecho clásico el reconocimiento de la propiedad superficiaria se produce únicamente de manera excepcional, nunca como norma de carácter general.

Ahora bien, más que un reconocimiento de la propiedad superficiaria creemos que lo que se produce es una atenuación en la aplicación rígida del principio de accesión, que en determinados supuestos permite que podamos hablar de propiedad separada de los diferentes pisos de un edificio, aunque dicha figura no estaba en la mente de los juristas clásicos.

Para Silveira Marchi la segunda parte del fragmento: *ceterum superficiarii proprio interdicto et actionibus a praetore utetur. dominus autem soli tam adversus alium quam adversus superficiarium…*, no tiene correspondencia con las cuestiones debatidas en la prime-

[558] *A propiedade horizontal no dereito romano*, Sao Paulo, 1995, pp. 58 ss; Id., "La proprietà per piani nel diritto romano", INDEX 26, 1990, pp. 26 ss.

[559] *Questions de droit romanin: étudiées. d'après la Nouvelle méthode historique du Droit Comparé*, Paris, 1911, pp. 27 ss; "Lotte per la Terra e per la Casa a Roma dal 458 al 441 a. de C.," *Legge e società nella Repubblica Romana I*, cit., pp. 150 ss.

ra parte del texto. Una observación que no consideramos del todo acertada. Más bien parece que Ulpiano compara esa atenuación con cuanto sucedía en la protección que el pretor otorga al superficiario, algo que en ese momento parece lógico, pues en ambos casos se estaba produciendo una atenuación del principio de accesión.

Serrao[560], a propósito de D.43.17.3.7 (*Ulp. 69 ed.*), entiende, como ya hizo en su día Pineles[561], que dicho texto representa la ruptura del antiguo principio *superficies solo cedit*, o, lo que es lo mismo, el reconocimiento de la *communio pro diviso*. Para el autor el texto supone una excepción a la regla *superficies solo cedit*. El jurista, ante las exigencias de la nueva situación urbanística, caracterizada por el gran desarrollo de las *insulae*, ignora el principio de accesión. Así, todas las justificaciones que tienden a conciliar la doctrina de Labeón con el notorio principio se revelan escapatorias inútiles, puesto que nadie podrá afirmar, y menos demostrar, que el piso superior de una casa, aunque construida a gran desnivel y con acceso independiente desde la calle, no está asentado sobre la misma superficie que el piso inferior.

A juicio de Serrao para Labeón bastaba que la vivienda superior tuviese entrada independiente desde la vía pública para que pudiese ser reconocida la propiedad a una persona distinta del propietario del piso inferior, es decir: *ex publico aditum habeat.* Desde aquí, dice el autor, no parece que haya de darse un gran salto para llegar a admitir la propiedad por planos, aún cuando el acceso sea común o por una escalera ajena sobre la que se tiene una servidumbre.

Una posición totalmente contraria adopta Riccobono[562]. El autor, en primer lugar, niega cualquier posibilidad de que Labeón pueda

---

560 "Lotte per la Terra e per la Casa a Roma dal 458 al 441 a. de C.," *Legge e società nella Repubblica Romana I*, cit., pp. 150 ss, nos remitirnos aquí al capítulo primero en el cual al estudiar la *Lex Icilia de Aventino publicando* vimos como Serrao se manifestaba a favor de que ya en el siglo V a. de C., se realizasen construcciones de varios pisos repartiéndose su propiedad entre las diferentes familias plebeyas, algo que como ya apuntamos resulta cuanto menos insólito para ese momento.

561 *Questions de droit romanin: étudiées. d'après la Nouvelle méthode historique du Droit Comparé*, Paris, 1911, pp. 27 ss.

562 "La violazione del principio *superficies solo cedit* nel diritto giustinianeo", cit., pp. 309 ss.

omitir la aplicación de *superficies solo cedit.* Como prueba de ello el texto recogido en D. 43.17.3.7 (*Ulp. 69 ed.*) donde Labeón dice: el apartamento edificado sobre la casa no es poseído por aquél que lo habita como *quasi dominus*. Así, para Riccobono la frase, consecuencia del principio inalterable *superficies solo cedere*, excluye cualquier relación de dominio. La polémica para el autor se suscita en el párrafo siguiente, donde nos encontramos ante un supuesto diferente: determinar la posesión entre el habitante de la *aedes* y el de la cripta respecto del edificio que emerge del suelo y de la parte subterránea. Riccobono se pregunta: ¿es posible un dominio separado entre el edificio y las grutas? A lo que responde categóricamente: Labeón lo admite. Sin embargo, para el autor, este supuesto no es una cosa extraordinaria, ni tan siquiera lesiva para el principio de accesión, sino se trata de situaciones especiales en lugares con una orografia escarpada como aquellas que hoy se pueden observar en Nápoles o en Génova. En estas circunstancias, explica Riccobono, una casa, o mejor una gruta excavada en la toba está toda oprimida por una construcción que se eleva encima. Pero, en similares condiciones los romanos no podían negar relaciones de posesión o de dominio de las diferentes casas. Tampoco podían aplicar el principio *superficies solo cedit*, considerando la casa de arriba y aquella subterránea como un único cuerpo, puesto que en realidad en estos supuestos el suelo de la edificación superior está limitado rigurosamente por la línea horizontal que los cimientos señalan. Por todo ello, el mismo Ulpiano añade que en estos supuestos se requiere un acceso independiente, desde la calle, para la vivienda superior. A juicio de Riccobono el jurista tenía ante si una situación idéntica a la que él ha descrito[563].

Para avalar aún más su tesis Riccobono analiza la parte del texto donde aparece la mención al superficiario. Una parte, a juicio del autor, interpolada por los compiladores, puesto que no es posible que en un texto de Labeón aparezca una referencia al superficiario. Los compiladores quisieron utilizar un texto clásico concerniente a la controversia sobre la posesión entre el *dominus soli* y el superficia-

---

[563] LABRUNA, L., *Vin fiero veto. Alle radici de una idelogia*, Napoli, 1971, pp. 219 ss., el autor sigue la tesis de Riccobono.

rio, aplicándolo de modo absurdo en este punto. Mientras que la parte genuina del texto es aquella que comienza en: *dominus...probat* y de la que se concluye que el *dominus soli* es poseedor exclusivo.

La postura más conservadora en este tema la encontramos en Sitzia[564]. El autor niega toda posibilidad de reconocimiento de la propiedad superficiaria a lo largo de la experiencia jurídica romana[565]. Para Sitzia si se admite la propiedad separada por pisos no tiene sentido discutir sobre quién de los dos habitantes debería ser considerado poseedor: cada uno sería poseedor de aquella parte del edificio que habitaba y de la que podía también ser propietario, de forma que en el texto no quedaría señal alguna del principio *superficies solo cedit*. Algo, a juicio del autor, aún más evidente si se piensa que D. 43.17.3.7 (*Ulp. 69 ed.*) no establece en principio la hipótesis de una concesión superficiaria; sólo se limita a afirmar que uno de los dos sujetos posee la *aedes*, mientras que el otro se encuentra en el piso como *quasi dominus*. El texto sería una buena ocasión para que los justinianeos, en el caso de que la propiedad separada de las diferentes partes del edifico se hubiese admitido, afirmasen que ambos debían ser considerados poseedores. Por ello para Sitzia el texto supone únicamente la atribución de un valor general a la regla *superficies solo cedit*.

Para Stoop[566] el texto únicamente pone de manifiesto que los juristas posteriores a Labeón aceptan que *superficies* sea una parte concreta del edificio e identifica *cenaculum* a *superficies*. Además el autor cree que la última parte del texto (*verum est... Pomponius probat*) no pertenece a Labeón, sino que el autor es Ulpiano, quien toma como referencia a Pomponio, que vive un siglo después que Labeón y que, por tanto, acepta que *superficies* no es todo el edificio.

---

564 *Studi sulla superficie in epoca giustinianea*, cit., pp. 39 ss., y 97, nota 48.

565 BRANCA, G., "Considerazioni intorno alla proprietà superficiaria nel diritto giustinianeo", RIDA 4, 1959, pp. 194 ss., para el autor es cuanto menos sintomático el hecho de que textos como D. 43.17.3.7 (Ulp. 69 ed.) no aparezcan en los Basilicos, de la misma manera que el principio de accesión *superficies solo cedit*, recogido en otros textos del Digesto, es omito en dicha obra.

566 STOOP, B., "Law and economy in antiquity: the housing shortage in ancient Rome and the response of the classical jurists to the demands of commerce", cit., p. 261.

El segundo de los textos es D. 39.2.47 (*Nerat. 6 membr.*):

> *Quod conclave binarum aedium dominus ex aliis aedibus in aliarum usum convertit, non solum si contignatio, qua id sustinebitur, orietur ex parte earum aedium, in quarum usum conversum erit, earum fiet, sed etiam si transversa contignatio tota in aliarum aedium parietibus sedebit. sed et Labeo in libris posteriorum scribit binarum aedium dominum utrisque porticum superposuisse inque eam aditu ex alteris aedibus dato alteras aedes servitute oneris porticus servandae imposita vendidisse: totam porticum earum aedium esse, quas retinuisset, cum per longitudinem utriusque domus extensa esset transversae contignationi, quae ab utraque parte parietibus domus, quae venisset, sustineretur. nec tamen consequens est, ut superior pars aedificii, quae nulli coniuncta sit neque aditum aliunde habeat, alterius sit, quam cuius est id cui superposita est.*

El texto recoge dos supuestos que los compiladores, debido a la similitud que ambos presentan, colocaron uno al lado del otro. En el primero se admite la posibilidad de que una habitación que se apoya sobre el edificio contiguo no pertenezca al propietario de la casa sobre la cual se apoya, sino al propietario de la casa vecina. El segundo supuesto, una decisión de Labeón, refiere el caso del propietario de dos casas contiguas sobre las que se construye una terraza con acceso por una de ellas, posteriormente procede a la venta de la otra y se le impone la servidumbre de soportar la terraza. En este caso la terraza entera pertenece a la casa que retuvo la propiedad, a pesar de que se extendía a lo largo de ambas casas. La terraza está unida a otra casa contigua –distinta de aquella sobre la que se apoya– a través de la que se accede. Se trata de una decisión excepcional en la que el principio de accesión no se aplica.

Tradicionalmente la doctrina mantiene que el problema de la propiedad superficiaria se plantea en el primero de los supuestos y no en el segundo, pues en éste, cuando se comenta la decisión de Labeón, el jurista se refiere a la misma como un caso de *servitus*. Una servidumbre que la romanística considera como *oneris ferendi*, por el hecho de que las vigas transversales de la casa iban de una pared a la otra de la casa y, por tanto, la pared se apoyaba en la casa contigua[567]. Sin embargo, además una *servitus oneris ferendi*, pues es evidente que las vigas que sujetan la casa se apoyan en la pared del edificio contiguo, debemos tener en cuenta que se trataba de una sola casa que el dueño divide verticalmente e impone al comprador de la casa contigua que soporte y permita el uso de la terraza[568]. Por ello, entendemos que en el supuesto de gravar la casa con una servidumbre ésta sería una *servitus proiciendi*, pues la *servitus* a la que hace referencia el texto consite en soportar la terraza. Ahora bien, difícilmente podemos afirmar la existencia de una *servitus proiciendi* si la propiedad de la terraza no pertenece al dueño de la casa en la que ésta se apoya, sino al dueño de la casa contigua a través de la cual se accede a aquella. Nos encontramos ante un supuesto en el que el principio de accesión no se aplica.

En este caso la primera parte del texto recoge otro supuesto excepcional de derogación del principio *superficies solo cedit* en el periodo clásico. Una vez más será Labeón quien afirme que no es razonable que la parte superior de un edificio, que no esté unida a otra casa contigua y no tenga otro acceso, pertenezca a casa distinta de aquella sobre la que se asienta. Pero, aún así, en este supuesto la terraza pertenece al dueño de la casa quien, después de proceder a la división vertical de su vivienda y venderla, se reservará para sí una habitación situada en esa otra casa. Así, parte de la casa contigua será propiedad del vecino, reconociendo la posibilidad de que una porción concreta de la casa contigua pertenezca a un *dominus* diferente, su antiguo dueño. Una situación extraordinaria que confirma, una vez más, como incluso en la experiencia jurídica clásica, de forma excepcional, no se aplicó el principio de accesión. Ello no significa el reconocimiento de la propiedad superficiaria en ese periodo, sino simplemnte la posibilidad de una atenuación en la aplicación rigurosa del principio *superficies solo cedit*[569], que a su vez permite aunar la solución urbanística junto con la jurídica.

---

567 Vid. PASTORI, F., *La superficie nel diritto* romano, cit., pp. 213 ss.

568 En relación con la servidumbre impuesta a la parte de la casa que es enajenada por el *dominus* y que es gravada con una servidumbre Vid. ZOZ, M.G., *La costituzione tacita delle servità nell'esperienza giuridica romana*, Milano, 2001, p. 21, nota 42.

569 FERRINI, C., "Gli Estratti di Giuliano Ascalonita", Operae di Contardo Ferrini I, Milano, 1929, pp. 443 ss., quien a propósito del estudio de lo escritos de Julia-

Para Riccobono[570] D. 39.2.47 (*Nerat. 6 membr.*) representa la solución a todo el problema de la propiedad superficiaria. Toda la controversia está provocada por las interpolaciones justinianeas que cambiaron el tenor de las palabras originarias y, por ende, la decisión finalmente adoptada. La posibilidad de un dominio separado horizontalmente de la casa y de la terraza apoyada sobre ella no constaba en el texto clásico, fue introducida por los compiladores justinianeos. Por ello, la decisión del texto es contraria al principio *superficies solo cedit.*

Pero Riccobono va más allá y se atreve a reconstruir las palabras de Neracio: *si contignatio...earum fiet, sed si... sedebit <contra erit>*. De manera que con estos, según él, "leves retoques" los compiladores consiguieron invertir la segunda decisión, en el sentido de que la habitación, apoyada sobre las paredes de un edificio, pasa por destino del propietario a ser considerada como parte del edificio contiguo y se reconoce, en contra del principio de accesión, la posibilidad de un dominio separado en línea horizontal. Estamos ante una innovación de los compiladores avalada por la práctica típicamente justinianea de parangonar decisiones opuestas y que, como en este caso, son llevadas a un mismo texto: *non solum...etiam*, comparado con *non solum...sed, non tantum sed.*

A juicio de Riccobono[571], se debe contemplar, la segunda hipótesis de trabajo añadida por Neracio, es decir: "*si transversa contignatio*

---

no Ascalón reproducidos en el Hexabiblos de Harmenopulo afirma que las disposiciones contenidas en Hexab. 2.4.40 y 2.4.42 sobre el *dominium pro diviso* proceden de las decisiones tomadas en situaciones análogas por los juristas clásicos.

570 "La violazione del principio *superficies solo cedit* nel diritto giustinianeo", cit., pp. 311 ss.

571 PUGLIESE, G., "Note sulla superficie nel diritto giustinianeo", cit., pp. 132 ss., el autor, a diferencia de cuanto sostiene Riccobono, aprecia en el texto una homogeneidad entre la solución propuesta por Labeón y aquella atribuida a Neracio. Labeón atribuye la propiedad de la terraza sobrepuesta entre dos casas a aquel que tiene el acceso a la misma, por lo tanto no existe diferencia con aquello propuesto Neracio (*si traversa contignatio tota in aliarum aedium parietibus sedebit*). Además, el autor tampoco encuentra una falta de armonía ente estas soluciones y el inciso final: nec *tamen consequens est et rell.* Según este inciso al no funcionar *superficies solo cedit* los dos requisitos son necesarios para que pueda subsistir una *servitus oneris ferendi* son: 1) que la parte superior sea contigua al otro edificio; 2) que exista un ingreso a ella *aliunde* y no por la parte inferior. En este caso ambos requisitos se encuentran tanto en el caso del *conclave*, que se apoya sobre una *traversa contignatio* sostenida

tota in aedirum aedium parietibus sedebit", donde la habitación no pasaba a formar parte del edificio al que se destina. Para argumentar su decisión el jurista apela a una decisión de Labeón, la relativa a la terraza sobrepuesta a dos casas contiguas de un mismo propietario. En este caso, para él, cuando el dueño vende una de las casas y retiene para sí una habitación de la otra lo que sucede es que se impone al nuevo propietario una *servitus oneris ferendi*. El principio de accesión queda intacto. Riccobono niega en el derecho romano clásico cualquier posibilidad de falta de aplicación la accesión. Sin embargo, a renglón seguido el autor manifiesta que en el derecho justinianeo, y como consecuencia de la influencia de los derechos orientales, la propiedad superficiaria es una práctica fácilmente admisible.

Una postura intermedia, y quizás cercana a la de Riccobono, mantienen Biondi[572], Branca[573] o Pastori[574], quienes, sin afirmar la

---

toda ella por las paredes del edificio inferior, como en el caso del pórtico comentado por Labeón, pues en los dos casos hay una entrada del edificio contiguo.

El reconocimiento de la propiedad horizontal, tanto de las partes del edificio, como también de un edificio respecto al suelo (ya que tendrían los mismos principios) no puede atribuirse a los justinianeos. También para éstos la superior *pars aedificii quae nulli coniuncta sit neque aditum aliunde habeat* no puede *alterius esse quam cuius est id cui superposita est.*

[572] BIONDI, B., *La categoria romana delle servitutes*, cit., pp. 473 ss., se inclina por la tesis de Riccobono y reconoce, además de la interpolación del texto por parte de los compiladores justinianeos, que Labeón en la primera parte del texto aplica *superficies solo cedit*, aunque en la segunda, según él, se aplica el mismo principio, puesto que el jurista lo que intenta es ver quién es el poseedor del suelo. Para Biondi la situación queda del siguiente modo: la jurisprudencia clasica debido al principio *superficies solo cedit* otorga el interdicto *uti possidetis* al dueño del suelo, en cuanto que a él le corresponde la poseseión. No se admite una posesión de la superficie separada de aquella del suelo. Pero cuando el pretor, aunque respetando formalmente el principio tradicional, acuerda el interdicto de superficie calcado del *uti possidetis*, otorga al superficiario una tutela análoga a aquella del *uti possidetis*. Respecto a esta teoría no podemos olvidar que Biondi considera que en el derecho justinianeo el superficiario fue considerado propietario.

[573] BRANCA, G., "Considerazioni intorno alla proprietà superficiaria nel diritto giustinianeo", cit., p. 294.

[574] *La superficie nel dirito romano*, cit., pp. 213 ss., el autor considera la primera parte del texto un importante testimonio de la nueva dirección legislativa justinianea. Ahora la derogación del principio *superficies solo cedit* se inspira en la

admisibilidad de la propiedad superficiaria en la experiencia jurídica romana admiten la tendencia justinianea, que no clásica, a permitir la misma.

Maschi[575] ve el texto como un exponente del reconocimiento de la propiedad superficiaria en la experiencia jurídica romana justinianea, no así en el derecho clásico donde, dado que el principio de accesión era insalvable, la propiedad superficiaria no se admite nunca. Para el autor los compiladores alteraron los textos clásicos con el fin de otorgar una regulación en la que el superficiario sea propietario de la construcción, aunque el reconocimiento explícito de la propiedad superficiaria no se llega a producir.

Sitzia[576], con una postura más conservadora, entiende que D. 39.2.47 (*Nerat. 6 membr.*) representa "un tenue indicio a favor de una aplicación más flexible del principio *superficies solo cedit*", pero no el reconocimiento de la propiedad superficiaria. La prueba de dicha exclusión se encuentra para el autor en la última parte del texto, aunque la primera parte requiere que los dos edificios sean contiguos y que la terraza disponga de una entrada independiente. De manera que el problema que plantea el texto no es el de la existencia o no de una propiedad separada de los diferentes pisos, sino el de la pertenencia de la terraza a uno u otro de los dos propietarios de los dos edificios contiguos y, por ende, el de las dos porciones del suelo respectivo. En este caso *superficies solo cedit* se aplica en pro-

---

concepción que en este periodo tenían los juristas de la propiedad superficiaria. "El dogma de la propiedad superficiaria no encuentra reconocimiento ni formal, ni sustancial, pero representa un presupuesto ideológico que guía las reformas aportadas por los compiladores a los textos clásicos. Presupuesto ideológico que determina el acercamiento de la superficie a la propiedad, pero que no se afirma de forma positiva operando la identificación de ambas. Así, el dogma de la propiedad superficiaria representa una premisa ideológica del sistema, que guía al legislador, aunque, aún, no obtenga un reconocimiento positivo"

575 "Proprietà divisa per piani, superficie e l'estensione ai pronvinciali del principio *"superficies solo cedit"*, cit., pp. 136 ss; Id. "Fonti giustinianee e fonti bizatini in tema di proprietà superficiaria", cit., p. 97.

576 *Studi sulla superficie in epoca giustinianea*, cit., p. 12 nota 31; LUCCI, A., "Del diritto di Superficie", cit., p. 57, el texto no dede dar lugar a pensar en la *communio pro diviso*, pues de acuerdo al Derecho romano únicamente podría tratarse de un derecho de superficie.

vecho del propietario del suelo sobre el que se construye el edificio contiguo, no del propietario del suelo que lo soporta. Sitzia termina afirmando: "si se quiere hablar de derogar se debe hablar de derogar el normal funcionamiento de *superficies solo cedit*, que no conlleva el reconocimiento de la propiedad superficiaria"[577].

La tesis de Sitzia, hoy minoritaria, intenta aferrarse a la tradición, ignorando que en el derecho postclásico, al igual que en la mayor parte de los derechos orientales, la propiedad superficiaria fue una realidad. Pero, además, el propio Labeón, en más de una ocasión, atenuó la aplicación de *superficies solo cedit*. Una decisión cargada de sensibilidad histórica y social si tenemos en cuenta que se trata de un principio antiquísimo que ignoraba las nuevas demandas económicas, sociales y urbanísticas de la Urbe.

Silveira Marchi[578] defiende una teoría totalmente innovadora. Afirma que el texto es íntegramente genuino y refuta la opinión de Riccobono, especialmente por lo que hace a la postura de Labeón recordada por Neracio. Labeón afirma que aquella terraza sobrepuesta a las dos casas *earum aedium esse*, *quas retinuisset*, no menciona ningún elemento *de facto* relativo a una *servitus oneris ferendi*. Es evidente, afirma el autor, que si la terraza construida sobre las dos casas se atribuye por entero a una de las dos casas se trasgrede el principio *superficies solo cedit*. La propiedad de la terraza es distinta de aquella de la casa sobre la que se asienta.

Por esta razón para Silveira Marchi Labeón, de manera excepcional, reconoce la propiedad horizontal en el derecho clásico. Y Neracio, contrariamente a cuanto sostiene Riccobono y aquellos que siguen su teoría, no hace otra cosa que reiterar la postura de Labeón, pues se limita a afirmar que la parte superior de la casa con acceso independiente desde la calle y no contigua a un edificio pertenece necesariamente al propietario de la construcción sobre la que se asienta, pero cuando la parte superior de una casa tiene acceso independiente y está unida a la estructura de la casa, puede ser objeto de dominio separado.

---

577 BRANCA, G., "Considerazioni intorno alla proprietà superficiaria nel diritto giustinianeo", cit., p. 294.

578 *A propiedade horizontal no dereito romano*, cit., pp. 64 ss.

Una tesis totalmente diferente a cuanto hasta ahora hemos visto es la de Zoz[579]. Para la autora estamos ante un texto genuino con dos decisiones homogéneas: la de Neracio y la de Labeón. Los supuestos considerados por uno y otro autor son dos casos análogos, dos ejemplos de *servitus oneris ferendi*. No cabe la posibilidad de ver en el texto alusión alguna a la propiedad separada por pisos.

El tercero de los textos en examen:

> D. 41.1.28 (*Pom. 33 Sab.*) *Si supra tuum parietem vicinus aedificaverit, proprium eius id quod aedificaverit fieri Labeo et Sabinus aiunt: sed Proculus tuum proprium, quemadmodum tuum fieret, quod in solo tuo alius aedificasset: quod verius est.*

Contrariamente a cuanto sucede con los dos textos anteriores, D. 41.1.28 (*Pom. 33 Sab.*) no es un texto especialmente estudiado por la doctrina.

El texto se puede situar en diferentes contextos: servidumbres, *inaedificatio*, propiedad superficiaria o, mejor aún, como ejemplo de la falta de aplicación en el derecho clásico de *superficies solo cedit*. En cuanto a la ubicación de D. 41.1.28 (*Pom. 33 Sab.*) en el ámbito de las servidumbres creemos que no es posible, pues, como el texto mismo dice, la cuestión abordada consiste en determinar a quién pertenece el *dominium* de lo edificado sobre un muro ajeno, sin entrar en materia de *servitutes*.

Musumeci[580] estudia el texto a propósito de la *inaedificatio* y observa que la parte del texto en la que Próculo reclama la aplicación del principio vigente para la *inaedificatio* en inmueble ajeno, no está claramente individualizada.

Para Silveira Marchi[581] la reconstrucción del texto debe hacerse en relación con D. 39.2.47 (*Nerat. 6 membr.*) y D. 43.17.3.7 (*Ulp.*

---

579 ZOZ, M.G., *La costituzione tacita delle servitù nell'esperienza giuridica romana*, cit., p. 122 creemos que, además de contemplar la posibilidad de la propiedad superficiaria, debería haber contemplado la posibilidad de que las dos no fuesen *servitus oneris ferindi*, sino que la segunda sería una *servitus proiciendi*, es decir, una servidumbre de soportar el balcón o la terraza, una terraza que no sólo es usada por el dueño, sino que tiene acceso desde su vivienda.

580 *Inaedificatio*, cit., p. 126, nota 6.

581 *A propiedade horizontal no dereito romano*, cit., pp. 71 ss.

69 ed.). A través de un estudio conjunto de los tres textos es posible apreciar como Labeón y Sabino admiten *de facto* la propiedad separada de la construcción levantada sobre un edificio ya existente. Añade el autor que probablemente estos jurisconsultos, a partir de la doctrina de Labeón –D. 39.2.47 y 43.17.3.7–, mantienen la necesidad de que dicha casa tuviese acceso independiente respecto de la casa sobre la que se apoya: *ditius ex publico*. Mientras que Próculo cuando se trata de una construcción edificada sobre otra, y a falta de cualquier otro elemento relativo a una situación de hecho, aplica el principio tradicional *superficies solo cedit*.

También para Riccobono[582] la postura de Próculo es clara: contempla el supuesto de un edificio sobrepuesto al otro, que el jurista equipara a un supuesto de edificación sobre suelo ajeno. El jurista en su comentario pretende aclarar las posiciones de los juristas anteriores, algo, por otro lado, frecuente en los jurisconsultos posteriores a Labeón. Ahora bien, para Riccobono la decisión de Labeón y Sabino se refería al supuesto de *servitus* donde un nuevo edificio apoya su pared en el muro de la casa colindante, mientras que Próculo toma un caso difente.

El texto, en primer lugar, puede suscitar dudas a própisito de la autenticidad clásica y, aunque los elementos para poder dar una respuesta segura son muy pocos, su estructura uniforme aleja toda sospecha sobre su factura clásica[583]; en segundo lugar, es preciso determinar si la

---

[582] "La violazione del principio *superficies solo cedit* nel diritto giustinianeo", cit., pp. 308 ss; en este mismo sentido RAINER, M., "Superficies und Stockwerkseigentum im klassischen römischen Recht", cit., p.355, para quien la decisión de Labeón y Sabino hace referencia a una *servitus oneris ferendi*.

[583] SITZIA, F., *Studi sulla superficie in epoca giustiniane*, cit., p. 41, nota 110, para el autor los compiladores aunque aportan el pensamiento de Labeón y Sabino acogen la opinión expresa de Próculo, compartida por Pomponio, pero han perdido la oportunidad única de afirmar que la accesión a favor del propietario del piso inferior no se verificaba en la hipótesis en la cual éste había autorizado la construcción del muro. Además Sitzia (p. 107, nota 77) al cotejar los textos de la Compilación con los recogidos en Basilicos (D. 41.1.28= Bas. 50.1.27) observa como la opinión de Labeón y Sabino ha desaparecido en Basilicos, circunstancia que él considera un fenómeno usual, aunque en este caso asume un significado particular. El principio de accesión necesaria se presenta en este texto como absoluto e inderogable: todo lo construido sobre tu pared o sobre tu suelo deviene de tu propiedad.

controversia suscitada entre Labeón y Sabino, por un lado, y Próculo, por otro, responde a la existencia de dos supuestos diferentes. En este caso parece claro que ambas respuestas contestan a una sola pregunta: *si supram tuum parietem vicinus aedificaveri*, por tanto estamos ante un mismo caso con respuestas diferentes: la de Labeón y Sabino para quienes lo construido pertenece al constructor: *proprium eius id quod aedificaverit fieri Labeo et Sabinus aiunt*, y la de Próculo que responde aplicando el principio de accesión, en virtud del cual lo construido accede al dueño de la pared sobre la que se apoya la construcción: *quemadmodum tuum fieret, quod in solo tuo alius aedificasset*. Así, cuando Pomponio se plantea a quién pertenece lo construido ofrece las dos lecturas, pero en su comentario toma la de Próculo: *quod verius est*.

Ahora bien, si nos preguntamos por qué Labeón y Sabino no aplican la regla de accesión. La respuesta respecto a Labeón la debemos poner en relación con D. 39.2.47 (*Nerat. 6 membr.*) y D. 43.17.3.7 (*Ulp. 69 ed.*) y parece evidente: el jurista clásico en determinadas circunstancias –cuando la vivienda tenía acceso independiente– no aplica la accesión, probablemente para dar cabida jurídica a ciertas prácticas urbanísticas del momento demandas por la población.

Mientras que, por el contrario, Próculo y Pomponio simplemente contemplaron este supuesto como uno caso más de adquisición de la propiedad mediante accesión. Una postura más acorde con el *ius civile*, pues entendieron que a la construcción levantada sobre paredes ajenas se le debe aplicar la misma regla que rige para aquella otra levantada sobre suelo ajeno.

Estos tres textos representan una excepción a la rígida aplicación del derecho civil en el periodo clásico y, aunque de los mismos no podemos extraer como conclusión la admisibilidad de la propiedad superficiaria en aquel tiempo, no por ello pierden su importancia. Constatan como en determinadas circunstancias, siempre excepcionales, algunos jurisconsultos clásicos eliminaron la aplicación de *superficies solo cedit*. Una relajación que sin duda debió venir motivada por todo un cúmulo de circunstancias de variada naturaleza (densidad de población, situación urbanística de Roma…) a las que no fue ajeno Labeón –y en el caso de D. 41.1.28 también Sabino–, jurista progresista y siempre atento a las demandas sociales, que en sus decisiones conecta con la realidad social del momento.

B. Textos epigráficos clásicos

Dado que las fuentes jurídicas clásicas son poco claras en materia de propiedad superficiaria, es necesario acudir al estudio de las fuentes epigráficas de la época. Los documentos jurídicos vistos hasta el momento los debemos poner en relación y contrastar con la información que nos ofrecen las fuentes epigráficas, de forma que nos permitan vislumbrar cuanto sucedía en el periodo clásico respecto de la propiedad horizontal.

El primero de los documentos es el recopilado en el CIL VI 10248[584]. Se trata de un texto que recoge parte del testamento de un ciudadano romano.

> *[......i]n cuius [loci et]monimenti reliqui[aru]mque suarum culturam/ [dedi]t libertis libertabus[que s]uis usum fructum insulae/ ...alatianae partis quartae et /quartae et viensimae, quea iuris/ sui esset, ita ut ex reditu eius insulae quodannis die nata lis sui et / rosationis et violae et parentalib(us)/ memoriam sui sacrificis Quatre in annum factis celebrent et praeterea omnib(us) k(alendis),/nonis, idibus suis quibusq(ue) mensib(us) lucerna/ lucens sibi ponatur incenso inposito.*

La inscripción menciona el legado de un ciudadano, cuyo nombre no aparece, de las rentas de dos fracciones de una de sus *insulae* a favor de sus libertos y libertas: *fructum insulae alatianae partis quartae et quuartae et vicentesime*.

Con relación a la posibilidad de admitir la propiedad superficiaria Homo[585] afirma: "la "*insula* no representa en modo alguno una propiedad indivisible; con frecuencia estaba dividida en propiedades fraccionadas –lo que actualmente se llama propiedad vertical coasociada o copropiedad predial por apartamentos–. Proporcionando prueba de esto las inscripciones y los códigos."

Creemos que la afirmación de Homo es demasiado arriesgada para la época clásica. Es verdad que la situación urbanística que él presenta y la importancia de la *insula* tienden a considerar socialmente la propiedad de los diferentes pisos de un edificio como algo lógico, sin em-

---

[584] La inscripción aparece en una tabla marmórea, hoy en el Museo Británico.

[585] *La Roma imperial y el urbanismo en la antigüedad*, trad. De José Almoina, México, 1956, pp. 387-388.

bargo la realidad jurídica era otra bien distinta. Es más, el impedimento jurídico que suponía *superficies solo cedit* parece que fue más fuerte que todo ese cúmulo de circunstancias y necesidades que *de facto* se estaban produciendo en la sociedad romana del momento.

La inscripción utiliza el término *usum fructum* y no *dominium* ni *superficies*, lo que nos impide afirmar que el causante-testador dispusiera por legado de la propiedad de las distintas partes de un edificio a sujetos diferentes. Todo parece indicar que el ciudadano otorga el usufructo sobre las porciones mencionadas.

El segundo documento epigráfico reproduce una cláusula fideicomisaria de la etapa clásica correspondiente a CIL VI 29791[586]:

> *In his praedis/ insula Sertoriana/ bolo esse Au(reliae) Cyriacetis/ filie meae cinacula n(umero)VI, tabernas/ n. XI et repossone subscalire/ Feliciter.*

En este caso un *pater* deja a su hija seis viviendas, *cenacula*, y once *tabernae*, concretamente las situadas debajo de la escalera de la *insula Sertoriana*[587]. La inscripción ha sido contemplada como un exponente más del reconocimiento de la propiedad superficiaria en la experiencia jurídica clásica

Serrao[588], volviendo a la teoría anunciada por la doctrina más antigua[589], sostiene que la expresión *bolo esse... filie meae* corresponde al tradicional *meum ese*, de modo que la misma entrañaría la atribución en propiedad de esas partes de la *insula –cenacula et taberbas–* a su hija. Una propiedad que únicamente tiene cabida bajo la forma de la *communio pro diviso*, no es posible entender la misma como *ius superficiei*.

Arangio-Ruiz[590], por el contrario, sostiene que la atribución de los *cenacula* y *tabernae* no puede concebirse como *communio pro*

---

586 Id. FIRA, *Negotia*, 112, p. 363, la inscripción fue descubierta en Roma en el año 1810 en el *Foro Boarium*, hoy conservada en la Biblioteca Vaticana.

587 Sobre la importancia de las rentas inmobiliarias vid., ZAERA, A., "El negocio de las rentas inmobiliarias en Roma: la explotación de la *insula*", cit., pp. 43 ss.

588 "Lotte per la Terra e per la Casa a Roma dal 458 al 441 a. de C.,". *Legge e società nella Repubblica Romana I*, cit., p. 153, nota 253.

589 BONFANTE, P.,- MAROI, F., *Note a Windscheid, Diritto delle Pandette* VI, 1930, p. 172, admiten que en Roma existió la propiedad dividida por pisos.

590 FIRA, *Leges*, 112.

diviso. En este supuesto, entiende el autor, el padre constituye a favor de la hija un derecho de superficie. A esta opinión se adhiere recientemente Silveira Marchi[591], al entender que esta tesis es la más convincente para el periodo clásico, dado que, de acuerdo con las fuentes jurídicas de la época, el reconocimiento abierto de la *communio pro diviso* no se produjo nunca.

En todo caso la intención del padre era dejar a su hija la propiedad de unas partes concretas y determinadas de la *insula Sertoriana*, que suponemos era de su propiedad. No obstante, dado que la voluntad del padre choca con el principio accesión, probablemente, en un intento de preservar la última voluntad del causante, dichos bienes fueron entregados a la hija como una concesión superficiaria, quedando la titularidad dominical en poder de aquel a quien el *pater* hubiese dejado la mayor parte de la *insula*. De este modo es posible salvaguardar la voluntad del causante.

El tercer documento epigráfico que hace referencia a la división de un monumento *pro diviso* es la *Tabula de Columbarium*[592], del siglo I d. de C:

> CARRINATIA · FAUSTA· GAMI · AB
> SOLO ·AD SUPERFICIEM · PRO· IN
> DIVISO · PARTIS · DUECENTESIME OOLL(ARUMA) IIII
> C. CARRINAS · CERDO.

Para Zancan-Albizzati[593], desde el punto de vista jurídico, la inscripción tiene una doble particularidad: por un lado, recoge la atribución de una *olleria* que otorga *pro indiviso* y, por otro, atribuye partes concretas del monumento *pro diviso*. Una situación, a juicio de los autores, posible, ya que será copropietario de todo el columbario y, a la vez, propie-

---

591 *A propiedade horizontal no dereito romano*, cit., p. 88.

592 Vid. ZANCAN, L.- ALBIZATI, C., "Tabella di Colombario Inedita", Rendiconti della Pontificia Accademia di Archeologia 13, 1937, pp. 187 ss., publican por primera vez el texto de la inscripción epigráfica, que datan en la época de Nerón.

593 ZANCAN, L.- ALBIZATI, C., "Tabella di Colombario Inedita", cit., p. 189, nota 10, afirma que el término superficie no se utiliza con un significado técnico-jurídico, sino con el significado común, de techo, es decir "del suelo al techo", indicanto todo el columbario.

tario de un cierto número de tumbas concretas, siempre en proporción a la cuota en la que ha participado en la construcción del columbario, en la que de igual modo tendrá que participar en el sostenimento de los gastos[594]. Sin embargo, esta situación jurídica de condominio cesa cuando el monumento religioso pase a ser *res religiosa*. A partir de este momento sólo se mantienen las partes *pro diviso* de cada socio. Si bien, los autores reconocen que la atribución de partes concretas de un edificio choca con el principio de accesión, por lo que el derecho no reconoce la división en partes concretas que realizan los propietarios. Se produce de hecho una situación que colisiona con el Derecho romano.

Arangio Ruiz[595] sostiene que, como explica la propia inscripción: *ab solo ad superficiem pro indiviso partis ducentesimae oll(arum)*, estamos en presencia de un nuevo *ius superficiei*, no ante una propiedad *pro divis*, pues de ser así no se respetaría el principio *superficies solo cedit*.

Para Pastori[596] la *Tabula* representa el cambio producido en la conciencia social, puesto que en ella parece admitirse una pluralidad de *dominii* o bien un derecho de superficie.

Sin embargo, no debemos olvidar, en ese momento no podemos hablar de derecho de superfice en el ámbito del *ius civile,* pues éste sólo confiere a las relaciones superficiarias un carácter personal al amparo de la *lex locationis*; mientras que la tutela real se daba unicamente en el ámbito del derecho honorario.

Lo cierto es que preservar la accesión como dogma insalvable impide que figuras como la *communio pro diviso* puedan ser una realidad en Roma, por lo que la presión social tuvo que ser cada día más fuerte en aras de transformar un ordenamiento jurídico que no resolvía los problemas de los ciudadanos romanos. Es lógico que los ciudadanos al tiempo de confeccionar testamento trataran de imponer su voluntad frente a las normas del viejo derecho y dispusiesen *mortis causa* de sus propiedades de la forma más acorde a su voluntad, lo que en más de una ocasión supuso adjudicar a los beneficia-

---

[594] Id., pp. 193 ss., aportan otros documentos epigráficos en los cuales se produce una situación jurídica similar a la que presenta esta inscripción.

[595] "Epigrafia Giuridica greca e romana II", SDHI 5, 1939, pp. 616 ss.

[596] *La superficie nel diritto romano*, cit., pp. 205 ss; MASCHI, C., "La proprietà divisa per piani, superficie e l'estensione ai provinciali del principio <superficies solo cedit>", cit., p. 148.

rios la propiedad de un bien mediante la división horizontal. En estos supuestos y en aras de preservar la última voluntad del causante, la adjudicación de la propiedad *pro* diviso se transformará, *iure praetorio*, en un derecho de superficie.

2. LA PROPIEDAD SUPERFICIARIA EN EL DERECHO POSTCLÁSICO

En el derecho postclásico, no solo desaparecen los escrúpulos formalistas que impedían la configuración formal de la superficie como *ius in re aliena*, sino que las fuentes del momento permiten afirmar que la propiedad superficiaria era un hecho reconocido por el Derecho. El principal exponente de esta nueva corriente es el Libro Siro-Romano, donde en el parágrafo 98 se recoge la posibilidad de una propiedad separada de los diferentes pisos de una casa[597]:

---

[597] SILVEIRA MARCHI, E., *A propiedade horizontal no dereito romano*, cit., pp. 73ss., para demostrar la admisibilidad de la propiedad horizontal en el Derecho romano utiliza dos textos de *Hexabiblos*, donde dos de sus pasajes: 2.4.40 y 2.4.4.2 refieren dos supuestos de *communio pro diviso.* Estos pasajes a juicio de FERRINI, C., "Gli Estratti di Giuliano Ascalonita", cit., pp. 443 ss., al estar datados en el siglo VI tienen bastante importancia en la reconstrucción del Derecho romano, pues los mismos pueden contener preceptos derivados de decisiones de los propios juristas clásicos, como por ejemplo el supuesto de D. 39.2.47. Además, Ferrini encuentra una estrecha relación entre esta obra y el Libro Siro-Romano, especialmente en lo concerniente al parágrafo 98.

Hexab. 2.4.40: *Si communis ist area diversorum hominum et murus duarum aut etiam quattuor contignationum demoliendus ac reaedificandus sit, amnes qui fundamentis incumbunt tam primae contignationis quam superiorum in sumtus fundamentorum conferant pro ratione altitudinis singularum contignationum.*

Hexab. 2.4.42: *Si quum vacuus sit locus communis, eius domini aedificare et superaedificare velint (veluti si quis infimae contignationis sit dominus, secundae alius, item tertiae ac reliquarum alius), sive ob ruinam, sive quod ita emerint: debent in aedificando quidem sequi eadem iura, quae in domo habent; in contignationibus autem, siquidem (ut dictum fuit) de novo fiant neque ab initio factae sint, quisque suam faciat in contignationem usque ad munitionem. Sed si contignationibus iam stantibus tabulatum primae contignationis instauratione indigeat, Caesareae quidem mos obtinuit, ut suum quisque tabulatum faciat, uti dictum supra; Ascalone autem, ut et superior et inferior pro semisse reficiat. Nos vero medium spectantes et consentaneum dicimus ab inferiore duas partes contignationis esse*

"Si sit viro domus inferior et alteri superior et debilis facta sit superior et monuerit dominus inferioris domominum superioris ut reficiat debilitatem domus eius, isque neglegat et non faciat, licet domino inferioris accersere fabros et impedere impensas quae requiruntur ad aedificationen domus illius Et si sumptus fecerit et aedificaverit eam usque ad αναζαδμ *mensium quatuor ex quo sanata est debilitas domus, nisi dederit dominus domus superioris domino domus inferioris impensas quae impendit pro ea domo superiori cum usuris, dabit dominus domus superioris domino domus inferioris qui sanavit a debilitate sua. Si vero inferiori debilis facta sit, similiter monebit dominus domus superioris dominum domus superioris conferre ad quae fiunt in substructione domus inferioris; si unus est dominus supra, partem (dimidiam) impensarum, et si duo domini, duas partes, et si tres domini, tres partes. Pedes enim inferiores portant onmes habitationes. Etiam muri medii aedium a duabus partibus possidentibus refici debent*"[598].

El texto contempla la posibilidad de reparar el piso inferior de una casa para que éste pueda servir de apoyo al piso superior, ello nos lleva a entender que ambos pisos, el superior y el inferior, pertenecen a dos propietarios distintos. Además, los términos *dominus* o *dominium* del piso inferior con referencia al *dominus* del piso superior aparecen repetidamente a lo largo del texto[599]. Estas expresiones pueden ser entendidas como referencia a los dueños de los diferentes

---

conferenas et a superiore unam, ita ut sit bes ac triens, Quod si suprema contignatio tectis proxima reficienda sit, debet superior contingationem facere, contribuentibus ei omnibus simul, qui iis tectis utuntur, in asseribus et clavorum fixione pro ratione aedium suarum.

Sobre estos dos textos en la obra de Juliano de Ascalón vid., HAKIN, B., "Julian of Ascalon's Treatrise of Cosntruction and Desing Rules from Sixth-Century Palestine", Journal of the Society of Architectural Historians, vol. 60, nº. 1, 2001, p. 15 ss., donde el autor explica los textos.

598 FIRA, *Auctores*, pp. 753.

599 No puede extrañar que el término *dominus* aparezca en las fuentes, puesto que como hemos visto en este periodo el lenguaje propio de derecho clásico se desvirtúa hasta llegar a encuadrar bajo este nombre cualquier relación de carácter dominical. Vid., supra, pp. 155 ss.

pisos del edificio, lo cual supone obviar el principio *superficies solo cedit*, el obstáculo hasta ese momento del reconocimiento real de las relaciones superficiarias y, más aún, de la propiedad superficiaria.

A tenor del parágrafo 98 del Libro Siro-Romano dicho axioma podía ser derogado por las partes, haciendo éstas prevalecer su autonomía respecto del mismo. Con ello el principio de accesión pierde el carácter absoluto que tenía en el *ius civile*, para adaptarse, como ya en cierta medida había venido haciendo el pretor y la jurisprudencia, a la realidad del momento.

No es extraño que el parágrafo 98 del Libro Siro-Romano aluda de forma indirecta al reconocimiento de la propiedad superficiaria, pues como el mismo Nallino[600] reconoce el Libro contiene el derecho práctico de los cristianos orientales: Etiopía, Egipto, Siria, Mesopotamia, Armenia, Persia y Georgia. Pueblos todos ellos que no conocían el principio de accesión. La propiedad de aquello que se encontraba sobre el suelo y del suelo mismo no tenían que coincidir necesariamente en un mismo sujeto, se admite que suelo y superficie pertenezcan en propiedad a dos *domini* diferentes. En las posibles recepciones jurídicas del Libro por lo que afecta a la *superficies,* ceden los principios civiles respecto a otro tipo de reglas jurídicas más tolerantes con la propiedad superficiaria[601]. Así, aunque el mismo intentase reflejar el derecho civil romano, no se pudo salvar la influencia del derecho de otros pueblos.

---

600 "Sul Libro Siro-Romano e sul presunto diritto siriano", Studi in onore de P. Bonfante I, Milano, 1930, p. 220.

601 GUARIANO, A., "Vulgarismus e Diritto volgare", cit., p. 369, para el autor el derecho de este periodo representa el parecer del ciudadano de la calle libre de expresarse, el cual es escuchado y acogido por el mundo del derecho. La influencia de los pueblos orientales se deja sentir en el Derecho romano. Los distintos pueblos del imperio, que habían conservado su derecho durante toda la época imperial romana, influyen en la legislación del momento. La decadencia Imperio Romano afecta también al campo jurídico; VOLTERRA, E., *Diritto Romano e Diritto orientale,* Napoli, 1983, pp. 37 y 269, el Libro Siro-Romano es una de las fuentes de conocimiento del derecho provincial en las regiones orientales del imperio, un ejemplo evidente de la aplicación del Derecho romano en aquellas regiones y al mismo tiempo ejemplo de la unión entre el Derecho romano y los derechos orientales.

Biondi[602] entiende que el texto es una manifiestación de los derechos provinciales, que encuentra una precisa correspondencia con los principios que siglos antes habían sido sancionados por el pretor y que acabaron penetrando en la práctica jurídica.

Para Pastori[603] es posible que el Libro Siro-Romano en materia de superficie, como consecuencia de la superación de las condiciones clásicas y la recepción del derecho vulgar, acoja el régimen que se había venido delineando en la práctica jurídica. De esta forma el tratamiento de la superficie termina adecuándose a los derechos provinciales que no conocían el principio *superficies solo cedit*.

Por el contrario, Pugliese[604] no cree que textos como el parágrafo 98 del Libro Siro-Romano deban ser entendidos al pie de la letra, pues es posible, aunque poco probable, que los términos "*dominus*" o "*dominium*" usados en este texto –presuponiendo siempre la fidelidad de la traducción latina– sean únicamente una descripción de la situación *de facto*. Del mismo modo que las enajenaciones referidas por los papiros no tenían por objeto la propiedad por pisos, sino únicamente el derecho a gozar de los mismos. En realidad, afirma el autor, no se sabe a ciencia cierta la forma jurídica que asume el goce separado de las diferentes partes de un edificio, que parece era frecuente en Egipto y quizás en otros países vecinos.

Silveira Marchi[605], al igual que la mayor parte de la doctrina, no sólo admite el reconocimiento de la propiedad superficiaria en el parágrafo 98 del Libro Siro-romano, sino que ve en él un reflejo de cuanto posteriormente se produce en el derecho justinianeo: "Seria, assim, mais probable, a nosso ver, que o parágrafo 98 refletisse, em certo sentido, a situaçao, do direito justinianeu quanto ao nosso tema.". De forma que para el autor la propiedad superficiaria pasa al derecho justinianeo con la configuración que alcanza en las fuentes postclásicas.

---

[602] *La categoria romana delle servitutes*, cit., p. 522.

[603] "Le influenze del diritto postclásico nella configurazione del rapporto superficiario", cit., p.129.

[604] "Note sulla superficie nel diritto giustinianeo", cit., pp. 134 ss.

[605] *A propiedade horizontal no dereito romano*, cit., p. 79.

Una afirmación a nuestro juicio que, aún sin carecer de cierta razón, resulta demasiado generalizada. No debemos asociar el papel que representó en su momento el Libro Siro-romano con el posterior reconocimiento por el derecho justinianeo de la propiedad horizontal. El hecho de que dicho texto reconozca expresamente la propiedad horizontal no significa que, basándose en él, el derecho posterior también reconozca esa figura jurídica. Más bien debemos buscar dicho reconocimiento en las propias fuentes justinianeas o, incluso, en las interpolaciones que los compiladores justinianeos realizan sobre los textos clásicos u otras fuentes posteriores.

Otro texto significativo en materia de propiedad superficiaria aparece en el Epítome de Gayo, concretamente en la rúbrica 2.1.4[606].

> *Item regulariter constitutum est, ut superposita inferioribus cedant: id est ut, si quis in solo nostro, sine nostro permissu, domum aedificaverit, ad eum cuius terra est, domus aedificata pertieneat.*

El texto constata la autonomía de las partes a la hora de aplicar el principio *superficies solo cedit* y reconoce la propiedad separada de suelo y superficie. Ahora basta el consentimiento del *dominus soli* para que el constructor de la inmueble pueda convertirse en propietario del mismo o incluso de una parte determinada de éste[607].

Archi[608] entiende que la introdución en el texto del inceso *sine nostro permissu* proviene del reconocimento social, ya que socialmente quien construía un edificio en suelo ajeno *cum permissu* del *dominus soli* adquiría la propiedad del mismo.

---

606 Vid., supra pp., 88 y 157.

607 Contrario a nuestra posición se manifiesta recientemente SUÁREZ BLÁZQUEZ, G., Roma: edificiación en altura, cit., p. 63, quien niega cualquier atisbo de reconocimiento de la propiedad superficiaria, incluso en el texto del Epitome de Gayo, ya que ello supondría una contradición con el principio de accesión *superficies solo cedit*.

608 "Epitome Gai". Studio sul tardo diritto romano in occidente, cit., p. 236. Acogen esta teoría PUGLIESE, G., Rec. a KASER, *Das römische Privatrecht, II, Die nachklassischen Entwicklungen*, IVRA 11, 1960, p. 306; LEVY, E., *West Roman Vulgar Law: the Law of Property*, cit., p. 54.

Por el contrario, para Sitzia[609] no basta la falta de aplicación de *superficies solo cedit* para afirmar el reconocimiento de la propiedad superficiaria, además es necesario excluir la inversión del principio, es decir, que el suelo pueda acceder a la superficie. Una hipótesis que no se desprende del texto, pues probablemente el problema de la propiedad superficiaria no fue contemplado por el epitomador, ya que una vez que la propiedad del edificio se otorga al constructor, en la práctica el problema de la pertenencia del suelo debía parecer irrelevante.

No obstante, como se desprende del texto, el inciso *cum permissu* del *dominus soli* reconoce la autonomía de las partes para no aplicar el principio de accesión y permitir la propiedad separada de suelo y superficie. Lo que conlleva la superación, que no derogación, del principio y, por tanto, la posibilidad del reconocimiento jurídico de las diferentes partes de un edificio.

La propiedad superficiaria aparece en diferentes textos del Código Theodiosiano. Veamos algún ejemplo:

> C.Th. 15.1.53[610] *(Impp. Theod(osius) e Valerianas caes Constantio P(raefecto) V(rbi) Exsedras, quae septentrionali videntur adhaerere porticui, in quibus tantum amplitudinis et decoris esse monstratur, ut publicis commodis possint capacitatis ac pulchritudinis suae admiratione*

---

[609] *Studi sulla superficie in epoca giustiniane*, cit., pp. 50-51.

[610] En relación con el texto vid., C. Th. 15.1.50 *(Impp. Honorius et Theodosius AA. Isidoro praefecto urbi). opus coeptum extruatur et porticus thermas honorianas praecurrat acie columnarum, cuius decus tantum est, ut privata iuste neglegeretur paulisper utilitas. sed ne census sui quisquam intercepta lucra deploret, sed e contrario cum pulchritudine civitatis etiam fortunas suas auctas esse laetetur, pro loco quod quisque possederat superaedificandi licentiam habeat. nam in locum privati aedificii, quod in usum publicum translatum est, occupationem basilicae iubemus vetustae succedere, ut contractus quidam et permutatio facta videatur, cum dominus, qui suum dederat civitati, pro eo habiturus sit ex publico remota omni formidine, quod inconcusso robore et ipse habere et quibus velit tradere habebit liberam facultatem.(Dat. IIII Kal. Novemb. Constantinopoli Honorio VIIII et Theodosio V AA. conss.412 oct. 29).* Otra constitución que suscita dudas en cuanto a la atribución de la propiedad superficiaria es la recogida en C. Th 15.1.42, *Impp. Arcadius et Honorius* a. 404, analiza en el capítulo dedicado al derecho postclásico, vid., supra, pp. 142 ss.

sufficere, supra dictorum consessibus deputabit. Eas vero, quae tam orientali quam occidentali lateri copulantur, quas nulla a platea aditus adque egressus patens pervias facit, veterum usibus popinarum iubebit adscribi. His tamen ipsis, quae humiliores aliquanto adque angustiores putantur, vicinarum spatia cellularum ex utriusque lateris portione oportet adiungi, ne quid aut ministris eorundem locorum desit aut populis. Sane si qui memoratas cellulas probabuntur vel imperatoria largitate vel quacumque alia donatione aut emptione legitima possidere, eos magnificentia tua competens pro isdem de publico pretium iubebit accipere. (a.425)[611].

El texto refiere la indicación del emperador al prefecto de la ciuadad para que proceda a la expropiación de inmuebles –más bien pequeños tugurios– pertenecientes a ciudadanos particulares, con el objeto de construir en el mismo un edificio público, a cambio los dueños de los inmuebles serán indemnizados: *haec sublimis magnificentia tua...competens pretium iubebit accipere.* Ahora bien, la indemnización corresponde únicamente a aquellos que demuestren ser poseedores de las construcciones *vel imperatoria largitate vel quacumque alia donatione aut emptione legitma.* Este dato nos induce a pensar que estamos ante un supuesto de propiedad superficiaria. Aunque el texto habla de *possessio*[612] entendemos se ha adquirido la propiedad del inmueble, una vez realizada la venta o la donación, *ad usucapionem.* Mientras que el suelo sigue perteneciendo al "Estado", puesto que es difícil pensar que si no fuesen dueños se les pagaría un *pretium* por la expropiación.

En este mismo sentido De Robertis manifiesta[613]: "el hecho de que el "Estado", que en ese momento histórico se encuentra en

---

[611] DE ROBERTIS, F., *La espropriazione per pubblica utilità nel diritto romano*, Roma, 1972, p. 192, observa el autor como ésta es una de esas constituciones del Código Teodosiano que no encuentra correspondencia en el Código de Justiniano.

[612] Conviene recordar las imprecisiones semánticas de la terminología postclásica, donde *possessio* y *dominium* se confunden.

[613] *La espropriazione per pubblica utilità nel diritto romano*, cit., p. 192, De Robertis crítica duramente la opinión de BONFANTE, P., *Corso di Diritto romano, La proprietà II,* Roma, 1928, pp. 252 ss., quien sostiene que en esta

condiciones económicas poco boyantes, pagará una indemnización quiere decir que se trata de verdaderos propietarios."

Sin embargo, para Sitzia[614] que la constitución prevea la indemnización por la expropiación no significa que estemos ante un supuesto de propiedad superficiaria. La constitución habla únicamente de poseedores, no de propietarios. Es más, aún reconociendo que dichos ciudadanos sean propietarios de los inmuebles, no hay razón alguna para afirmar que la propiedad recae únicamente sobre el edificio y no sobre el suelo.

A tenor de las fuentes podemos afirmar que la propiedad superficiaria era conocida en el periodo postclásico[615]. Los principios civiles habían desaparecido en la práctica jurídica, el carácter absoluto del *dominium* también desaparece, surge una nueva terminología que refiere una versión desnaturaliza de la propiedad que puede admitir la propiedad superficiaria sin ningún tipo de traba jurídica. A lo que debemos de añadir la influencia del derecho de otros pueblos del Imperio, los orientales, que reconocen desde antiguo la *communio pro diviso*[616].

---

constitución no se contempla un supuesto de expropiación forzosa por parte del "Estado", sino simplemente la revocación de una concesión imperial de suelo público. Mientras que De Robertis mantiene: "Che si fosse stata qualche concessione imperiale è vero, ma solo limitata a un certo numero di casi e vi si allude dove si parla di gente che possedeva *imperatoria largitate*; mentre bisogna escludere tutto ciò laddove è parola di gente che possedeva *quacumque alia donatione aut emptione legitima*. Che anzi, poichè la donazione e la compera sono poste in contrapposizione con le concessioni imperiali, bisogna in ogni caso respingere le conclussioni del Bonfante."

[614] *Studi sulla superficie in epoca giustiniane*, cit., pp. 56 ss., nota 148.

[615] Vid., por todos. BIONDI, B., *La categoría romana delle servitutes*, cit., pp. 521 ss; MASCHI, C., "La proprietà divisa per piani, superficie e l'estensione ai provinciali del principio <superficies solo cedit>", cit., pp.135 ss; Id., "Fonti giustinianee e fonti bizantine in tema di proprieta superficiaria", cit., pp. 94-97; BRANCA, G., "Consideracioni intorno alla proprietà superficiaria nel diritto giustinianeo", cit., pp. 199-201; PASTORI, F., *La superficie nel diritto romano*, cit., pp. 207 ss; SILVEIRA MARCHI, E., *A propiedade horizontal no dereito romano*, cit., pp. 73 ss.

[616] Vid. MASCHI, C., "La proprietà divisa per piani, superficie e l'estensione ai provinciali del principio <superficies solo cedit>", cit., pp. 141 ss.

3. TEXTOS QUE RECONOCEN LA PROPIEDAD SUPERFICIARIA EN EL DERECHO ROMANO JUSTINIANEO

Existen una serie de textos, todos ellos retocados por los compiladores justinianeos, que esclarecen la posición de la propiedad superficiaria de la experiencia jurídica de aquel momento histórico.

Como acabamos de apuntar en el periodo postclásico el reconocimiento de la propiedad superficiaria no encuentra traba alguna. Las dificultades sobre su admisibilidad se manifiestan en la etapa inmediatamente posterior. No podemos olvidar los dos factores que contribuyeron a esta falta de claridad sobre este tema: por un lado, el objetivo de volver a la tradición clásica, es decir, al más puro Derecho romano clásico, en el que, evidentemente, la propiedad superficiaria no estaba reconocida; por otro lado, las numerosas interpolaciones de los textos clásicos fruto del conflicto que en la mente de los compiladores produjo la simbiosis del renacimiento clásico con la adecuación a las demandas jurídicas del momento.

Acertadamente Maschi[617] afirma: "La propietà superficiaria è supposta dai compilatori e in questo presupposto essi trovano il fundamento dommatico onde apportare quelle alterazioni ai testi classici, da essi inconservati, che chiaramente provano la presenza di una concezione, ove il rapporto superficiario è un rapporto di proprietà"

Para el estudio de la propiedad superficiaria en el derecho justinianeo hemos seleccionado aquellos textos que entendemos pueden acercarnos a la concepción que en ese periodo alcanza la propiedad superficiaria. La mayor parte de estos textos se han utilizado por la doctrina especializada tanto para negar, como para afirmar la existencia de dicha propiedad. Los textos en cuestión son D. 8.5.8.5 (*Ulp. 17 ed.*); D. 39.2.15.11-12-13 (*Ulp. 53 ed.*); D. 17.2.52.10 (*Ulp. 31 ed*); D. 6.2.12.2-3 (*Paul 19 ed.*); D. 6.1.73-75. Veamos por separado cada uno de ellos.

---

[617] MASCHI, C., "Fonti giustinianee e fonti bizantine in tema di proprietà superficiaria", cit., p. 99.

A) D. 8.5.8.5 (*Ulp. 17 ed.*)

Aristo Cerellio Vitali respondit non putare se ex taberna casiaria fumum in superiora aedificia iure immitti posse, nisi ei rei servitutem talem admittit. idemque ait: et ex superiore in inferiora non aquam, non quid aliud immitti licet: in suo enim alii hactenus facere licet, quatenus nihil in alienum immittat, fumi autem sicut aquae esse immissionem: posse igitur superiorem cum inferiore agere ius illi non esse id ita facere. Alfenum denique scribere ait posse ita agi ius illi non esse in suo lapidem caedere, ut in meum fundum fragmenta cadant. dicit igitur Aristo eum, qui tabernam casiariam a Minturnensibus conduxit, a superiore prohiberi posse fumum immittere, sed Minturnenses ei ex conducto teneri: agique sic posse dicit cum eo, qui eum fumum immittat, ius ei non esse fumum immittere. ergo per contrarium agi poterit ius esse fumum immittere: quod et ipsum videtur Aristo probare. sed et interdictum uti possidetis poterit locum habere, si quis prohibeatur, qualiter velit, suo uti.

El texto se ha estudiado especialmente en materia de servidumbres[618], aunque una parte de la doctrina plantea la posibilidad de que en el mismo se contemple la propiedad superficiaria para el derecho

[618] Vid., por todos DE MARTINO, F., "D.8.5.8: I rappoti di vicinato e la tipicità delle servitù", SDHI 8, 1942, p. 137, el autor estudia el texto en relación con los problemas de servidumbres y sostiene que Ulpiano comenta el texto dentro se la *sedes materiae* de las servidumbres, lo que induce a suponer que Ulpiano examinaba la admisión de una acción en tema de servidumbres, puesto que el *fummum immittere*, que no era lícito introducir en el fundo del vecino tenía un contenido de servidumbre; SOLAZZI, S., *Requisiti e modi di costituzione delle servitù prediali*, Napoli, 1947, p. 11; GROSSO, G., *Le servitù prediali nel diritto romano*, cit., pp. 68 ss; NICOSIA, G., "La responsabilità del locatore per i vizi della cosa locata" RIGS 9, 1957-58, p. 224; BRASIELLO, U., *La proprietà e la sua estensione*, Milano, 1954, pp. 172; PALMA, A., *Iura vicinatis. Solidarietà e limitazioni nel rapporto di vicinato in diritto romano dell'età clasica*, Torino, 1988, p. 34; CAPOGROSSI COLOGNESSI, L., *La struttura della proprietà e la formazione dei <iura praedorum> nell'età repubblicana II*, Milano, 1976, pp. 511 ss; GIUFFRÈ, V., *L'emersione dei "Iura in re aliena" e il numero chiuso*, cit., p. 185; DUBOULOZ, J., *La propriéte immobilière à Rome et en Italia*, cit., p. 249.

justinianeo, puesto que no hay duda de que estamos ante un texto claramente interpolado[619].

En el comentario Ulpiano recuerda que Aristón, respondiendo a Cerelio Vital, se muestra contrario a que una *taberna casearia* pueda arrojar el humo que sale de la misma sobre las casas superiores, a no ser que previamente existiese una servidumbre que lo permitiese, del mismo modo que no se puede arrojar agua, ni cualquier otra cosa, al no ser lícito entrometerse en la propiedad de otro. Para impedir tal acción es necesario que el dueño del edificio superior demande al que está echando el humo, aunque éste sea un inquilino.

El problema que plantea el texto en relación con la propiedad dividida por pisos se centra únicamente en la expresión "*superiora aedificia*" y el significado que podemos dar a la misma. Por ello, una vez más, la doctrina se divide entre aquellos que sostienen que esta expresión se refiere a los diferentes pisos de una *insula* y quienes entienden que se trata de meras relaciones de vecindad que pueden llegar a darse hasta por la orografía del terreno. Veamos las diferentes posturas al respecto:

Para Riccobono[620] en en D. 8.5.8.5 (Ulp. 17 ed.) se contempla un supuesto análogo al que se recoge D. 43.17.3.7 (*Ulp. 69 ed.*). Se trata

---

619 *Index interpolationum*,, cit., p. 110, que reconoce la interpolación de *nisi... admittit*; Vid., por todos LABRUNA, L., *Vim fiero veto. Alle radici di una idelogia*, cit., pp. 224 ss., donde a propósito del estudio del interdicto *uti possidetis* hace referencia a este texto detallando las partes del mismo que él considera añadidos postclásicos y que atribuye a un glosador de la época, buen conocedor de Aristón. Estos añadidos representan la mayor parte del texto: *nisi ei rei servitutem... ut meum fundum fragmenta cadant*; *qui eum fumum immittat*; *ergo per contrarium agi poterit... qualiter velit, suo uti*; WOLF, H.J., "Zur frühnachkassischen Kommentierung der klassischen Schriften", IVRA 3, 1952, pp. 135 ss., el autor intenta demostrar que el texto, junto con otros de Aristón, ha sido interpolado por un glosador de los inicios del periodo postclásico.

620 "La violazione del principio superficies solo cedit nel diritto giustinianeo", cit., p 310. En este mismo sentido BIONDI, B, *La categoría romana delle servitutes*, cit., pp. 539 ss., en este supuesto no podemos pensar que se trata de edificios superficiarios; todo lo contrario, son edificios que por cuestiones topográficas se encuentran unos más elevados que otros, pero en ningún caso pueden ser considerados dos viviendas que se encuentran sobre el mismo suelo. Para el *ius civile*, dice el autor, el *dominus soli* era el *dominus* de la superficie, y, por ello, es inadmisible

de las viviendas de pastores situadas unas sobre las otras: *ex taberna casearia fumum in superiora aedificia iure immitti posse.*

Pineles[621], que parte de la admisión de la *communio pro diviso* ya en época clásica, mantiene que la referencia que Aristón hace a los edificios superiores tiene que ver con las relaciones entre los diferentes *dominii* de los pisos de un edificio. De forma que si el texto se refiere a una *servitus fumi immittendi* o configura la misma y ello presupone diferentes propiedades que serían identificadas con los diferentes pisos de un mismo edificio. A pesar de que gramaticalmente *superiora* o *inferiora aedificia* pudiese significar dos predios o edificios diversos. El autor refuerza su teoría cotejando el texto con las transcripciones del mismo a *Basilicum* (58.5.8) y *Hexabiblos* (2.4.71), especialmente en Hexabiblos donde el término *steghe* que ha sido traducido por Heimbach como *contignatio*[622].

Silveira Marchi[623] también centra el problema del texto en el significado de "*superiora aedificia*". Reconocer que el texto alude a un solo edificio y que *superiora aedificia* se refiere a los diferentes pisos del mismo, sería admitir, sin ningún tipo de traba, que en el derecho clásico la propiedad horizontal era posible, pues una *servitus fumi immitendi* unicamente cabe si existen diferentes propietarios y esto no es posible en el derecho clásico.

Como sostiene buena parte de la doctrina es inadmisible hablar de los diferentes dueños de los pisos de un edificio en pleno periodo clásico, pero no podemos ignorar que en ese mismo periodo la *insula*, además de ser la vivienda habitual de los ciudadanos romanos, albergaba en los bajos establecimientos dedicados a negocios –comercio y pequeñas industrias artesanas–, las *tarbernae*[624]. No obstante la expresión "*superiora aedificia*" puede referirse a los diferentes pisos

---

una servidumbre entre el suelo y la superficie: *nulli res sua servit*; BONFANTE, P., *Corso di Diritto romano,. La proprietà I*, cit., pp. 363 ss.

621 *Questions de droit romanin: étudiées. d'après la nouvelle méthode historique du droit comparé*, cit., pp. 31 ss.

622 QUINTANA ORIVE, E., "Un manual de derecho bizantino: el Hexabiblos de Constantinus Harmenopulus", Anuario Jurídico y Económico Escurialense, 41, 2008, pp. 271 ss.

623 *A propiedade horizontal no dereito romano*, cit., pp. 54 ss.

624 Vid. PAVOLINI, C., *Ostia*, Bari, 1983, p. 289.

de una *insula*, aunque más bien parece que "*superiora*" es un añadido justinianeo, pues los clásicos harían alusión al edificio colindante, vecino, pero no superior. Mientras el citado enunciado para los justinianeos no tenía nada de extraño, puesto que para ellos el dominio separado de los diferentes pisos de un edificio no era ajeno, sino todo lo contrario. En todo caso el texto no es el paradigma del reconocimiento de la propiedad superficiaria en el derecho justinianeo.

B) D. 39.2.15.11-13 (*Ulp. 53 ed.*)

Ex hoc edicto si non caveatur, mittitur in possessionem a praetore in eam partem, quae ruinosa esse videtur. (12) An vero in totas aedes missio locum habeat, videamus. et extat Sabini sententia in totas aedes mittendum: alioquin si ex superficie, inquit, damnum timeatur, non habebit res exitum, nec profuturum in possessionem eius rei mitti, quam quis possidere non possit aut ei non expediat: et verior est Sabini sententia. (13) Sed si in plures partes divisa domus sit, utrum in partem an in totam domum possidendam mitti quis debeat, videamus. si tam ampla domus sit, ut et spatia inter vitiosam partem intercedant et eam quae vitium non facit, dicendum in eam solam partem mitti: si vero unita sit contextu aedificiorum, in totam. itaque et in spatiosis domibus melius dicetur in eam partem domus mittendum, quae vitiosae parti unita est. ceterum si modica portiuncula aedium amplissimarum vitium faceret, quale erat dicere totas aedes iubendum possidere eum, cui damni infecti non caveretur, cum sint amplissimae?

En el estudio del texto partimos de la interpolación por los compiladores justinianeos, quizá por ello se presenta como un referente de la propiedad superficiaria en el derecho justinianeo[625].

Se trata de un comentario de Ulpiano al edicto respecto de la *cautio damni infecti*. Dice Ulpiano que en aquellos supuestos en los que no se dé la caución que impone el edicto, se pondrá al solicitante en posesión del bien que amenaza ruina. El jurisconsulto se pregunta

[625] *Index interpolationum*,, cit., pp. 83 ss., en el parágrafo 11 *partem* sería una añdido compilatorio; en el 12 *vero,* la frase *alioquin...exitum*, *enim* y *aut...expediat*; y en el 13 desde *itaque* hasta el final.

si la puesta en posesión debe ser de la casa entera, a lo que responde utilizando una decisión de Sabino: debe ser la casa entera, puesto que, de lo contrario, si se teme el daño procedente de una construcción, no daría resultado alguno la puesta en posesión de algo que no pueda poseer o que no convenga hacerlo. Es decir, en este caso el jurista clásico entiende que esa posesión debe ser de todo el edificio, pues la posesión de una parte del mismo no era posible.

En la última parte del texto Ulpiano se pregunta: ¿se podría otorgar la posesión parcial del edificio en los supuestos en los cuales el edificio está dividido en diferentes partes? A lo que el jurista responde: si la casa es tan grande que quedan espacios entre aquella parte afectada por el defecto y la otra que no tiene nada, únicamente se pondrá en posesión la parte afectada por el defecto, salvo en el supuesto que todas formen un único edificio. La respuesta supone que estamos ante un edificio dividido horizontalmente, que pocede poner en posesión íntegramente, a no ser que la casa sea muy grande y el defecto afecte únicamente a una parte muy pequeña de la misma, en cuyo caso no tendría sentido otorgar la posesión de toda la casa a quien no haya recibido la caución por el daño temido.

En el texto encontramos dos decisiones: por un lado, la de Sabino que recoge el concepto de unidad del edificio; mientras la segunda, alude a la posibilidad de que el edificio se encuentre dividido en diferentes pisos, una división horizontal, pues si se tratase de una división vertical no tendría sentido plantearse la cuestión. Sin duda esta parte final es una decisión justinianea, pues es inadmisible en el derecho clásico la división jurídica de las diferentes partes de un edificio. La misma decisión de Sabino recordada por Ulpiano en el parágrafo 12 reafirma que la *missio in possessionem* se daría sobre la totalidad del edificio, es decir, una vez más se aplicaría *superficies solo cedit.*

Queda patente el contraste entre el parágrafo 12, donde se aplican las reglas clásicas que impiden la posesión separada de las diferentes partes de un edificio, y el parágrafo 13 donde el mismo Ulpiano, aunque sea excepcionalmente –para grandes edificios y donde exista una separación entre la parte afectada por el daño y el resto–, permite que la posesión de la casa sea parcial. Se reconoce de este modo la posesión de las diferentes partes de un edificio, *possessio ad usucapionem* que llevaría a la adquisición de la propiedad. Dicho reconocimiento no corresponde a Ulpiano, sino a los compiladores que con sus añadidos transgreden la opinión que el propio jurista clásico había considerado más acertada: la de Sabino. No dudamos, pues, que estamos ante un texto que no hace otra cosa que aplicar cuanto sucedía en la última etapa de la experiencia jurídica romana, olvidando el espíritu clásico.

La casuística sobre el texto es bastante amplia, no obstante merecen nuestra atención aquellos estudios que se han centrado especialmente en la propiedad horizontal y no tanto en la *cautio damni infecti*.

Pastori[626] cree que el texto representa la innovación que por influencia de la conciencia social han llevado a cabo tanto el pretor como la jurisprudencia respecto del principio de accesión. Y es esa misma innovación la que lleva a Sabino a considerar de forma autónoma la superficie, al producirse una separación del destino jurídico de la superficie, de la que se teme el daño, respecto de *totas aedes*. Aunque el autor no aprecia en el texto el reconocimiento de la propiedad superficiaria.

Riccobono[627] parte de la interpolación del parágrafo 13 que va desde *Itaque et in spatiosis domibus ...* a *cui damni infecti non cavereur, cum sint amplissime*. Incluso la expresión "*case spaziose*" aparece en otros textos interpolados como D.7.8.4 (*Ulp. 17 Sab.*) o en el mismo D. 39.2.38.1 (*Paul. 10 Sab.*). Según el autor el principio de accesión no se ve alterado por las decisiones de los jurisconsultos clásicos, sin embargo los compiladores ponen al lado del principio de accesión razones económicas que tienen como consecuencia el reconocimiento de la propiedad superficiaria. Los compiladores con la interpolación dan un nuevo significado al pasaje, que va desde la imposibilidad jurídica de la posesión hasta terminar afirmando un posterior dominio separado de las partes de un edificio. En todo caso para el autor este texto junto con otros como D. 39.2.38.1 (*Paul. 10 Sab.*) y D. 43.17.3.7 (*Ulp. 69 ed.*) deben entenderse en un amplío contexto dentro del *Cor-*

---

626 *La superficie nel diritto romano*, cit., p. 207.

627 "La violazione del principio *superficies solo cedit* nel diritto giustinianeo", cit., pp. 307 ss., nota 29 y 313.

pus iuris, pues la división del edificio puede hacerse de cualquier forma, también en sentido horizontal: "essendo ormai possibile possesso e dominio separati dei diversi piani di un edificio".

Para Biondi[628] la cuestión en este texto se centra en determinar si la *missio damni in fecti causa* debe darse "*in totas aedes*" o simplemente en la superficie. Una cuestión discutible a pesar de que la decisión del texto no se refiere a las concesiones superficiarias, sino a la relación normal entre el suelo y la superficie, a la que se aplica de pleno el principio *superficies solo cedit*. Por ello cuando Ulpiano se pregunta si se debe otorgar la posesión únicamente de la superficie la respuesta es negativa. Ulpiano y Sabino niegan que la posesión de la superficie pueda ir separada de la del suelo y con ello niegan todas las consecuencias que de la misma derivarían.

Una posición más contundente aporta Maschi[629], para quien la entrega de la posesión de las diferentes partes de un edificio se refiere a los diferentes pisos que componen el edificio. Recone así el autor la propiedad superficiaria.

Silveira Marchi[630] se adhiere a la tesis de Biondi y Riccobono y admite el carácter compilatorio del epígrafe 13 ya que éste no coincide con el razonamiento expuesto en el anterior cuando se recordaba la solución de Sabino. Ahora Ulpiano, tras el añadido justinianeo, admite la posibilidad de dar en posesión sólo una parte del edificio cuando éste sea de grandes dimensiones y se interpongan espacios libres entre las partes afectadas por el defecto y el resto del edificio. De lo contrario la *missio* debería afectar al edificio entero. Pero Silveira Marchi considera que el texto es de escaso valor en materia de propiedad superficiaria, ya que *plures partes* puede referirse también a la división vertical de un edificio, en cuyo caso *superficies solo cedit* permanece inalterable.

Sin embargo, no creemos que en este supuesto la expresión *plures partes* haga alusión a la propiedad dividida de forma vertical, pues de ser así, por un lado, no tendría que plantearse un problema y, por otro, el

---

628 *La categoria romana delle servitutes*, cit., pp. 471 ss.

629 "La proprietà divisa per piani, superficie e l'estensione ai provinciali del principio <superficies solo cedit>", cit., p. 149.

630 *A Propiedade Horizontal no Dereito Romano*, cit., pp. 44 ss.

término *partes* no se puede atribuir a la casa colindante. Será la última parte del texto, la considerada espuria *–itaque et–* la que concede la *missio* únicamente a la *vitiosa pars*, prevaleciendo en este caso una consideración económica: se evita el grave perjuicio económico que le puede ocasionar al propietario o propietarios del edificio perder la posesión de toda una casa por causa del estado ruinoso de una ínfima parte: "*in eam partem domuus mittendum, quea vitiosae parti unita est.*"

Bastante más extrema es la posición acogida por Pineles[631] para quien Ulpiano en el parágrafo 12 del texto advierte que la regla enunciada en el apartado 11 no era de aplicación general. Por ello el texto confirma la existencia de la propiedad superficiaria ya desde el derecho clásico, lo que nos hace suponer que el autor presupone que el texto no está interpolado.

Íntimamente relacionado con D. 39.2.15.11-13 (*Ulp. 53 ed.*) está D. 39.2.38.1 (*Paul. 10 Sab.*):

> *Si agri nomine non caveatur, in eam partem agri mittendum est, ex qua periculum timeatur: eiusque rei ratio haec est, quod in aedificiis partes quoque reliquae a vitiosa parte traherentur, at in agris non idem est. Sed dicendum est, ut in domibus quoque maioribus interdum causa cognita praetor statuere debeat, in cuius partis possessionem is, cui non caveatur, mitti debeat.*

En el texto apreciamos dos posiciones bastante divergentes: por un lado, Paulo afirma que cuando no se dé la caución, se entregue la posesión parcial de un fundo cuando sólo esté afectado de vicio una parte; mientras que cuando el daño procede de un edificio, se debe entregar todo él en posesión, ya que la parte que tiene el defecto atrae al resto. En este caso se aplica la atracción necesaria que representa *superficies solo cedit*: *quod in aedificiis partes quoque reliquae a vitiosa parte traherentur, at in agris non idem est.* Pero, por otro lado, en la parte final de texto, al igual que sucedía en D. 39.2.15.13 (*Ulp. 53.ed.*), el jurisconsulto admite que si se trata de edificios muy grandes se puede entregar la posesión parcial de aquella parte de la

---

[631] *Questions de droit romanin: étudiées. d'après la nouvelle méthode historique du droit comparé*, cit., pp. 29 ss.

casa que esté causando el daño, aunque siempre previa cognición de la causa por parte del pretor. Es decir, ahora y excepcionalmente, en casas muy grandes, el jurista reconoce la posesión separada de las diferentes partes de un edificio, una posesión *ad usucapionem* que, como ya hemos afirmado anteriomente, nos induce a pensar en el reconocimiento de la propiedad superficiaria.

La divergencia que se aprecia entre las dos partes del texto corresponde en realidad al cambio producido por los compiladores justinianeos, quienes proponen la misma solución que en el texto anterior de Ulpiano. Se trata, por tanto, de una solución justinianea y no clásica, mientras que la opinión clásica es la dada por Paulo al comienzo del texto.

El carácter compilatorio del inciso final del texto ha sido visto por gran parte de la doctrina. Para Riccobono[632] la interpolación comienza desde: *sed dicendum est …* y llega hasta el final del texto.

En todo caso ambos textos demuestran que el principio de accesión, en cuanto principio inderogable, prevalecía en el derecho clásico, pues tanto la decisión de Sabino y Ulpiano como la de Paulo lo confirma, al no otorgar la posesión parcial del edificio. Sin embargo, los incisos que en ambos textos introducen los compiladores justinianeos dejan ver como en ese periodo la situación es distinta. En el derecho justinianeo no parece que existiese impedimento alguno para entregar la posesión parcial de una casa, lo cual viene a confirmar que se admitía la posesión separada de las diferentes partes de un edificio, es decir, se admitía una posterior propiedad superficiaria.

C) D. 17.2.52.10 (*Ulp. 31 ed.*)

Idem Papinianus respondit: socius, qui cessantis cessantiumve portiones insulae restituerit, quamuis aut sortem cum certis usuris intra quattuor menses, postquam opus refectum erit, recipere potest exigendoque privilegio utetur aut deinceps propriam rem habebit, potest tamen pro socio agere ad hoc, ut consequatur quod sua intererat. finge enim malle eum

---

632 "La violazione del principio *superficies solo cedit* nel diritto giustinianeo", cit., p. 308.

magis suum consequi quam dominium insulae. oratio enim divi Marci idcirco quattuor mensibus finit certas usuras, quia post quattuor dominium dedit.

Ulpiano hace referencia al copropietario de un edificio, entendemos de una *insula*, quien procede por su cuenta a la reparación del mismo sin que los demás intervengan, en cuyo caso Ulpiano, siguiendo a Papiniano, afirma que tendrá no sólo derecho a que se le devuelva el capital invertido por los demás copropietarios más los intereses dentro de los cuatro meses siguientes, sino que también, y en virtud de un Senadoconsulto de Marco Aurelio, podrá optar por quedarse con la propiedad de la casa. Aunque entiende el jurista que el copropietario preferiría recuperar lo gastado que obtener la propiedad del edificio.

El texto suscita el debate doctrinal, para una parte de la doctrina[633] en este pasaje no se habla de *communio pro diviso* sino *pro indiviso* siendo, por ello, un texto poco utilizado en materia de propiedad superficiaria. Mientras otros autores ha visto el texto como un reconocimiento más de la propiedad horizontal en la experiencia jurídica romana[634].

Una vez más la teoría más novedosa la presenta Pineles, quien a partir de las palabras: "*portiones insulae*" da una nueva lectura del texto. La expresión representa para el autor las distintas partes de un edificio común, llámense pisos o *cenacula*, que son objeto de propiedad exclusiva de cada condómino. Para Pineles si fuese una *communio pro indiviso* no sería posible que esas partes indivisibles, es decir, las cuotas ideales, pudiesen ser objeto de reparación. Así, en este texto se encuentra una verdadera "propiété par étages".

---

[633] Vid., por todos BONFANTE, P., *Corso di Diritto Romano, La proprietà II*, cit., p. 47, nota 2; SOLAZZI, S., *Il concorso dei creditori nel Diritto Romano*, Napoli, 1940, p. 132, nota 1; SCARANO USSANI, V., "Privilegium exigendi e la ideologia della città negli anni di Marco Aurelio", LABEO 29, 1983, p. 261.

[634] Vid., PINELES, *Questions de droit romanin: étudiées. d'après la nouvelle méthode historique du droit comparé*, cit., pp. 29 ss; SERRAO, F., "Lotte per la terra e per casa a Roma", *Legge e societá nella Reppublica romana I,* cit., pp. 152-153, nota 253; SILVEIRA MARCHI, E., *A propiedade Horizontal no Direito Romano*, cit., pp. 52 ss.

Añade Pineles que la tesis de la propiedad superficiaria se reafirma si se coteja el texto con el parágrafo 98 del Libro Siro-Romano, en el que la propiedad por pisos está plenamente reconocida. En dicho texto se alude a la reparación del piso superior por el propietario del piso inferior que, a pesar de no ser suyo, estima necesario proceder a la reparación ya que el dueño del mismo no se preocupaba de llevar a cabo la misma. En el texto Papiniano designa como objeto de reparación: *cessantis cessantiumve portiones insulae*, es decir, los pisos de otros copropietarios negligentes, pues en el Derecho romano no existía ninguna norma, como sí ocurría en Libro Siro-Romano, que especifica la responsabilidad de los copropietarios de un edificio con el piso rehabilitado, por lo que Papiniano se refiere a *portiones insulae*, no es necesario que haga referencia al piso superior o inferior.

Siguiendo está opinión de Pineles, y en contra de la *communis opinio*, se han manifestado recientemente Serrao y Silveira Marchi[635]. Para el primero es innegable que Papiniano y Ulpiano contemplaban un supuesto en el que cada una de las *portiones insulae* era objeto de propiedad individual o exclusiva de cada propietario; de otra forma entre los distintos condóminos debería existir una administración común, ya que de lo contrario no sería admisible la *actio pro socio*. Por tanto, estaríamos ante partes divisibles que vendrían a reconocer ya en el derecho clásico la existencia de la propiedad horizontal. Silveira Marchi considera que la mejor interpretación el texto es la que sostiene Pineles, puesto que si se considera *portio insulae* sinónimo de "cuota ideal", ésta no podría jamás ser objeto de un acto de reparación. Por tanto, el texto parece admitir la *communio pro diviso* bajo la forma de propiedad horizontal.

A nuestro juicio el texto reconoce la propiedad superficiaria, pero en el derecho justinianeo, no en el derecho clásico. Los compilado-

---

[635] "Lotte per la terra e per casa a Roma", *Legge e societá nella Reppublica romana I,* cit., pp. 152 ss., nota 253. *A propiedade Horizontal no Direito Romano*, cit., pp. 52 ss., nota 44, el autor disiente de Pineles en la comparación que éste hace del parágrafo 98 del Libro Siro-Romano con D. 17.2.52.10 (*Ulp. 31 ed.*), asimilación que Pineles lleva a cabo probablemente guiado por la tesis que a principios de siglo imperaba, la cual sostenía la unidad de los derechos antiguos. Dicha unidad se producía cuando los intérpretes consultaban las fuentes jurídicas orientales junto con las fuentes romanas.

res justinianeos, como era habitual, cuando comentaron el texto de Ulpiano lo retocaron, añadiendo aquellas palabras que ellos mejor comprendían. No es extraño que utilizasen la expresión "*portio insulae*" para referir las diferentes partes de una *insula*, pues la división de las *insulae* no les resultaba extraña[636]. Proceden así a la adaptación del texto al derecho vigente en ese momento. Ahora las diferentes partes de una *insula* pueden ser propiedad de diversos dueños.

D) D. 6.2.12.2-3 (*Paul. 19 ed.*)

> *In vectigalibus et in aliis praediis, quae usucapi non possunt; Publiciana competit si forte bona fide mihi traditaest.* (3) *Idem est et si superficiariam insulam a non domino bona fide emero.*

Este texto generalmente es estudiado en relación con la protección acordada al superficiario en el derecho justinianeo, más que como un indicio del reconocimiento de la propiedad superficiaria[637]. Veamos las diferentes posiciones de la doctrina al respecto.

Biondi ve el texto como una manifestación del cambio producido en el derecho justinianeo respecto del clásico. Ahora el superficiario es considerado *dominus* y por esta razón podrá utilizar la *vindicatio*. Una situación que se confirma en D. 6.2.12.2-3 (*Paul. 19 ed.*) ya que, mientras para los clásicos la *Publiciana* no podía ser utilizada por el superficiario, para Justiniano la *Publiciana* puede ser utilizada por el superficiario, al ser acordada dicha acción respecto de la *insulam superficiariam a non domino bona fide emero*[638]. De manera que la concesión de esta acción supone la posibilidad de adquirir el dominio de la *insula* superficiaria, pues la *Publiciana* se otorga en

---

[636] Vid., *Index interpolationum*, cit., p. 302, donde la frase *potest tamen... insulae* se considera un añadido compilatorio.

[637] Vid., supra, pp. 114 ss.

[638] MASCHI, C., "Fonti giustinianee e fonti bizantine in tema di proprietà superficiaria", cit., pp. 97 ss., siguiendo la postura de Biondi sostiene que en textos como D. 6.2.12.2-3 se afirma que en el derecho justinianeo el titular de la *superficies* es reconocido como propietario, algo que también reproducen las propias fuentes bizantinas.

el supuesto de que se haya adquirido a *non domino*. Mientras que si el superficiario adquirió con dominio tendríamos que pensar en la *vindicatio*.

La tesis de Biondi sobre D. 6.2.12.2-3(*Paul. 19 ed.*) ha sido estudiada por Pugliese y por Branca.

Pugliese[639] entiende que la argumentación de Biondi sobre el texto es errónea, para demostrar, como pretende Biondi, que en el derecho justinianeo el superficiario es propietario es necesario partir de dos presupuestos básicos: 1) que el parágrafo 2 contempla la transmisión a titulo singular del *ius vectigales* por parte de quien no es titular, de forma que también el parágrafo 3 debe referirse a una hipótesis análoga, la transmisión del derecho de superficie realizado por quien no es propietario, siendo aquél calificado como *non dominus* (de la *insula* superficiaria), lo que quiere decir que, de haber sido un verdadero superficiario, habría sido *dominus* de esa misma *insula*; 2) si quien adquiere a *non domino* está tutelado con la *actio Publiciana*, aquel que adquiera *a domino* lo está con la *vindicatio*, es decir, será tratado como un propietario.

Pero la tesis de Biondi, sostiene Pugliese, únicamente tiene en consideración la segunda deducción, no la primera. No es cierto que los dos parágrafos se refieran únicamente a la transmisión del derecho –*vectigal* o *superficies*– constituido por parte de un aparente titular: el significado del segundo tomado de forma aislada es muy dudoso, de hecho no se pudede pretender que una interpretación de éste deba valer también para el contenido del tercero. Según el autor el principio enunciado en el texto –la negación de la usucapión a pesar de la concesión de la Publiciana– vale para las dos hipótesis de transmisión irregular, tanto del derecho ya constituido, como del constituido irregularmente, ya que la hipótesis considerada en el parágrafo tercero, y tenida especialmente presente por los justinianeos, es aquella de la constitución irregular, es decir, de la constitución a *non dominio*, que es siempre la hipótesis paradigmática. La voz verbal *emero* se acopla perfectamente a esta hipótesis, porque los justinianeos admiten que la constitución de la *superficies*, pueda realizarse mediante *locatio-conductio* o bien mediante venta (Ulpiano

---

[639] "Note sulla superficie nel diritto giurstinianeo", cit., pp. 122 ss.

D. 43.18.1.1): la precisión "*si superficiariam insulam a non domino bona fide emero*" (donde en el parágrafo segundo se habla genéricamente de *traditio*) significa probablemente que la Publiciana no se daba si únicamente se había concluido mediante locación.

Según el autor la *emptio* es uno de los dos modos con los que en el derecho justinianeo se constituye la *superficies*, por lo que de la frase "*a non domino bona fide emero*" no es posible deducir que se adquiere el dominio de la *insula superficiaria*. Así, quien compra la *insula superficiaria a non domino* tiene la *Publiciana* y quien la adquiere *a domino* tiene únicamente una *actio in rem* directa, aquella acción real que corresponde al superficiario. No es necesario invocar en su contra el hecho de que la *Publiciana* se reconduzca a la usucapión y que ésta conduce a la adquisición del dominio. Habrá que observar en primer lugar, que en el derecho justinianeo el mecanismo de las *fictiones* queda superado, y la *Publiciana* adquiere un carácter procesal diferente, ya no está subordinada a los requisitos formales del derecho clásico –la *fictio usucapione*–; en segundo lugar, es necesario tener presente los numerosos casos en los que, tanto para el derecho justinianeo como para el clásico, se acuerda la Publiciana aún no siendo posible la usucapión. En estos casos por afinidad bastará considerar los supuestos de constitución irregular del usufructo o de las servidumbres (D. 6.2.11.1. *Ulp. 16 ed.*)

Añade Pugliese, que con la *Publiciana* puede ser tutelado un derecho, o mejor el ejercicio de un derecho, diferente de la propiedad, sin referencia al hecho de que pueda o no ser usucapido. Por tanto, en D. 6.2.12.3 (*Paul. 19 ed.*) no se debe apreciar más que la tutela mediante la *Publiciana* de un derecho de superficie constituido *a non domino*.

Branca[640] parte de que de constitución normal de la superficie es la *locatio*, a pesar de que en D.43.18.1.1 (*Ulp. 70 ed.*) se haga referencia a la venta. De forma que si cotejamos dicho texto con D.6.2.12.3 (*Paul. 19 ed.*) se observa que la terminología utilizada en ambos textos es diferente: en D.43.18.1.1 (*Ulp. 70 ed.*) se le denomina siempre *dominus soli*, e incluso cuando se hace alusión a él se

[640] "Considerazioni intorno alla proprietà superficiaria nel diritto giustinianeo", cit., p. 198.

tiene siempre la precaución de precisar con el genitivo; mientras que en el texto D.6.2.12.3 (*Paul. 19 ed.*) únicamente se dice *non domino*, lo que quiere decir *non domino superficiarie insulae* como queda probado en la traducción de Bs. 15.2.12.

Para Branca "sería extraño tanto para un justinianeo como para un glosador llamar (como se deduce implícitamente de la argumentación de Pugliese) *dominus superficiariae insulae* al propietario del suelo que vende con el objeto de construir una superficie. De hecho en el momento de la venta es el propietario, pero del suelo, y no de la casa superficiaria, ya que en ese momento el edificio no es aún superficiario, pasa a serlo sólo después de la venta. Aquel que no es el *dominus* es el titular del *ius superficiei,* que pretende transferir este derecho; *dominus* es el superficiario, como habíamos dicho *ab initio*".

Sitzia[641] también sostiene el carácter espurio del texto y lo compara con el correspondiente de *Basilicum* (15.2.12), donde la *Publiciana* a la que alude el texto no se refiere a la *reivindicatio*, sino a la *actio in rem* otorgada en defensa del *ius in agro vectigali*, es decir, del enfiteuta y del superficiario, considerados ambos como derechos reales sobre cosa ajena y no como propiedad. Consideración que, según el autor, se confirma en D. 6.2.9.5 (*Ulp. 16 ed.*) al ser negada la *Publiciana* para la hipótesis de *res quae usucapi possunt*. Por otra parte, dice Sitzia: "si se piensa en la expresión que hubiese podido emplear el jurista bizantino para traducir la expresión "*non domino*", que aparece en el pasaje del Digesto, ciertamente no sería "*dominus soli*", que no se corresponde con el caso, puesto que el suelo ya se encuentra edificado, pero tampoco "*dominus insulae*" ya que tal expresión no resalta que se trataba de la venta del derecho de superficie y no de la propiedad del edificio. Por ello, ciertamente, habría sido más correcto distinguir la hipótesis de adquisición del derecho de superficie constituido por un sujeto diferente del *dominus* del edificio, de aquella otra hipótesis de la transmisión del mismo derecho a un sujeto que no sea el superficiario; pero el texto de Basilicos, al igual que aquél del Digesto, no opera esta distinción, por lo que cae en inevitables imprecisiones". De manera que al no haber elementos seguros para referir *non dominus* a quien no es titular del derecho de superficie, D. 6.2.12.3 (*Paul. 19 ed.*)

---

[641] *Studi sulla superficie in epoca giustiniane*, cit., pp. 15 ss.

sería únicamente un indicio bastante tenue del reconocimiento de la propiedad superficiaria, contradicho, por otra parte, por los testimonios de los escolios bizantinos.

Entendemos que el texto se refiere al *ius superficiei* reconocido abiertamente en esta etapa, que es asimilado al resto de derechos reales sobre cosa ajena, especialmente al *ius in agro vectigali.* El texto otorga la protección de la *Publiciana* al superficiario, titular del *ius in re aliena*, del mismo modo en ese momento se había otorgado al usufructuario o al titular de las servidumbres prediales[642]. Ahora bien, si cotejamos el texto con los otros que tienden a expresar dicho reconocimiento puede ser considerado un indicio más a favor del reconocimiento de la propiedad superficiaria en el derecho justinianeo.

E) D. 6.1.73 *(Ulp.17 ed.) 74 (Paul. 21 ed.)* 75*(Ulp. 17 ed.)*

D. 6.1.73 (Ulp.17 ed.) In speciali actione non cogitur possessor dicere, pro qua parte eius sit: hoc enim petitoris munus est, non possessoris: quod et in Publiciana observatur. Superficiario.

D. 6.1.74 (Paul. 21 ed.) id est qui in alieno solo superficiem ita habeat, ut certam pensionem praestet.

D. 6.1.75 (Ulp. 17 ed.) praetor causa cognitia in rem actionem pollicetur.

Veamos las diferentes lecturas que respecto a estos textos ha dado la doctrina:

Maschi[643], principal valedor del reconocimiento de la propiedad superficiaria en estos pasajes, coteja los textos clásicos con la traducción bizantina de los mismos (Bas. 15.1.75) y observa como al no ser traducidas las palabras de Ulpiano en (D. 6.1.75 *Ulp. 17 ed.*) el pasaje queda irreconocible en la obra bizantina[644]. En el texto de

---

642 GROSSO, G., *Le servitù prediali nel diritto romano*, cit., p. 209.

643 "Fonti giustinianee e fonti bizantine in tema di proprietà superficiaria", cit., p. 112.

644 Es conveniente que recordemos que Maschi (Id. p. 109) parte de la clasicidad del texto, puesto que para él hecho de que la afirmación de la acción real

los Basilicos los compiladores orientales lo acomodan a aquello que ellos entendían, eliminando toda referencia al pretor y, por tanto, a la misma *causae cognitio,* que es utilizada no sólo con ambigüedad, sino también con un significado diferente del clásico. El texto bizantino se limita a afirmar la concesión de la acción real a todo aquel que haya construido sobre suelo ajeno (Bas. 1.15.74) y esté sometido al pago del *solarium*, pues así lo establece la ley.

La reconstrucción palingenésica de Lenel demuestra, según Maschi, que el texto de Ulpiano se encontraba en el comentario al edicto referido a las acciones del vectigalista, de esta manera se acerca la defensa del superficiario a la de aquél; mientras que justinianeos y bizantinos lo colocan directamente en el tratamiento de la *rei vindicatio*. Un hecho significativo que demuestra que en esa época el superficiario era considerado propietario –resulta menos evidente en las fuentes justinianeas debido a la mayor conservación de elementos clásicos– ya que tanto la *traditio* como el legado *per damnationem*, en este momento, son traslativos de propiedad. Por tanto, es lógico que la acción real, de la que habla el texto de Basilicos, sea la *vindicatio*. Algo, por otro lado, inadmisible para los clásicos.

Igualmente para Branca[645] estos textos dejan entrever "un reconocimiento implícito en la tendencia a considerar propiedad el derecho del superficiario". Sin embargo, el autor no acepta la tesis de Maschi sobre D. 6.1.73-74, pues él parte de la idea de que en el derecho justinianeo lo que hay es una "tendencia" al reconocimiento de la propiedad superficiaria. Tendencia que también viene expresada en D. 6.2.12.3 (*Paul. 19 ed.*) *Idem est <id est: publicaian competit>*

---

a la superficie se haga fuera de las *sedes materiae* referentes a la superficie, y lo acerque a los *agri vectigales*, hacía que el jurista clásico considerase inoportuno proceder a la especificación del tipo de acción, resultando suficiente la calificación real, lo que lleva a considerar que el fragmento es genuino y no compilatorio.

[645] "Considerazioni intorno alla proprietà superficiaria nel diritto giustinianeo", cit., p. 196, el autor cree que esos indicios justinianeos a favor del reconocimiento de la propiedad superficiaria pueden verse también en otro texto del Digesto, 7.1.2 = Bas. 16.1.2; SITZIA, F., *Studi sulla superficie in epoca giustiniane*, cit., p. 20, cree que el texto evidencia todo lo contrario, ya que si conectamos el texto a la problemática de la propiedad superficiaria se debería, por la misma razón, afirmar la propiedad del enfiteuta o del titular del *ius in agro vectigalis*, una propiedad que viene negada expresamente en D. 6.3.1.1 (*Paul. 2 ed.*)

et si superficiariam insulam a non domino bona fide emero. Así, si en el texto se señala la adquisición de la *superficies* por el no superficiario y se califica a éste como *non dominus*, siendo el verdadero superficiario considerado implícitamente *dominus*.

Sitzia[646], contrario a estas opiniones, niega al superficiario la condición de propietario por el hecho de que en el derecho justinianeo tanto la *traditio* como el legado, también el *per damnationem*, sean translativos de propiedad. Los argumentos esgrimidos a favor de D. 6.1.73-75 no son para Sitzia lo suficientemente significativos como para considerarlos una prueba del reconocimiento de la propiedad superficiaria.

Entendemos que estos tres textos analizados de forma aislada no representan el reconocimiento de la propiedad superficiaria en el derecho justinianeo; más bien todo lo contrario: reconoce la *superficies* como un derecho real sobre cosa ajena, pues otorgan a todo aquel que construya en suelo ajeno y pague una contraprestación pecuniaria, una *actio in rem* para su defensa. El hecho de que los mismos fuesen colocados por los justinianeos junto a la *rei vindicatio* no significa que el superficiario fuese *dominus*, del mismo modo que el vectigalista tampoco lo era. En todo caso si cotejamos D. 6.1.75 (*Ulp. 17 ed.*) con las fuentes bizantinas –Bas. 15.1.75–, donde, como aprecia Maschi, se han transformado las palabras de Ulpiano se observa que el derecho de la época conoció la propiedad superficiaria, pero no supone que el titular del derecho real fuese propietario. Estamos ante dos situaciones jurídicas diferenciadas: por un lado, se reconoce el derecho real de superficie y, por otro, se admite la propiedad superficiaria.

4. LAS POSICIONES DOCTRINALES A PROPÓSITO DEL RECONOCIMIENTO DE LA PROPIEDAD SUPERFICIARIA EN EL DERECHO JUSTINIANEO

El análisis de las distintas fuentes nos permite afirmar que el reconocimiento de la propiedad dividida no se produce en el *Corpus*

---

[646] *Studi sulla superficie in epoca giustiniane*, cit., pp. 19 ss.

iuris de forma expresa. Es evidentemente que semejante reconocimiento hubiese supuesto una contradicción con el material clásico recogido en el mismo. La propiedad superficiaria chocaba con el más puro Derecho romano, lo que impide un reconocimiento explícito de la misma, si bien las interpolaciones que hemos visto en algunos textos clásicos muestran que su práctica era una realidad. Dado que el tema ha suscitado posturas doctrinales muy diversas conviene que veamos por separado aquellas más significativas.

Solazzi[647] explica como los amplios poderes que en el derecho justinianeo se atribuyen al superficiario no convierten el derecho real sobre cosa ajena en un derecho de propiedad. Sin embargo, en aquellos casos en los que las partes se hayan decantado por constituir una propiedad, es sumamente equivoco distinguir esa propiedad con el adjetivo de <superficiaria>; la superficie no existe sobre un piso o sobre una parte adquirida en propiedad mediante la venta o legado. A pesar de que históricamente es cierto que, debido al rigor del principio *superficies solo cedit*, la utilidad de un edifio o de parte de éste podía obtenerse únicamente con la superficie; sin embargo no hay razón para calificar de superficiaria a una propiedad igual a cualquier otra, únicamente porque en el aspecto económico-social cumpla la misma función que venía desarrollando la superficie.

Afirma de este modo Solazzi la existencia de la propiedad dividida de las diferentes partes del edificio tanto en el derecho justinianeo como en el bizantino, pero sin que dicha propiedad deba llevar "el turbio nombre de superficiaria", del mismo modo que cuando el edifico pertenece a un propietario distinto del suelo éste no es llamado superficiario. A juicio de Solazzi, el problema de la propiedad superficiaria lo ha creado doctrina romanística, puesto que la antítesis es siempre entre derecho real sobre cosa ajena y propiedad; a diferencia del derecho clásico, donde no se admitía la división horizontal de la propiedad del edificio, el derecho justinianeo la admite, pues el campo de aplicación de *superficies solo cedit* es diferente. Ahora el principio únicamente funciona cuando falta una determinación concreta de las partes. Por ello, cuando se leen textos como D.

647 "La *superficies* nel diritto giustinianeo", AG. 146, 1954, pp. 24 ss.

9.2.50 (*Ulp. 6 opin.*), D. 20.1.29.2 (*Paul. 5 respons.*), D. 43.17.3.7 (*Ulp. 69 ed.*) se constata que el viejo principio de accesión es invocado únicamente cuando el constructor ha edificado sobre suelo ajeno sin previo acuerdo del constructor.

Para Branca[648] resulta sintomático que en las fuentes bizantinas no se hayan traducido las afirmaciones del principio *superficies solo cedit*, resultando especialmente significativo en los pasajes que recogen los textos del Digesto 43.17.3.7 (*Ulp. 69 ed.*) y 44.7.44.1 (*Paul. 74 ed.*) transcritos en Bas. 52.1.42, donde la afirmación de que la superficie sigue al suelo no aparece, al igual que en D.46.3.98.8 (*Paul. 15 quaest*): *pars enim insulae aera est et quidem máxima, cui etiam superficies cedit* tampoco queda de la misma manera.

En las fuentes bizantinas únicamente los escolios contraponen superficie y dominio, mientras que en *Basilicum* (Bas. 58.10.19 pr.) se ignora no sólo la contraposición, sino también el principio *superficies solo cedit*, principio que servía de fundamento a aquélla. Dicha exclusión por parte de los griegos no obedece a razones de brevedad, puesto que los textos aparecen incompletos, privados de justificación lógica; más bien se trata de que el dogma clásico es ignorado por la conciencia social común. Branca señala que "estamos en presencia de un hecho constatado en las fuentes bizantinas: los escolios contienen a menudo los principios genuinos; Stefano y Enantiofane, en este caso son demasiado legales a los textos con contenido clásico que tienen delante, mientras que los compiladores de *Basilicum*, en cambio, más cercanos al derecho vigente olvidan intencionadamente frases y principios que han perdido sentido".

Esta diferente concepción que aparece en el derecho bizantino debe ser tenida en cuenta, puesto que hay autores como Sitzia que centran el estudio de la *superficies* en los textos bizantinos: sólo en ellos se reconoció la propiedad superficiaria.

Para Biondi[649] la superficie en el derecho justinianeo se delimita como una entidad autónoma del suelo, susceptible de propiedad al igual que el suelo, que conlleva el reconocimiento la propiedad

---

[648] "Considerazioni intorno alla proprietà superficiaria nel diritto giustinianeo", cit., pp. 197 ss.

[649] *La categoría romana delle servitutes,* cit., pp. 527 ss.

superficiaria. La Compilación presenta varios elementos que confirman este reconocimiento:

a) Se admite de forma generalizada el *ius tollendi.* Las tímidas decisiones de los juristas clásicos se convierten en principio general. La propiedad sobre los materiales que en un principio no le correspondía, se convierte ahora en plena, y en cuanto que el propietario, respetando los límites establecidos por la ley, puede separarlos del suelo.

b) En D.39.2.47 (*Nerat. 6 membr.*) Justiniano admite la posibilidad de que una habitación apoyada sobre el edificio ajeno, pertenezca al propietario no de la casa sobre la que se apoya, sino de la casa vecina.

c) En D. 6.1.5.3 (*Ulp. 16 ed.*) Justiniano acuerda una *utilis in rem actio* para reivindicar el árbol que tiene las raíces en el fundo vecino"[650].

Estos argumentos demuestran, a juicio del autor, que el principio *superficies solo cedit* no es un principio depuesto. El principio de ac-

---

[650] En contra de estos presupuestos argumentados por Biondi para demostrar el reconocimiento de la propiedad superficiaria en el Derecho romano justinianeo se muestra PUGLIESE, G., "Note sulla superficie nel diritto giustinianeo", cit., pp. 131 ss., para el autor, la generalización del *ius tollendi*, ya utilizada por Riccobono, no demuestra la admisión de la propiedad superficiaria en el derecho justinianeo, pues éste se refiere únicamente a aquellas cosas que pueden ser separadas de la cosa principal sin producirle a ésta daño alguno y conservando la misma la utilidad que tenía. De modo que el *ius tollendi* tiene una esfera de aplicación que no comprende las casas sobre las que se puede concebir la propiedad superficiaria, de manera que la admisión del *ius tollendi* supone todo lo contrario del reconocimiento de la propiedad superficiaria.

Respecto al tercer apartado referente a D.39.2.47, hemos visto la postura Pugliese en el estudio este texto, quien sostiene que las dos soluciones, la de Labeón y Neracio son idénticas y demuestran como el principio *superficies solo cedit* no funciona, subsistiendo una *servitus oneris ferendi*, pero no el reconocimiento de la propiedad superficiaria por parte de los justinianeos, ya que también para éstos la *superior pars aedificii quae nulli coniuncta sit neque aditum aliunde habeat* no puede *alterius esse quam cuius est id cui superposita est.*

Del mismo modo tampoco el argumento sobre la *actio utilis* acordada en D. 6.1.5.3 puede, a juicio de Pugliese, sostenerse como un indicio a favor del reconocimiento de la propiedad superficiaria en el derecho justinianeo, puesto que el texto lo único que demuestra es la posibilidad de derogar el riguroso funcionamiento de *superficies solo cedit.*

cesión coexiste en este periodo con otros que regulan la posibilidad de extender el dominio de forma horizontal, especialmente con "il principio fondamentale per cui la propietà di un fondo non può ledere la propietà altrui." Si bien, el hecho de que se admita la propiedad de la superficie separada del suelo no excluye la aplicación del principio tradicional. Los dos principios pueden perfectamente coexistir, de hecho ésta es la diferencia entre los derechos germánicos y orientales, – que ignoran el principio *superficies solo cedit*– y el derecho justinianeo. Justiniano enuncia dicho principio pero admite que es derogable. Por tanto, la propiedad superficiaria será perfectamente admisible en el derecho justinianeo.

Pugliese[651], por su parte, cree que el superficiario no puede ser considerado *dominus* en el derecho justinianeo puesto que las mismas fuentes justinianeas distinguen el derecho de superficie de la propiedad en sentido formal. "Así, D.10.2.10 (*Ulp. 19 ed.*), – texto retocado por los comisarios justinianeos–, distingue entre *praedia vectigalia vel suerficiaria* y *praedia quae nostri patrimonii sunt*; también "D. 50.16.49 (Ulp. 59 ed.): ... *in bonis auten nostris computari sciendium est non solum quae dominii nostri sunt, sed et si bona fide possideantur vel superficiaria sint*. Al texto se le añade por los justinianeos el inciso "*vel superficiaria sint*", el cual permite apreciar como los "*superficiaria bona*" no son considerados objeto de propiedad del superficiario, sino que son contrapuestos a aquellos "*quae dominii nostri sunt*", y son los mismos justinianeos quienes operan esta contraposición".

Para el derecho justinianeo, como avala D. 39.2.9.4 (*Ulp. 53 ed.*)[652], el superficiario no era dueño de la superficie, para los justinianeos la *superficies* era un *ius in re aliena*, diferente de otros derechos reales, pero también diferente de la propiedad. Ya que, aunque el superficiario tiene unos poderes que casi se corresponden con los

---

651 "Note sulla superficie nel diritto giustinianeo", cit., p. 136.

652 *Quaesitum est, si solum sit alterius, superficies alterius, superficiarius utrum repromittere damni infecti an satisdare debeat. et Iiulianus scribit, quotiens superficiaria insula vitiosa est, dominum et de soli et de aedificii vitio repromittere aut eum, ad quem superficies pertinet, de utroque satisdare: quod si uterque cesset, vicinum in possessionem mittendum.*

del propietario, desde el punto de vista estrictamente jurídico no es propietario.

Schulz[653] afirma la tendencia romana a construir el derecho de propiedad con la mayor libertad posible y a dar a la iniciativa privada el más amplío juego, reconociendo para ello que la propiedad rustica inmobiliaria es libremente alienable y divisible. Tendencia que creemos se vio incrementada por las influencias orientales sobre el derecho postclásico y que se dejan sentir en el derecho justinianeo. No parece factible que el cambio acontecido en la etapa precedente fuese radicalmente suprimido por el espíritu justinianeo de volver al derecho clásico.

Para Maschi[654] en la mente de los compiladores existió un conflicto latente entre el pasado y el presente del Derecho romano; el primero no eliminado, todo lo contrario, valorado y voluntariamente conservado en el Digesto. La presencia de las antiguas elaboraciones del *ius civile*, del edicto perpetuo o de los comentarios de la jurisprudencia, impiden a los ojos de los compiladores hablar abiertamente en el *Corpus iuris* de la propiedad superficiaria, pues un reconocimiento explícito de aquella habría supuesto una contradicción demasiado grande entre el heterogéneo material recogido en el *Corpus*. La propiedad superficiaria es supuesta por los compiladores, una suposición que ellos confirman con los añadidos que realizan en los textos clásicos y que prueban que la relación superficiaria es una relación de propiedad. Esta misma argumentación desvela el misterio de la ausencia en las otras partes de la Compilación que no son el Digesto de una referencia al titulo *de superficiebus*: se trata de no poner en abierto contraste las diferentes partes de la Compilación. Algo que podía suceder sin dañar la certeza del derecho, puesto que si la relación es una relación de propiedad, no hay razón para regularla aparte.

Pastori[655] adopta una posición intermedia respecto al reconocimiento de la propiedad superficiaria: ya en derecho clásico la conciencia social lleva al pretor y la jurisprudencia a realizar una serie de in-

---

[653] *Derecho Romano clásico*, trad. de J. Santa Cruz, Barcelona,1960, p. 325, opinión recogida también por MASCHI, C., "La proprietà divisa per piani, superficie e l'estensione ai provinciali del principio <superficies solo cedit>", cit., p. 151.

[654] "Fonti giustinianee e fonti bizantine in tema di proprietà superficiaria", cit., pp. 98 ss.

[655] *La superficie nel diritto romano*, cit., pp. 206 ss.

novaciones que chocan con la tradición del principio *superficies solo cedit* y el régimen imperante del *ius civile.* Innovaciones que, a juicio de Pastori, se aprecian en Sabino (D. 39.2.15.12, *Ulp. 53 ed.*) con su concepción autónoma de la superficie. En el derecho justinianeo se produce una orientación que según Pastori "no determina el reconocimiento de la propiedad superficiaria, aunque sí la toma en consideración". Así, las numerosas interpolaciones operadas en las fuentes por los compiladores parecen inspiradas en la idea de la propiedad superficiaria, pero muestran resistencia a dejar vislumbrar dicho reconocimiento, pues el mismo hubiese supuesto una ruptura total con el sistema clásico que ellos recogen en el Digesto. "La falta de un reconocimiento positivo de la propiedad superficiaria representa la contribución que los compiladores ofrecen a la tradición clásica." Concluye Pastori: "las fuentes bizantinas pueden ser consideradas fieles interpretes del espíritu que animaba las reformas justinianeas, en cambio, no sean el espejo del régimen positivo dictado por Justiniano."

Una postura totalmente diferente a cuanto hemos visto hasta el momento es la que encabeza Pineles[656] y seguida por Serrao. Para ambos autores la propiedad superficiaria fue reconocida desde el periodo clásico, cuando se confirma la figura jurídica de la *communio pro diviso*, instituto análogo a la actual propiedad horizontal.

Por último, Silveira Marchi[657] para quien ya en el derecho clásico una parte de la jurisprudencia, especialmente Labeón, admitía, aunque con carácter excepcional y dentro de unos límites (el piso superior debía de presentar *aditus ex publico*), la propiedad horizontal. Si bien es en el derecho justinianeo cuando se produce ya sin restricción alguna y de forma generalizada la admisión de la propiedad superficiaria.

La falta en el *Corpus iuris* de un texto en el que se afirme la propiedad superficiaria creemos que no responde únicamente al respeto a la tradición clásica, también es la consecuencia lógica de la evolución que sufre *superficies solo cedit.* El axioma clásico sigue estando vigente. No hay ninguna norma ni clásica ni postclásica que lo de-

---

[656] *Questions de droit romanin: étudiées. d'après la nouvelle méthode historique du droit comparé*, cit., pp. 29 ss; "Lotte per la Terra e per la Casa a Roma dal 458 al 441 a. de C.,". *Legge e società nella Repubblica Romana I*, cit., pp. 150 ss.

[657] *A propiedade horizontal no dereito romano*, cit., p. 89 ss.

rogue, ahora bien pierde ese carácter insuperable que tenía en el *ius civile*, de manera que una vez que la autonomía de las partes puede excluir la accesión el reconocimiento de la propiedad superficiaria ya no significa un choque frontal con el nuevo orden jurídico establecido. Encaja perfectamente en esa nueva concepción del derecho justinianeo, igual que antes lo hizo en el derecho postclásico.

El reconocimiento de la *superficies* como *ius in re aliena* no supone que el superficiario sea considerado *dominus*, pues una cosa es el titular de un derecho real sobre cosa ajena y otra, bien distinta, el propietario superficiario, de un derecho real de propiedad que consiste en una parte determinada de un edificio. Como afirma Pugliese[658], una propiedad adjetivada, pero al fin y al cabo *dominium*. Si consideramos, como ya hicieron Biondi o Maschi, que el superficiario en el derecho justinianeo era *dominus* estamos vaciando de contenido el derecho real de superficie, es más, debemos preguntarnos qué función cumplía entonces el *ius superficiei*, incluso, qué sentido tenía que Justiniano reconociese un derecho real sobre cosa ajena si en realidad se trataba de un derecho de propiedad.

La respuesta a estos interrogantes creemos que no puede ser otra que la ya expresada: en el derecho justinianeo existe un *ius superficiei* con un contenido propio y preciso, pero también existió la llamada *communio pro diviso*, en la que las diversas partes de un edificio podían pertenecer a diferentes sujetos, quienes serían *dominii* de esa parte determinada con un derecho real absoluto y no limitativo sobre la misma. El camino al reconocimento de la propiedad superficiaria iniciado de forma excepcional por Labeón se consolida en el derecho postclásico y pasa sin traba alguna al derecho justinianeo.

5. LAS CONSTRUCCIONES LEVANTADAS EN EL *LITUS MARIS*

El *litus maris*[659] tiene especial relevancia para el estudio de la propiedad superficiaria en la experiencia jurídica romana, sobre todo

---

[658] "Note sulla superficie nel diritto giustinianeo", cit., p. 138.

[659] La doctrina habitualmente ha estudiado el régimen jurídico del litoral dentro de las *res comumunes* o las *res publicae* e incluso de forma más generalizada dentro

respecto de las construcciones levantadas sobre el litoral. El régimen jurídico aplicable a dichas construcciones está relacionado con el reconocimiento de la propiedad superficiaria en el Derecho romano.

Entendemos por litoral la franja de tierra que bordea el mar o la tierra hasta donde llega el mar cuando sube la marea.

La jurisprudencia romana precisa el significado de *Litus maris*. A este respecto Celso dice:

> D. 50.16.96 *(Cels. 25 dig.) Litus est, quousque maximus fluctus a maris pervenit: dique Marcum Tullium aiunt, cum arbiter, esser primum constituisse.*

---

de las *res*. Nosotros, por el contrario, únicamente vamos a realizar el estudio específico de las construcciones en el *litus*, pues todo lo demás excede con mucho de nuestro tema de trabajo. En este sentido vid., por todos PAMPOLONI, M., "Sulla condizione giuridica delle rive del mare nel Diritto Romano e odierno", BIDR 4, 1891, pp. 197 ss; COSTA, E., "Il mare e le sue rive nel Diritto Romano", Rivista di Diritto internazionale V, fasc. III, 1916, pp. 337 ss; MAROI, F., "Sulla natura giuridica del mare e delle sue rive in diritto romano", Scritti giuridici I, Milano, 1956, pp. 453 ss; BRANCA, G., *Le cose extra patrimonium humani iuris*, Triestre, 1949; DELL'ORO, A., "Le res communes omnium dell'elenco di Marciano e il problema del loro fundamente giuridico", Studi Urbinati 31, 1962-63, pp. 238 ss; BIONDI, B., "La condizione giuridica del mare e del *litus maris*", Scritti giuridici III, Milano, 1965, pp. 107 ss; LOMBARDI, G., *Ricerche in tema de ius gentium*, Milano, 1946, pp. 42 ss; FRANCIOSI, G., "Res nullius e ocupatio", Atti dell'accademia di Scienze morili e politiche della Società Nacionale di Scienze, Lettere e Archi, 1964, pp. 2 ss; ROBBE, U., *La differenza sostanziale fra res nullius e res nullius in bonis e la distinzione delle res pseudo-marcianea "che non ha nè capo ne coda" I*, Milano, 1979; CASTÁN PEREZ-GOMEZ, S., "Nuevas observaciones sobre la condición jurídica del mar y des litorales en el Derecho romano", Estudios de Derecho Romano en memoria de Benito Mª. Raimundo Yanes, Burgos, 2000, pp. 103 ss; GUTIERREZ-MASSON, L., "Mare nostrum: imperium o dominium", Revista de la Facultad de Derecho de la Universidad Complutense, 1993, pp. 123 ss; CASTAN PEREZ-GOMEZ, S., *El régimen jurídico de las concesiones administrativas*, cit., pp. 201 ss.; ZOZ, M.G., *Riflessioni in tema di res publicae*, cit., pp. 50 ss; KASER, M., *Ius gentium*, trad., de Andrés Santos, F.J., Granada, 2004, pp. 134 ss; GARCÍA QUINTAS, M., "El mar desde la perspectiva jurisprudencial romana", RGDR, 15, 2010; ALEMÁN MONTERREAL, A.; "La problemática del litus maris en Derecho romano y su pervivencia", AFDUC 17, 2013, pp. 553 ss.; NOVKIRISKA-STOYANOVA, L., "Fundamentos romanos del uso del ertus manis", RGDR 27, 2016, www.iustel.com. SPANU, C., "*Mare et pe hoc litora maris (I.2.1.1.) gestione e tutela del litoral maritimo nel diritto romano*, Sassari, 2012, pp. 159 ss.

Javoleno afirma:

> D. 50.16.112 (*Iav. 11 ex Cass.*) *Litus publicum est eatenus, qua maxime flutus exaestuat. idemque iuris est in lacu, nisi is totus privatus est.*

Para la jurisprudencia clásica el litoral sería el espacio de tierra hasta donde alcanza la marea alta. Ahora bien, el problema se plantea a la hora de determinar la calificación jurídica del *litus maris*, a este respecto la jurisprudencia es bastante desigual, pasando desde *res publica*, como por *res communes* e incluso *res nullius*[660].

Ya Cicerón[661] refiriendo la opinión de Aquilio Galo califica el mar como público: "*solebat Aquilius, conlega et familiariis meus, cum de litoribus ageretur, quae omnia publica ese vultis, quarentibus iis, ad quid is pertinebat, quid esset litus, ita definire: quae fluctus eluderet*".

Celso en D.43.8.3.pr. (*39 dig.*) sostiene que el mar y el litoral están sujetos al imperio del "Estado" romano, calificándolos como *res populi romani*: *litora, in quae populus romanus imperium habet, populi romani ese arbitror: Maris comunes usum ómnibus hominibus, ut aeris, iactasque in id pilas eius ese qui iecerit: sed id concedendum non ese, si deterior litoris marisve usus eo modo futurus sit*[662]. Se trata, como el mismo jurista dice, de una opinión particular opuesta a la expresada por Marciano[663] quien afirma: *et quidem naturali iure onmium communia sunt illa: aer, aqua proluens, et mare, et per hoc litora maris*. Marciano atribuye al litoral una calificación jurídica diferente: *res communis omnius*, que posteriormente se recoge

---

660 Vid., PEREZ-GOMEZ, S., "Nuevas observaciones sobre la condición jurídica del mar y des litorales en el Derecho romano", cit., p. 106, para el autor la falta de conformidad entre los jurisconsultos a la hora de calificar jurídicamente el mar y el litoral se debe a que la terminología del Derecho Romano en este punto no es clara y consecuente. En algunas ocasiones no se distinguen los términos *communia* y *publica*, llegando a ser utilizados indistintamente por los juristas romanos cuando se referían a las cosas del *populus Romanus*.

661 *Top. 7.32.*

662 BONFANTE, P., *Corso di Diritto roman. La proprietà II*, cit., p. 67, duda de la categoría que enuncia el texto de Celso en el derecho clásico.

663 D. 1.8.2.1 (*Marc. 3 inst.*)

en las Instituciones de Justiniano[664]: *litorum quoque usus publicus irus gentium est, sicut ipsius maris: et ob id quibuslibet liberum est casam ibi ponere, in quam se recipiant, sicut retia siccare et ex mari deducere.*

Las diferentes calificaciones que los juristas romanos dan de *litus maris* llevan a la doctrina a cuestionarse el régimen jurídico del mismo.

Para Costa[665] son las fuentes jurídicas las que atestiguan el régimen jurídico del *litus maris*, especialmente D. 1.8.10 (*Pomp. 6 ad Plaut.*) *Aristo ait, sicut id, quod in mare aedificatum sit, fieret privatum, ita quod mari occupatum sit, fieri publicum:* el mar abierto está dentro de las *res communes* –todos pueden hacer uso de él– frente al mar adyacente al litoral y el litoral que son de dominio público[666]: *litora, in quae populus Romanus imperium habet, populi Romani esse arbitror*[667]. A pesar de que no se trata de *res publicae* no se debe de incluir dentro de las *res in patrimonio publico*, sino dentro de las *res nullius*, pues el *litus* es susceptible de *occupatio*. Ahora bien, el *litus*, a diferencia de las *res nullius*, para poder ser ocupado necesita previa autorización administrativa. Y son los compiladores quienes atribuyen el carácter de *res communes omnium* al *litus maris*, aunque únicamente contamos con dos referencias al mismo D. 1.8.2.1 (*Marc. 3 inst.*) e *Iust. Inst.* 2.1.12[668].

---

664 2.1.5.

665 "Il mare e le sue rive nel Diritto Romano", cit., p. 340.

666 En este mismo sentido se ha manifestado entre otros BONFANTE, P., *Corso di Diritto romano, La proprietà* I, cit., pp. 55 ss., para quien la categoría de *res communis omnium* es acogida por los literatos romanos por influencia de la filosofía estoica griega, una influencia que llega hasta los juristas; MAROI, F., "Sulla natura giuridica del mare e delle sue rive in diritto romano" cit., p. 162, excluye que el derecho clásico considerase al *litus maris* como *res communes omniu.* A pesar de que tampoco el derecho justinianeo define la naturaleza jurídica del *litus maris*, situándolo entre las *res publicae in uso publico* y las *res nullius.*; en esa misma línea CASTAN PEREZ-GOMEZ, S., *El régimen jurídico de las concesiones administrativas*, cit., p. 34, cree que la *res communis omnium* son una categoría con más valor filosófico que jurídico; ZOZ, M.G., *Riflessioni in tema di res publicae*, cit., pp. 50 ss.

667 D. 43.8.3 pr. (Cels. *39 dig.*)

668 GUZMÁN BRITO, A., *Derecho privado romano I*, Santiago de Chile, 1996, (reimp. 2004) p. 434, para quien la opinión de Marciano de "cosas comunes

Dell'Oro mantiene que la declaración de Celso en D. 43.8.3.1 (*9 dig.*) no considera ni al mar ni al aire *res communes*, sino que declara común su uso, por tanto no se puede deducir de este texto que Celso considere las *res communes omnium* como categoría autónoma, simplemente acude a un término utilizado generalmente por la literatura romana[669].

Para Biondi[670] el *litus maris* entra a formar parte de las *res publicae*, aunque es innegable que el mar y el litoral pertenecen al "Estado" y pueden ser utilizados libremente por los ciudadanos. El *litus maris* se encuentra tanto en la categoría de las *res publicae*, como de las *res communes*. Está dentro de las cosas públicas en cuanto que sólo el *populus* tiene la facultad de conceder el goce a los ciudadanos, una concesión que impide el *usus omnium* y, además, atribuye el *dominium* de la parte del litoral ocupado por el particular a éste; también está dentro de las *res communes* en cuanto que todos pueden hacer uso y adquirir el dominio de aquel. El pensamiento clásico oscila entre estos dos conceptos[671].

Para Biondi la ocupación de la costa y la adquisición en propiedad del suelo sobre el que se edifica proviene de la consideración jurídica del *litus maris* como *res nullius*, de manera que del mismo modo que se adquiere la *insula in mari nata* se adquiere la parte del litoral sobre el que se ha levantado una construcción. Se trata de bienes que no pertenecen a nadie y que pasaran a ser de aquel que los ocupe por primera vez, si bien, dado que se está privando a otros ciudadanos de su disfrute, la utilización de la cosa por parte de un particular debía de llevar aparejada la correspondiente concesión ad-

a todos", entre ellas el mar y sus costas, es una opión personal influida por las ideas estóicas.

[669] Los literatos romanos se refieren al mar con el termino "commue". Vid. por todos PALUTO, *Rudens*, 4.3.36: *mare quidem commune certost omnibus*; Cic. *Pro Rosc.* 26: *quid tam est commune quam spiritus viris, ...mare fluctuantibus, litus eiectis?*; Id. *De offic*. 1.16.52; Sen. *benef.* 4.28.

[670] "La condizione giuridica del mare e del litus maris", cit., pp. 115 ss.

[671] ROBBE, U., *La differenza sostanziale fra res nullius e res nullius in bonis e la distinzione delle res pseudo-marcianea*, cit., pp. 454 ss., critica duramente la tesis de Biondi al entender que parte de un presupuesto totalmente falso: la contradicción de las dos posturas, un criterio, a juicio del autor, que es antihistórico, anticrítico y contrario a todo criterio metodológico.

ministrativa. Una concesión a la que se refieren Escévola[672], Pomponio[673] y Ulpiano[674] y que, a juicio del autor, debió ser una realidad innegable, ya que la necesidad de una concesión para edificar confirma y garantiza el *usus omnium.*

Scialoja[675] acoge esta misma posición y afirma que son los juristas clásicos quienes consideraban el mar y el litoral *res communes*, calificación que finalmente recoge Justiniano en el *Corpus iuris.*

Branca[676] excluye el *litus maris* de las *res communes* en cuanto que no es posible disponer libremente del mismo; se trata por tanto de una de las *res publicae,* si bien el mar y el litoral son de uso común e implícitamente ilimitado, mientras se respete el uso de los demás. Dicho uso común faculta a los ciudadanos a modificar el litoral mediante la realización de construcciones. De manera que el particular usa y disfruta de la cosa *propio iure*, en cambio no ocurre lo mismo en el resto de las *res publicae*, donde la facultad de goce nace únicamente previa autorización del "Estado". Por ello, en realidad el mar pertenece a las *res communes*, según el derecho natural, si bien será en el derecho justinianeo cuando el *litus maris* se incluya dentro de las *res communes onmium*, un momento en que se tiende a confundir las *res publicae* y las *res communes.*

A pesar de la problemática conceptual que se desprende del *litus maris*, la jurisprudencia atribuyó a éste un *usus omnium.* En este sentido Gayo[677] dice: *In mare piscantibus liberum est casam in litore ponere, in qua se recipiant.* Ulpiano[678]afirma: *mare commune omnium est et litora* y Marciano[679] : *Et quidem naturali iure omnium communia sunt illa: aer, aqua profluens, et mare, et per hoc litora*

---

672 D. 43.8.4 (*Scaev. 5 resp.*) *Respondit in litore iure gentium aedificare licere, nisi usus publicus impediretur.*

673 D. 41.1.50 (*Pomp. 6 Plaut.*)

674 D.43.8.2.8 (Ulp. *58 ed.*) *Adversus eum, qui molem in mare proiecit, interdictum utile competit ei, cui forte haec res nocitura sit: si autem nemo damnum sentit, tuendus est is, qui in litore aedificat vel molem in mare iacit.*

675 *Teoria della proprietà nel diritto romano*, Spoleto, 1933, pp. 127 ss.

676 *Le cose extra patrimonium humani iuris*, cit., p. 70.

677 D. 1.8.5.1 (*Gai. 2 res cott.*)

678 D. 47.10.13.7 (*Ulp. 67 ed.*)

679 D.1.8.2.1 (*Marc. 3 inst.*)

maris. Un uso común que permitió que cualquier particular pudiese disponer del litoral a traves de la construcción de cabañas para su cobijo y el de sus aperos de pesca[680].

Castán[681] afirma que la ausencia de datos dificulta la calificación jurídica de estas construcciones. Si bien, por analogía con otras concesiones de dominio público que responden siempre a idéntica praxis administrativa, es posible extender el régimen jurídico de aquellas a las edificaciones levantadas en el litoral. En este sentido los ciudadanos dispondrían del litoral para construir en él previa concesión administrativa, llevada a cabo a través de la *locatio-conductio*. Un contrato que se realizaría entre el particular concesionario y la administración, que estaría, a juicio del autor, sometido al pago del correspondiente *vectigal* o *solarium*. Si bien, a pesar de no estar documentado en ninguna fuente, el autor encuentra justificado el pago, puesto que de otra manera todo el litoral del Imperio romano se hubiese visto cubierto de edificaciones, impidiendo con ello el uso público al que estaba destinado[682]. Además, añade el autor, la atribución de la propiedad a la que aluden los diferentes textos debe ser obra de los compiladores justinianeos quienes consideraban el litoral como *res communes omnium* y no una práctica clásica en la que "estos concesionarios de dominio público tuvieran ese derecho de uso y disfrute al que hacíamos referencia, conforme a los términos del arrendamiento suscrito con la administración".

No cabe duda de que estamos ante un régimen *sui generis* que difiere tanto de las *res communes* como de las *res nullius* y de las *res publicae*[683]. Así, en el caso de las *res communes* dice Neracio: no

---

680 Sen. *ep*. 89.21, donde el autor refiere la excesiva urbanización del litoral.

681 *Régimen jurídico de las concesiones administrativas en el Derecho Romano*, cit., pp. 210 ss.

682 En este mismo sentido se ha manifestado ROBBE, U, *La differenza sostanziale fra res nullius e res nullius in bonis e la distinzione delle res pseudo-marcianea*, cit., p. 647, para quien no es posible dudar de la existencia del *vectigal*, especialmente en el Derecho clásico, estando su ausencia motivada por las innovaciones justinianeas en esta materia.

683 CARRASCO, C., "*Res communes omnium*: ¿Categoría jurídica del Derecho romano con vigencia en la actualidad?", Revista interdisciplinar de gestion ambiental 35, 2001, p. 32 afirma: "Una vez más podemos decir que, independientemente de cuál sea la calificación jurídica que los juristas otorguen al litoral, parece

adquiere la propiedad sobre lo construido quien edifica en la orilla del río[684]; tampoco adquiere la propiedad del *locus publicus* quien edifica en él, mientras que quien se apodera de aquellas cosas que no son propiedad de nadie sí adquiere su propiedad[685]. Su tratamiento no encaja en ninguna de las categorías, aunque se aproxime más a las *res publicae iuris gentium*, puesto que, como afirma Neracio, aunque todos los ciudadanos pueden disfrutar del litoral, las construcciones realizadas en el litoral, mientras estén en pie, son propiedad de aquel que las construye; una vez que éstas desaparecen, el suelo vuelve a ser de todos. Creemos que no es posible afirmar el carácter de *res nullius* del litoral, pues la adquisición de la propiedad es temporal: mientras dure la edificación levantada. Aunque las construcciones levantadas en el *litus* se asemejan al *ius superficiei* el hecho de que el constructor de la edificación adquiera la propiedad de aquélla mientras dure en pie, nos hace disentir de esta calificación, para acercarla a la propiedad superficiaria, pues el constructor adquiere el *dominium* de la construcción y no del suelo, ya que una vez demolida aquélla el suelo seguirá perteneciendo al *populus*. Se quebranta el principio *superficies solo cedit*. Veamos lo que dicen las fuentes al respecto:

Escévola confirma tanto la libertad de disposición de los particulares sobre el *litus,* como la legalidad de las construcciones realizadas en la costa[686]: D. 43.8.4 (*5 resp.*): *in litore iure gentium aedificare licere, nisi usus publicus impediretur*t. Aunque el mismo jurista matiza que éstas no pueden impedir el uso público del litoral[687].

---

evidente que en su régimen jurídico se observan particularidades respecto del existente para las tradicionalmente consideradas *res publicae*".

[684] D. 41.1.15.(*Nerat. 5 reg.*) *Qui autem in ripa fluminis aedificat, non suum facit.*

[685] D.41.1.14 pr. *(Ner. 5 membr.)*

[686] BRANCA, G., *Le cose extra patrimonium humani iuris*, cit., pp. 86 ss., sostiene la ilicitud de las construcciones que perturban el *usus publicus*, aunque en la primera línea del texto se afirma la libertad de disposición.

[687] BRANCA, G., *Le cose extra patrimonium humani iuris*, cit., p. 89, afirma que D. 39.1.1.17 (Ulp. 52 ed.) representa la libertad de construcción sobre el litoral. El hecho de que a las construcciones realizadas en lugares públicos o sagrados le corresponda la denuncia de obra nueva y a las levantadas sobre el litoral únicamen-

En ese mismo sentido Ulpiano confirma el carácter público de las costas: *maris communem usum omnibus hominibus, ut aeris, iactasque in id pilas eius esse; sed id concedendem non esse, si deterior litoris marisve usus eo modo futurus sit*[688]. Y debido a ese carácter público cualquiera puede construir y derribar sin permiso, siempre que ello no perjudique a nadie. Además, afirma Ulpiano, que quien realiza esa construcción en el litoral adquiere la propiedad de la misma. Una adquisición que deriva del *ius gentium* y que impide que un tercero pueda prohibir tal construcción:

> D. 39.1.1.18. (*52 ed.): Quod si quis in mare vel in litore aedificet, licet in suo non aedificet, iure tamen gentium suum facit: si quis igitur velit ibi aedificantem prohibere, nullo iure prohibet, neque opus novum nuntiare nisi ex una causa potest, si forte damni infecti velit sibi caveri.*

Mucho más explícita es la posición de Neracio. El jurista equipara el *litus maris* a las *res nullius*; si bien el mismo Neracio diferencia el régimen de las *res nullius*[689] de aquel del litoral, pues confirma que la adquisición de la propiedad es únicamente del edificio y no del suelo, en cuanto que éste recupera su condición de público cuando desaparece la edificación que se asienta en él. Una condición que en realidad nunca perdió, pues, aunque explícitamente no se dice, la única propiedad que adquiere el constructor es la de la cabaña y no el suelo, ya que

---

te la *cautio damno infecti* demuestra que la construcción sobre el *litus* es una actividad libre de cada uno. Además, añade el autor, "il costruttore fa propria la casa *iure gentium* in quanto non ci sono nè leggi nè editti nè senatoconsulti che limitano la sua facoltà di disposizione nel senso di rendere necessaria la richiesta d'u permesso preventivo. Ogni opera fatta nel mare e nel lido è sempre fondamentalemente lecita e non può essere impedita giammai con la denunzia *iure publico tuendi causa*."

[688] D.39.2.24.pr (*Ulp.81 ed.)*

[689] En este mismo sentido podemos entender las palabras de Pomponio en D. 41.1.30.4 (*34 ad Sab.*): *Si pilas in mare iactaverim et supra eas inaedificaverim, continuo aedificium meum fit. item si insulam in mari aedificaverim, continuo mea fit, quoniam id, quod nullius sit, occupantis fit.* Sobre la exégesis del texto vid., por todos BRANCA, G., *Le cose extra patrimonium humani iuris*, cit., pp. 15 ss., y 87, afirma el carácter justinianeo de la parte final del texo, pues son éstos quienes consideran el mar y el litoral como *res nullius*, lo que, a juicio del autor, supone una contracción con el régimen establecido para las riveras de los ríos.

si adquiriese tal propiedad no la perdería por el hecho de que la construcción desaparezca, sino que seguiría manteniendo la del suelo:

> D.41.1.14 pr. *(Ner. 5 membr.) Quod in litore quis aedificaverit, eius erit: nam litora publica non ita sunt, ut ea, quae in patrimonio sunt populi, sed ut ea, quae primum a natura prodita sunt et in nullius adhuc dominium pervenerunt: nec dissimilis condicio eorum est atque piscium et ferarum, quae simul atque adprehensae sunt, sine dubio eius, in cuius potestatem pervenerunt, dominii fiunt. (1) Illud videndum est, sublato aedificio, quod in litore positum erat, cuius condicionis is locus sit, hoc est utrum maneat eius cuius fuit aedificium, an rursus in pristinam causam reccidit perindeque publicus sit, ac si numquam in eo aedificatum fuisset. quod propius est, ut existimari debeat, si modo recipit pristinam litoris speciem.*

Y esta misma conclusión podemos obtener de las palabras de Marciano:

> D.1.8.6.pr. (*Marcian. 3 inst.*): *In tantum, ut et soli domini constituantur qui ibi aedificant, sed quamdiu aedificium manet : aliquin aedificio dilapso quasi iure postliminii revertitur locus in pristinam causam, et si alius in eodem loco aedificaverit, eius fiet.*

Papiniano confirma que no se adquiere el *dominium* del litoral sobre el que se ha levanto una cabaña, sino únicamente la cabaña, pues una vez destruida ésta, otro puede construir en esa misma porción de suelo y se hará de él lo construido:

> D.41.3.45 pr. (*Pap.10 resp.*) *Praescriptio longae possessionis ad optinenda loca iuris gentium publica concedi non solet. quod ita procedit, si quis, aedificio funditus diruto quod in litore posuerat (forte quod aut deposuerat aut dereliquerat aedificium), alterius postea eodem loco extructo, occupantis datam exceptionem opponat...*

El texto ratifica que estamos ante dos propiedades diferentes: la del litoral y la del edificio construido en él. La primera será siempre del *populus*, pudiendo ser ocupada por cualquiera, mientras que la segunda será de quien la construya.

Estas construcciones según nos informa Gayo[690] no eran más que pequeñas cabañas destinadas a dar refugio a los pescadores[691]. De manera que su construcción, a diferencia de las construcciones levantadas en suelo público, no debió ni tan siquiera ser considerada como una edificación con entidad de casa o de edificio. Sin embargo, Maroi, a tenor de las fuentes literatias, sostiene que la construcción de edificaciones en la costa se convirtió en un fenómeno frecuente entre ciudadanos adinerados quienes procedieron a utilizarlos como casas de recreo o como viveros de pesca[692].

Debemos plantearnos si existe la necesidad de una previa autorización de la administración. Dicha discusión proviene de dos textos, uno de Pomponio y otro de Celso, que hablan de autorización administrativa:

> 41.1.50 (*Pomp. 6 ex plaut.*) *Quamvis quod in litore publico vel in mari exstruxerimus, nostrum fiat, tamen decretum praetoris adhibendum est, ut id facere liceat: immo etiam manu prohibendus est, si cum incommodo ceterorum id faciat: nam civilem eum actionem de faciendo nullam habere non dubito*[693].

---

[690] D. 1.8.5.1. (*Gai. 2 res cott.= Inst. 2.1.4*)

[691] BRANCA, G., *Le cose extra patrimonium humani iuris*, cit., p. 8 afirma: “las construcciones realizadas sobre el mar no pueden ser estables, cumpliendo únicamente una función instrumental para el uso del mar, cuya construcción se permite unicamente a los pescadores. Se trataría de actos de disposición permitidos excepcionalmente como medio necesario para el ejercicio de ese derecho público del mar y de la costa.”

[692] Vid., MAROI, F., “Sulla natura giuridica del mare e delle sue rive in diritto romano”, cit., p. 7 ss., donde hace referencia a los textos de Cicerón, Séneca, Plutarco, Plinio y Juvenal, entre otros; PEREZ-GOMEZ, S., “Nuevas observaciones sobre la condición jurídica del mar y des litorales en el Derecho romano”, cit., p. 117.

[693] Sobre la problemática doctrinal a propósito de la genuidad del texto vid., por todos COSTA, E., “Il mare e le sue rive nel Diritto Romano”, cit., pp. 350 ss; DI MARZO, S., *Le cose e diritti sulle cose I, Lezioni di diritto romano*, Palermo, 1922, pp. 26 ss; BONFANTE, P., *Corso di Diritto romano, La proprietà II*, cit., p. 67; BRANCA, G., *Le cose extra patrimonium humani iuris*, cit., pp. 97 ss., afirma la interpolación del texto por los compiladores justinianeos, especialmente la parte que refiere a un «*decretum praetoris* » como autorización para construir sobre el litoral, en cuanto que dicha exigencia se contradice con lo que de forma general había mantenido la jurisprudencia clásica. Además, la autorización fue un requisito necesario desde Constantino en adelante. Ahora bien, según Branca, la parte central del texto

D. 43.8.3. *pr* (*Celso 39 dig.*) *Litora, in quae populus Romanus imperium haber, populi Romani esse arbitror: (1) Maris communem usum omnibus hominibus, ut aeris, iactasque in id pilas eius esse qui iecerit: sed id concedendum non esse, si deterior litoris marisve usus eo modo futurus sit*[694].

En el primero de los textos Pomponio, además de reiterar la adquisición en propiedad de lo construido, refiere la necesidad de autorización administrativa para poder construir en el litoral. Una autorización que, según sus propias palabras, debería conceder el pretor en un decreto. El texto despierta muchos interrogantes. El primero de ellos respecto del magistrado encargado de autorizar la concesión alude al pretor. Como hemos tenido ocasión de ver las concesiones administrativas de suelo

es clásica y la parte final es la continuación lógica de la frase precedente. De manera que si la construcción impide a un tercero el goce público del mar o del litoral éste acudirá al pretor en cuanto que está legitimado a oponerse. En este mismo sentido se manifiesta ZOZ, M.G., *Riflessioni in tema di res publicae*, cit., p. 57 para quien, a pesar de las manipulaciones los justinianeos realizan en el texto, no es posible mantener la necesidad de una autorización administrativa. Más explícito se muestra ALBERTARIO, E., "Le derivazioni d'acqua dai fiumi pubblici", Studi di Diritto Romano II, Milano, 1941, p. 88, al entender que no existe concordancia entre la primera parte del texto –hasta *licet*– y el resto, además de adolecer de otros vicios como la alternancia de plurales y singulares o la falta de sujetos en los verbos *prohibedus* y *faciat*; ROBBE, U., *La differenza sostanziale fra res nullius e res nullius in bonis e la distinzione delle res pseudo-marcianea*, cit., pp. 625 ss., admite que la primera parte es justinianea pero confirma que la parte central es genuina, demostrando la existencia de un régimen de defensa privado que se actúa cuando alguno realiza una obra que pueda dañar los intereses de otro. *A sensu contrario* RICCOBONO, S., "Dalla communio del diritto quiritario alla comproprietà moderna", en *Essays in Legal History*, Oxford, 1913, p. 70, sostiene la genuidad clásica el texto y responde a las críticas filológicas de Albertario argumentando que el sujeto de los verbos *prohibedus* y *faciat* estaría en la parte inicial del texto que ha sido corregida.

694 Sobre le exégesis del texto vid., por todos BRANCA, G., *Le cose extra patrimonium humani iuris*, cit., p. 96, donde afirma que el final *–sed id concedendum…–* del texto es un añadidio justinianeo. Según el autor el texto no haría alusión a la posibilidad de prohibir una cierta actividad en el litoral «iactare pilas» sino a la necesidad de ilegalizar la construcción cuando ésta esté ya realizada. Por ello, si Celso hubiera querido referirse a la necesidad de una autorización administrativa previa habría utilizado expresiones más claras y exactas. De ahí la justa sospecha del texto desde *sed it* hasta el final. Es probable que la corrección sea de Triboniano quien sí tuvo intención de introducir la necesidad de autorización.

público recayeron en el censor, aunque también era posible que otros magistrados menores las realizasen, pero no el pretor[695].

En este sentido nos parece acertada la teoría de Zoz[696] para quien la autorización administrativa era necesaria previa denuncia de un tercero que viese lesionado su derecho a utilizar libremente el mar, es decir, cuando las cabañas de los pescadores impidiesen el libre acceso al mar, o bien cuando aquellas no podían ser consideradas cabañas, sino villas o casas. La libertad a la hora de ocupar y levantar edificaciones en el *litus maris* se daba en la medida que, al menos en origen, se trata de pequeñas construcciones, cabañas –a modo de tugurios–, que, probablemente, no tuviesen la consideración de edificio o casa. Y en este sentido podemos entender las palabras de Escévola[697]: *...in litore iure gentium aedificare licere, nisi usus publicus impedietur.* Es decir, el particular no puede levantar al lado del mar una casa o un edificio grandioso, que impida a los demás el uso público de la costa, puesto que en esos casos se le puede obligar a su demolición.

Entre quienes sostienen que la construcción en el litoral necesita una concesión administrativa previa está Branca[698]. Según el autor la autorización legitima la adquisición del dominio de lo construido[699].

---

695 El texto refiere la necesidad de que el magistrado realice la concesión mediante un decreto, una forma de concesión no habitual en Roma. En este sentido vid., por todos ZOZ, M.G., *Riflessioni in tema di res publicae*, cit., pp. 54 ss.

696 ZOZ, M.G., *Riflessioni in tema di res publicae*, cit., pp. 53 ss., posición adoptada años antes por FERRINI, C., *Manuale de Pandette*, Milano, 1917, p. 165. En sentido contrario se manifiestan, entre otros ROBBE, U., *La differenza sostanziale fra res nullius e res nullius in bonis e la distinzione delle res pseudo-marcianea*, cit., p. 625 ss; para DELL'ORO, "Le res communes omnium dell'elenco di Marciano e il problema del loro fundamente giuridico", los textos que aluden a la necesidad de autorización administrativa no difieren del régimen afirmado por Gayo, puesto que esas construcciones de las que habla Gayo deben estar limitadas a pequeñas cabañas, aunque el "Estado" debía de preocuparse, también en la época clásica, que las edificaciones levantadas a lo largo de la costa no perjudicasen el interés público y el de los particulares: en esos casos estaría más que justificada la intervención del pretor.

697 D. 43.8.4 (*Scaev. 6 resp.*), un texto que para algunos está interpolado por. Vid. por todos LOBARDI, G., "Res publicae iuris gentium", cit., pp. 55 ss.

698 BRANCA, G., *Le cose extra patrimonium humani iuris*, cit., pp. 66 ss.

699 KASER, M., *Ius gentium*, cit. p. 137, para el auotr el texto de Pomponio confirma que el que está dispuesto a construir en la costa en ocasiones solo puede

Además, si falta esa autorización, contra las construcciones que dañen los intereses de terceros se podrá interponer en vía útil el interdicto *ne quid in loco publico fiat.*

Ahora bien, creemos que es necesario determinar hasta dónde alcanzaba el *litus maris*. La respuesta la encontramos en D. 50.16.112 (*Iav. 11 ex Cass.*): *qua máxime fluctos exastuat*, hasta donde alcanza la marea. Y si este era el concepto de litoral, creemos, pese a la falta de fuentes que lo atestigüen, que éste es el motivo por el que las construcciones realizadas en el litoral no aparecen entre las concesiones de suelo público. Es más, el *litus maris* no fue considerado como *locus publicus*, por lo que no era necesaria una concesión administrativa previa para poder construir en ese espacio considerado como litoral.

Y en cuanto que no es necesaria previa autorización administrativa debemos descartar la necesidad del pago del *solarium* o *vectigal*[700]. Evidentemente si el particular, según manifiestan los juristas clásicos, adquiere la propiedad del edificio, que no del suelo, difícilmente podía estar gravado con el *solarium*. Además, si nos atenemos a las fuentes son varios los textos que hacen referencia a la adquisición de la propiedad[701], mientras que ninguna otra fuente alude a la obligación del pago del *solarium*. Resulta curioso que ni las fuen-

---

hacerlo mediante un decreto pretorio, aunque ello no se vincula a la adquisición de la propiedad.

[700] ROBBE, *La differenza sostanziale fra res nullius e res nullius in bonis e la distinzione delle res pseudo-marcianea*, cit., pp. 442 ss., sostiene que quien construye en lugar público debe de pagar una contraprestación, pero no quien lo hace en el lido, ya que su derecho a ocuparlo proviene de la communio universal sobre el lugar, de la que en cuanto hombre participa.

A sensu contrario, CASTÁN GÓMEZ-PÉREZ, S, "Nuevas observaciones sobre la condición jurídica del mar y sus litorales en Derecho Romano, cit., pp. 117 ss., para quien "no cabe duda que si para la pesca se celebra un contrato de arrendamiento público –gravado con el *vectigal piscaririarum*–, con mayor razón se intervendría en los supuestos de inaedificatio, toda vez que esta activiad constituía una situación mucho más grave que la otra a efectos de uso público y de la que podía recabarse mayores beneficios".

[701] D. 1.8.10 (*Pomp. 6 Plaut.*); D. 41.1.30.4 (*Pomp. 34 Sab.*) ; D.1.8.6 pr. (*Marcian. 3 inst.*); D. 39.1.1.18 (*Ulp. 52 ed.*) ; D.41.1.14 pr. (*Nerat. 5 membr.*); D.41.1.14.1 (*Nerat. 5 membr.*)

tes jurídicas, ni las literarias, ni las epigráficas hagan referencia a la necesidad de una contraprestación pecuniaria, tan frecuentemente mencionada, sin embargo, en otros tipos de concesiones administrativas. No cabe duda que el constructor lo que adquiere es la propiedad de la edificación levantada sobre el *litus maris*, una propiedad análoga a la propiedad superficiaria[702].

---

[702] Cic., *De off.*, 3.9; Plut., *Luc.*, 39; ALEMAN MONTERREAL, A.; "La problemática del litus maris en el derecho romano y su pervivencia", cit., p. 567, para quien el derecho de propiedad sobre la costa lesiona el derecho público al uso de la misma.

CONCLUSIONES

Primera: El significado material de *superficies* –explicado desde la etimología del término– define todo aquello que se hace sobre el suelo, lo superpuesto y unido al mismo. Este significado se traslada al técnico-jurídico como: el derecho a construir o gozar de todo aquello que se encuentra sobre el suelo ajeno.

Segunda: Las relaciones superficiarias nacen como respuesta a la falta de *locus* para edificar. La tierra es escasa y hasta el siglo V a. de C., unicamente disponen de ella los patricios, lo cual da lugar a graves enfrentamientos entre los dos ordenes sociales. En un intento de conciliar los intereses de ambos se aprueba en el año 456 a. de C., la *Lex Icilia de Aventino publicando* que, por primera vez en la historia de Roma, otorga *locus publicus* –terrenos del Aventino– a los plebeyos para que construyan en él sus viviendas. Esta concesión de terreno para edificar representa el antecedente más antiguo de lo siglos después conocemos como *superficies.*

Tercera: A partir del siglo IV a. de C. se hace habitual la concesión de terreno público a los particulares, para que éstos edifiquen en él a cambio de una contraprestación pecuniaria –denominada *solarium*–. Surge así una relación *sui generis* –la relación superficiaria– cuya base jurídica es la *locatio-conductio*. Estas practicas se desarrollan en en el ámbito público, entre el *populus* y los ciudadanos. Dichas concesiones se convierten en una importante fuente de ingresos para las arcas públicas. La trascendencia de las relaciones superficiarias determina que algunas leyes municipales –la *Lex Fla-*

via Malacitana, entre otras– regulen las concesiones de suelo público. Ahora bien, como consecuencia de la gran inversión económica que realiza quien construye en suelo público y la larga duración de las concesiones –por cien años o a perpetuidad– las normas de la *locatio-conductio* se revelan insuficientes. Esto da lugar a que a finales de la República a estas concesiones se le otorgue una protección extraprocesal más amplía y específica: el interdicto *de loco publico fruendo*, que supone un paso trascendental y un primer desarrollo jurídico de la *superficies*.

Cuarta: En los comienzos de la etapa clásica –por influencia de las prácticas públicas– las relaciones superficiarias se extienden al ámbito privado. Dichas relaciones pueden tener por objeto: el *solum* para que otro particular lo transforme y construya en él o el edificio ya construido para su disfrute por un largo periodo de tiempo o a perpetuidad. Estas primeras concesiones de terreno privado se regulan, como en su día sucedió en el ámbito público, por las normas generales del arrendamiento.

Quinta: La *superficies, iure civile*, está condicionada por el consuetudinario e inderogable principio de accesión *superficies solo cedit*. Este principio impide que la construcción levantada en suelo ajeno pueda ser objeto de derecho real alguno. Lo construido sobre el suelo sigue el destino jurídico de éste.

Iure civile se produce un primer desarrollo de la *superficies* cuando la jurisprudencia, sensible a las necesidades del superficiario, establece la obligación del *dominus soli* de ceder a aquel las acciones que éste como dueño tiene frente a terceros. Una protección que sigue siendo insuficiente para quien ha invertido una gran cantidad de dinero en levantar una construcción cuya propiedad revertirá al dueño del suelo.

Sexta: El pretor, siempre sensible a las demandas sociales y en un intento de conciliar la realidad del momento y el derecho, a comienzos de la época clásica, otorga a las relaciones superficiarias una protección más amplía: el interdicto *de superficiebus*. Un texto que aparece recogido en el título 18 del libro 43 del Digesto y que a pesar de haber sido interpolado y recortado por los compiladores justinianeos, su lenguaje permite afirmar que fue concedido en torno al siglo I d. de C. El interdicto, según el texto del edicto, se concede: *uti ex lege locationis sive conductionis superficie, qua de agitur nev vi nec clam nec precario alter ab altero fruamini, quo minus fruamini, vin fiero veto.* Y se aplica a aquellas relaciones *longi temporis* o *in perpetuum.*

Es el comentario de Ulpiano al edicto quien nos muestra la evolución *iure praetorio* de la *superficies* y su acercamiento a los *iura in re aliena.* Un primer paso para la configuración real del instituto se produce con la concesión de la *actio de superficie*, que afirmamos como *actio utilis*, otorgada por el pretor con ficción de propiedad previa *causae cognitio* y análoga a la concedida a los *agri vectigales.* La constitución de la *superficies* pasa ahora por la *locatio-conductio*, la *emptio-vendito*, el legado y la donación. Del mismo modo *iure honorario* el superficiario puede pignorar la propia *superficies.* Si bien el superficiario no tiene la *possessio* de la superficie, sino una *quasi in corporis possessio*, mientras que es el *dominus soli* a quien corresponde la *possessio* tanto del suelo como del edificio.

Octava: La *superficies* en la experiencia jurídica clásica tiene una doble configuración: *iure civile* es una mera relación obligatoria, en el que el superficiario es tan sólo *inquilinus; iure honorario* la *superficies* se convierte en una relación jurídica real, un *ius in re aliena* más, modelado a semejanza de los *agri vectigales* y del *ususfructus.*

Novena: En el periodo postclásico los cambios socio-políticos, económicos y jurídicos determinan el devenir de la *superficies.* En el ámbito jurídico decaen los escrúpulos jurídico-formales que habían determinado la doble configuración de la superficie en el derecho clásico. Ahora *superficies solo cedit*, por influencia del derecho de otros pueblos del imperio romano como el ático, egipcio o sirio, deja de ser un principio inderogable y comienza a regir aquí la autonomía de las partes; se reconoce así la posibilidad de un dominio separado de suelo y superficie. No obstante las imprecisiones del lenguaje jurídico postclásico determinan que el *ius superficiei* no aparezca reconocido como tal en ninguna de las constituciones de la época. Se habla de *dominium* y *possessio*, e incluso se denomina *dominus* al titular de un derecho limitativo de la propiedad; se produce un tratamiento conjunto de todos los derechos de carácter dominical y se acercan especialmente enfiteusis y superficie. Sin embargo, ello no puede ser obstáculo para que reconozcamos que en numerosas constituciones del *Codex Theodosianus* se regula un *ius superficiei*.

Décima: En el derecho justinianeo la *superficies* aparece reconocida como un *ius in re aliena*. Como consecuencia de los cambios económicos y urbanísticos –Bizancio no sufre ni escasez de terreno ni de vivienda– existe una falta de interés por el *ius superficiei*, que queda de manifiesto en la escasa regulación que del mismo se hace. Justiniano no regula la superficie, sino que utiliza el material clásico y a través de las interpolaciones de los textos clásicos opera las transformaciones necesarias que permitan afirmar la *superficies* como uno de los *iura in re aliena* reconocidos en la experiencia jurídica romana. En el Derecho romano justinianeo el superficiario es el titular de un derecho limitativo de la propiedad, nunca *dominus* de la superficie.

Además, Justiniano tiende a equiparar –al igual que sucedía en el derecho postclásico– superficie y enfiteusis.

Undécima: En la experiencia jurídica justinianea el *ius superficiei* se configura como un *ius in re aliena*, transmisible *inter vivos* y *mortis causa*, que permite al titular disfrutar de la superficie de la forma más amplía posible –como un *quasi dominus*– a cambio del pago de una contraprestación pecuniaria, el *solarium*.

Duodécima: Íntimamente relacionado con el *ius superficiei* se encuentra la *communio pro diviso*, la denominada "propiedad superficiaria". Si bien en la experiencia jurídica romana, debido a la influencia del principio *superficies solo cedit*, la propiedad superficiaria no se reconoce como una figura jurídica autónoma de forma expresa. Ahora bien, ello no impide que las fuentes en más de una ocasión reflejen el reconocimiento *de facto* de la misma. Es importante destacar la solución progresiva de Labeón: siempre que la planta superior tuviese acceso independiente desde la calle, el jurista admite la no aplicación del principio de accesión. Esto no significa el reconocimiento de la "propiedad superficiaria", pero sí la solución de justicia para una demanda social de aquel tiempo. Será en el periodo postclásico, y por influencia del derecho de otros pueblos del imperio –ático, egipcio, sirio entre otros–, cuando la experiencia jurídica romana reconozca la propiedad separada de las diferentes partes de un edificio a diversos titulares.

El Derecho romano justinianeo no reconoce expresamente la "propiedad superficiaria". Llama la atención aquí el renacimiento jurídico clásico de los compiladores. Por ello en este periodo histórico la "propiedad superficiaria" no fue más que una modalidad de *dominium* tutelada como tal y diferenciada del derecho real de superficie.

Decimotercera: En las construcciones levantadas sobre el *litus maris*, dado que el constructor de las mismas adquiere el *dominium* mientras la construcción esté en pie, se produce una situación anómala que se puede equiparar a la "propiedad superficiaria": el constructor adquiere la propiedad de lo edificado, pero no del suelo, ya que éste revertirá al "Estado" una vez demolida la construcción. Quiebra, una vez más, el principio de accesión *superficies solo cedit.*

BIBLIOGRAFÍA

ALBANESE, B.,

— *Le situazioni possessorie nel diritto privato romano*, Palermo, 1985.

ALBERTARIO, E.,

— "In tema di classificazione delle azioni (*Actiones in rem e actiones in personam*)", en Riv. Dir. Proc. Civ. 5, 1928. pp. 185-206.

— "Il possesso della superficie", en Studi di Diritto Romano II, 1941, Milano, pp. 411-437.

— "Le derivazioni d'acqua dai fiumi pubblici", en Studi di Diritto Romano II, Milano, 1941, pp. 68-91.

— "Il pegno della superficie", en Studi di diritto romano II, 1963, Milano, pp. 459-476.

ALBURQUERQUE, M.,

— "A propósito de las providencias administrativas urgentes: los interdictos en Derecho Romano", Derecho y opinión 6, 1995-1996. pp. 185-221.

— Reflexiones sobre el arrendamiento y disfrute de un lugar de dominio público en Derecho Romano", Iuris Tantum, 2001, pp. 3 ss.

— *La protección o defensa del uso colectivo de dominino público: Especial regencia a los inerdictos de publicis locis* (*loca, itinere, viae, flumina, ripae*), Madrid, 2002, pp. 151 ss.

ALEMÁN MONTREAL, A.,

— "La problemática del litus maris en Derecho romano y su pervivencia". AFDUC 17, 2013, pp. 553-568.

AMIRANTE, L.,

— "Ricerche in tema di locazione", BIRD 31, 1959. pp. 9-119.

ANDREAU, J.,

— *Banking and Business in theRroman World*, Cambrig, 1999.

ARANGIO RUIZ,V.,

— "La struttura del diritto sulla cosa altrui in diritto romano", en AG 81, 1908, pp. 361-470.

— "Epigrafia Giuridica greca e romana II", en SDHI 5, 1939, pp. 521-633.
— Fontes Iuris Romanianteiustiniani, Firenze, 1969.
— *Istituzioni di Diritto Romano*, Jovene, 1977, Napoli.

ARCHI, G.,
— *"Epitome Gai". Studio sul tardo diritto romano in occidente*, Milano, 1935.

BARBAGALLO, C.,
— *Il problema delle origini di Roma*, Roma, 1970.

BECKMANN, M.,
— "The meaning of pons in the inscription of Adrastus (CIL 6.1585)", Mouseion, Journal of the Classical Association of Canada, LI, Vol. 7, 2007, pp.123.

BESELER, G.,
— *Beiträge zur Kritik der römischen Rechtsquellen* I, Leipzig, 1931.

BERGER, A.,
— "Interdictum", PW, p. 1644.

BIONDI, B.,
— *La categoria romana delle servitutes*, Milano, 1938.
— *Le servitú prediali nel diritto romano*, Milano, 1946.
— "La condizione giuridica del mare e del *litus maris*", en Scritti giuridici III, Milano, 1965, pp. 107-118.

BISCARDI, A.,
— "Studi sulla legislazione del Basso Impero II: Orientamenti e tendenze del legislatore nella disciplina dei rapporti reali", en Studi Senesi 54, 1940. pp. 276-426.
— "Sul regime delle locazioni amministrative in Diritto Romano", en Studi in onore di A. Amorth I, Milano, 1982, pp. 81-107.
— "Sul regime della coproprietà in diritto attico", en *Scritti di diritto Greco*, A cura di Eva Cantarrella e Alberto Maffi, Milano, 1999.

BLANCH, J.M.,
— *El edicto de los magistrados en el lenguaje de la jurisprudencia romana*, Madrid, 1998.

BONFANTE, P.,
— *Corso di Diritto romano II. La proprietà II*, Milano,1928.

BONFANTE, P.,- MAROI, F.,
— *Note a Windscheid, Diritto alle Pandette* VI,., 1930.

BONFIGLIO, B.,
— "<Lex locationis> di Pozzuoli", en INDEX 24, 1996. pp. 301-319.

BOTTIGLIERI, A.,
— *La nozione romana di enfiteusi*, Ed. Scientifiche Italiane, 1994, Napoli.

BOVE, L.,
— *Ricerche sugli agri vectigales*, Napoli, 1969.

BOZZA, F.,
— *La possessio del ager publicus*, Milano, 1939.

BRAGA DA CRUZ, O.,
— "O direito de superficie no dereito romano", en Estudios de historia do direito antiguo I, Coimbra,1979, pp. 287-316.

BRANCA, G.,
— *Danno tenuto e danno da cose inanimate nel diritto romano*, Padova,1937.
— *Le cose extra patrimonium humani iuris*, Triestre, 1949.
— "Considerazioni intorno alla proprietà superficiaria nel diritto giustinianeo", RIDA 4, 1959. pp. 189-201.

BRASIELLO, U.,
— *La proprietà e la sua estensione*, Milano, 1954.

BUCKLAND, W.,
— "*Superficies* et *lex contractus*", RHD 11, 1939, pp. 666-671.

BURDESE, A.,
— *Studi sull'ager publicus*, Torino, 1952.

CALONGE, A.,
— "Reflexiones en torno al denominado Derecho Romano vulgar de occidente", De la Antigüedad al medievo, s. IV-VIII, III Congreso de Estudios Medievales, Madrid, 1993, pp. 361-379.

CALZADA, A.,
— "El Derecho de superficie. Punto de partida y de legada de una evolución", Actas del II Congreso Internacional y V Iberoamericano del Derecho Romano. Los Derechos reales, Madrid, 2001, pp. 771-800.

CAMERON, A.,
— *Il tardo imperio romano*, trad. al italiano M. de Nardis e P. Rosafio, Bologna, 1995.

CAMODECA, G.,
— "Un nuovo decreto decurionale puteolano con concessione di *superficies* agli Augustali e le entrate cittadine da solarium", Il capitolo delle entrate nelle finanze municipali in occidente ed in oriente", Actes de la X Recontre franco-italiane sur l'épigraphie du monde romain, Rome, 27-29 mai 1996, Rome, 1999, pp.1-23.

CANNATA, C.,
— *"Possessio" "Possessor", "Possidere" nelle fonti giuridiche del basso imperio romano. Contributo allo studio del sistema dei rapporti reali nell'epoca postclassica*, 1962, Milano.

CAPANELLI, D.,

— "Appunti sulla rogatio di Spurio Cassio", *Legge e Società nella repubblica romana,* a cura di Feliciano Serrao I, Napoli, 1981, pp. 3-50.

CAPOGROSSI COLOGNESI, L.,

— "*Ager publicus*" e "*Ager privatus*" dall'età arcaica al compormesso patrizio-plebeo", Estudios en homenaje al profesor Juan Iglesias, Madrid, 1988. pp. 639-649.

— *La struttura della proprietà e la formazione dei <iura praedorum> nell'età repubblicana II,* Milano,1976.

CARRASCO, C.,

— "*Res communes omnium*: ¿Categoría jurídica del Derecho romano con vigencia en la actualidad?", Revista interdisciplinar de gestion ambiental 35, 2001, pp.19-36.

CARRELLI, E.,

— *La genesi del procedimento formulare*, Milano, 1947.

CARUSI,E.,

— *L'azione Publiciana in diritto romano,* Roma, 1967.

CASADO CANDELAS, M.J.,

— "Enfiteusis y Superfice", Base de Conocimiento, IUSTEL.

CASTAN PEREZ-GOMEZ, S.,

— "A propósito de los bienes de dominio público en el Derecho Romano", Derecho y Opinión 5, 1997, pp. 261-283.

— *Régimen jurídico de las concesiones administrativas en el Derecho Romano*, Madrid, 1996.

— "Nuevas observaciones sobre la condición jurídica del mar y des litorales en el Derecho romano", Estudios de Derecho Romano en memoria de Benito Mª. Raimundo Yanes, Burgos, 2000, pp. 103 ss.

CLERICI, L.,

— *Economia e finanza dei romani*, (Dalle origini alle fine delle guerre sannitiche), Bologna, 1943.

COARELLI, F.,

— "Lo sviluppo urbanístico della cittá nel primo periodo repubblicano", *Roma Repubblicana fra il 509 e il 270 a. C.*, Edizioni Quasar, 1982, Roma.

COPPA ZUCCARI, P.,

— "La proprietà dei singoli piani di un edicificio", Studi in onore Vittorio Scialoja, Milano, 1905, pp. 737-789.

CORBINO, A.,

— "Il numero chiuso dei diritti reali e l'esperienza giuridica romana.", Melanges a la memoire de Henryk Kupiszawski, Varsovie, 1996. pp. 105-116.

COSTA, E.,
— "Il mare e le sue rive nel Diritto Romano", Revista di Diritto internazionale V, fasc. III, 1916. pp. 337-354.

COVIELLO, N.,
— "Della superficie", en AG 49, pp. 3-195.

CUENA, F.,
— Sistema jurídico y Derecho Romano, Santander, 1998.

CUQ. E.,
— "Etudes sur les contrats de l'epoque de la première dynastie babylonienne", RHD 34, 1910, pp. 458-466.

DAGUET-GAGEY, A.,
— "Adrastus et la Colonne Antonine. L'administration des travaux publics à Rome en 193 ap. J.-C", MEFRA 110, 1998, pp. 893-915.

D'IPPOLITO, F.,
— "La legge agraria di Spurio Cassio", Labeo 21, 1975. págs. 197-210.

D'ORS, A.,
— *Epigrafía jurídica de la España romana*, Madrid,1953.
— "Sobre las pretendidas acciones reales "in factum", en IVRA XX, 1969. pp. 52-116.
— *Derecho privado romano* 10ª ed.,de Javier d'Ors Lois, Pamplona, 2004.

D'ORS, X.,
— "Las relaciones contractuales con la administración pública a la luz de las leyes municipales en Derecho Romano", Congresso internazionale sul tema "I rapporti contrattuali con la pubblica amministrazione nell'esperienza storico-giuridica", Torino 17-19 ottobre 1994, Napoli, 1997, pp. 79-111.

DE FRANCISCI, P.,
— *Primordia civitatis*, Roma, 1959.

DE LOS MOZOS, J. L.,
— El Derecho de superficie en general y en relación con la planificación urbanística, Ministerio de la vivienda. Madrid,1974.

DE MARTINO, F.,
— "D.8.5.8.: I rappoti di vicinato e la tipicità delle servitù", en SDHI 8, 1942. pp. 136-141.
— *Storia della Costituzione romana* I, Eugenio Jovene, 1972, Napoli.
— Historia económica de la Roma antigua I, Barcelona, 1985, traducción al español de Esther Benítez.

DE MIGUEL, R.,
— Nuevo Diccionario etimológico latino-español, 20 ed., 1931, Madrid.

DE ROBERTIS, F.,
— "Lis fullonum (C.I.L. VI 266)", en SDHI 43, 1977, pp. 113-166.
— *La espropriazione per pubblica utilità nel diritto romano*, Roma, 1972.

DE RUGGIERO, E.,
— *Lo stato e le opere pubbliche in Roma antica*, Torino, 1925.
— *Dizionario epigrafico di antichità romane*, Roma, 1961.

DE SANCTIS, G.,
— *Storia dei romani* I-II, Firenze, 1956.

DE SARLO, L.,
— "La definizione dell' actio Publiciana nel diritto classici", Studi in onore a Siro Solazzi, Napoli, 1949, pp. 203-218.

DELL'ORO, A.,
— "Le res communes omnium dell'elenco di Marciano e il problema del loro fundamente giuridico", Studi Urbinati 31, 1962-63. pp. 237-290.

DI MARZO, S.,
— *Le cose e diritti sulle cose I*, Lezioni di diritto romano, Palermo, 1922.

DI PORTO, A.,
— "Il colpo di mano di Sutri e il plebiscitum de populo non sevocando", *Legge e società nella repubblica romana*, Napoli, 1981, pp. 307-384.

DUBOULOZ, J.,
— *La propriété immobilière à Rome et en Italia*, Roma, 2011.

DUPONT, C.,
— "Les jura in re aliena dasn le Code Théodosien", RIDA 24, 1977, pp. 233-272.

ERNOUT-MEILLET, D.,
— *Dictionario etymologique de la langue latine*, Paris, 1932.

FALCONE, G.,
— "Ricerche sull'origene dell'interdetto uti possidetis", AUPA 44, 1996. pp. 1-360.

FERNÁNDEZ BARREIRO, A.,
— "La <actio communi dividundo utilis>", Estudios jurídicos en homenaje al profesor Santa Cruz Tejeiro, Valencia, 1972, pp. 267-284.

FERNÁNDEZ DE BUJÁN, A.,
— "Perspectivas de estudio en temática de Derecho administrativo romano, surgidas a tenor del pensamiento y de la obra de Giambattista Impallomeni", INDEX 26, 1998, p. 471-487.
— *Derecho privado romano*, 9ª. Ed, Madrid, 2016.
— *Derecho público romano*, 19ª Ed, Madrid, 2016.

FERRINI, C.,
— "Gli Estratti di Giuliano Ascalonita", Opere di Contardo Ferrini I, Milano, 1929, pp. 443-452.
— "La proprietà divisa dei diversi piani de una casa", Opere 4, Milano, 1930, pp. 131-134.

FIORI, R.,
— *Homo Sacer. Dinamica político-costituzionale di una sanzione giuridico-religiosa*, Napoli, 1996.
— *La definizione della`locatio conductio*, Napoli, 1999.

FRANCIOSI, G.,
— "Res nullius e ocupatio", Atti dell'accademia di Scienze morili e politiche della Società Nacionale di Scienze, Lettere e Archi, 1964. págs. 2-18.
— *Corso istituzionale di diritto romano* 3, Napoli, 2000.

FUENTESECA DEGENEFFE, M.,
— *De emphyteutico iure*, Madrid, 2003.

GABBA, E.,
— "Studi su Dionigi D'Alicarnasso III, La proposta de legge agraria di Sp. Cassio", Athenaeum 52, 1964, pp. 29-41.
— "La storia di Roma arcaica di Dionigi di Alicarnasso", ANRW II, 1982, pp. 800-808.

GALLO, F.,
— "Disciplina giuridica e costruzione dogmatica nella locatio degli agri vectigales", SDHI 30, 1964, pp. 1-49.
— "Alle origini dell'analogia", *Diritto e proceso nella esperiencia romana*, Napoli, 1994, pp. 37-86.
— "Un nuovo approccio per lo studio del ius honorarium", SDHI 62, 1996, pp. 1-68.
— Rec. a ALBANESE, B., *Le situazioni possessorie nel diritto privato romano*, SDHI, 51, 1985. pp.572-578.

GANDOLDI, G.,
— *Contributo allo studio del proccesso interdittale romano*, Milano, 1955.

GARCÍA QUINTAS, M.,
— "El mar desde la perspectiva jurisprudencial romana", RGDR., 15, 2010.

GUILARTE, V.,
— *El Derecho real de superficie*, Pamplona, 1966.

GONZALEZ, J.,
— *El Derecho real de superficie, Conferencias pronunciadas los días 21 y 28 de enero y 8 de febrero de 1922 en el Ateneo Jurídico de la asociación oficial de estudiantes de Derecho*, Madrid, 1922.

GRELLE, F.,
— -"Asignatio y publica persona nella terminologia dei gromatici", Synteleia Vincenzo Arangio-Ruiz, Napoli, 1964, pp. 1136 y ss.

GRIFÒ, G.,
— "Ulpiano. Esperienze e responsabilità del giurista", ANRW II, 15, 1976, pp. 708-787.

GROS, P y TORELLI, M.,
— *Storia dell'urbanistica. Il mondo romano*, Bari, 1988.

GROSSO, G.,
— Recensión a Biondi, B., *La categoría romma delle servitutes*, SHDI 5, 1939, pp.238-252.
— *I problemi dei diritti reali nell'impostazione romana*, Torino, 1944.
— *Usufrutto e figure affini nel diritto romano*, Torino, 1951.
— *I legati nel diritto classico*, Torino, 1962.
— *Le servitù prediali nel diritto romano*, Torino, 1969.
— *Schemi giuridici e societá*, Torino, 1971.

GUARINO, A.,
— "Vulgarismus e Diritto volgare", Pagine di Diritto Romano I, Napoli, 1993, pp. 363-384.

GIUFFRÈ, V.,
— *L'emersione dei <iura in re aliena> ed il dogma del 'numero chiuso'*, Napoli, 1992.

GUTIERREZ ALVIZ, F.,
— *Diccionario de Derecho Romano*, Madrid, 1995.

GUTIERREZ-MASSON, L.,
— -"Mare nostrum: imperium o dominium", Revista de la Facultad de Derecho de la Universidad Complutense, 1993, pp. 123 ss.

GUZMÁN BRITO, A.,
— *Derecho privado romano I*, Santiago de Chile, 1996, (reimp. 2004).

HAKIN, B.,
— "Julian of Ascalon's Treatrise of Cosntruction and Desing Rules from Sixth-Century Palestine", Journal of the Society of Architectural Historians, vol. 60, nº. 1, 2001, pp. 4-25

HELINIAK, K.,
— "Zasada superficies solo cedit w prawie rzymskim i w przepisach polskiego llodeksu cywilnego", Czasopismo Prawno Historyczne, 1999, pp.359-369.

HERMON, E.,
— "La souveraineté populaire: la loi et l'ager publicus au début de la republique", IVRA 51, 2000, pp. 55-75.

HOMO, L.,
— *La Roma imperial y el urbanismo en la antigüedad*, trad. De Jose Almoina, México, 1956.

I'PPOLITO, F.,
— "La legge agraria di Spurio Cassio", Labeo 21, 1975, pp. 197-210.

JANVIER, Y.,

— *La législation du Bas-Empeire Romaní sur les edifices publics*, Aix-en-Provence,1969.

KASER, M.,

— "El concepto romano de la propiedad", Anales de la Academia Matritense del Notariado 16, 1968, trad. de J. Miquel, pp. 7-21.

— *Ius gentium*, trad., de Andrés Santos, F.J., Granada, 2004.

— *Romisches Privatrecht*, 19 ed. (Kaser/Knütel), München, 2008.

KRÜGER, P.,

— *Conferenze per il XIV Centenario delle Pandette*: 15 diciembre 530-1930, Milano,1931, pp. 120 ss.

LA ROSA, R.,

— *Usus fructus. Modelli di riferimento e sollecitazioni concrete nella costruzine giuridica*, Milano, 2008.

LABRUNA, L.,

— *Vin fiero veto. Alle radici de una idelogia*, Napoli, 1971.

LANFRANCHI, F.,

— *Studi sull ager vectigalis, I. La classicità dell'actio in rem vectigalis*, Faenza, 1938.

LENEL, O.,

— *Palingenesia iuris civilis I-II, Lipsias*, 1889.

— *L'édit perpétuel, trad. De F. Peltier*, Paris, 1902.

LEVY. E.,

— *West Roman law: the law of property*, Philadelphia, 1951.

LEVY. E.,- RABEL, E.,

— *Index interpolationum*, Weimar, 1929.

LEWIS, C.- SHORT. C.,

— *A Latin dictionary, founded on Andrews' edition of Freund's Latin dictionary*, Oxford, 1879 (imp. 1989).

LOMBARDI, G.,

— "Res publicae iuris gentium". Ricerche in tema de ius gentium, Milano, 1946.

LONGO, C.,

— "La categoria delle 'sevitutes' nel diritto romano classico", BIRD 11, 1898, pp. 281-340.

LONGO, S.,

— V., Interdictum de loco publico fruendo, NNDI, p. 802.

LONGO, S.,

— "Naturalis obligatio e debitum servi in Gai. 3.119 a" IVRA 46, 1995, pp. 53-97.

— *Locare in perpetuum. Le concessioni in godimento diager municipalis*, Torino, 2012.

LUCCI, A.,

— "Del diritto di Superficie", AG 51, 1893, pp. 251-292.

MAGDELAIN, A.,

— *La loi a Rome: histoire d'un concept*, Paris, 1978.

MANTOVANI, D.,

— "L'occupazione del ager publicus e le sue regole prima del 367 a. de C"., Athenaeum 85, 1997, pp. 575-598.

MANZO, A.,

— *La Lex Licinia Sextia de modo agrorum. Lotte e Leggi agrarie tra il V e il IV secolo a. C.*, Napoli, 2001.

MAROI, F.,

— "La propietà degli alberi separata da quella del fondo", SDHI 1, 1935, pp. 349-372.

— "Sulla natura giuridica del mare e delle sue rive in diritto romano", Scritti giuridici I, Milano, 1956, pp. 453-472.

MARRONE, M.,

— "La posizione possessoria del nudo propietario nel diritto romano", AUPA 28, 1961, pp. XXVIII.

— *La legitimazione passiva alla rei vindicatio*, Palermo, 1970.

MARTÍN MINGUIJÓN, A.M.,

— Formulas reconstruidas y acciones in factum conceptae, Madrid, 2001.

MASCHI, C.,

— La concezione naturalistica del diritto e degli istituti giuridici romani, Milano, 1937.

— "La proprietà divisa per piani, superficie e l'estensione ai provinciali del principio <superficies solo cedit>", en Studi in onore V. Arangio-Ruiz IV, Napoli, 1953, pp. 135-170.

— "Fonti giustinianee e fonti bizantine in tema de proprietá superficiaria", en Archivies de droit privé, 1953, pp. 94-122.

MASELLI, G.,

— Argentaria. Banche e banchieri nella roma repubblicana, Bari, 1986.

MAYER-MALY, TH.,

— -*Locatio conductio. Eine Untersuchung zum klassischen römischen Recht*, München-Wien 1956.

MEINCKE, J.,

— "Superficies solo cedit", ZSS 88, 1971, pp. 137-183.

MENTXAKA, R.,

— "Algunas consideraciones en torno a las concesiones administrativas y sus garantías: capítulos 63-65 de la Lex Malacitana ", MAINAKE. Las leyes municipales en Hispania. 150 aniversario del descubrimiento de la Lex Flavia Malacitana, Málaga, 2001, pp. 71-96.

MERLIN, P.,

— L'Aventino deans l'antiquitè, Fontemoing, Paris, 1906.

METRO, A.,

— La <denegatio actionis>, Milano, 1972.

MILAZZO, F.,

— La realizzazione delle opere pubbliche in Roma antica e repubblica. Munera e ultro tributa, Napoli,1993.

MOMIGILIANO, A.,

— Quarto contributo alla storia degli studi classici, Roma, 1969.

MOMMSEN, T.,

— Compendio de Derecho público romano, traducción de P. Dorado, Madrid, 1898.

— Gesammelte Schriften. 1 Abteilung, Juristischen Schrifen I, Berlin, 1907.

— Historia de Roma I, traducción al español de A. García Moreno, Madrid, 1985.

MUSCA, D.,

— "Lis fullonum de pensione non solvenda", en LABEO 16, 1970, pp. 279-326.

MUSTI, D.,

— "Lotte sociali e storia delle magistrature", Storia di Roma I, Roma in Italia, Torino, 1988, pp. 367-395.

MUSUMECI, F.,

— Inaedificatio, Milano, 1988.

NALLINO, C.A.,

— "Sul Libro Siro-Romano e sul presunto diritto siriano", Studi in onore de P. Bonfante I, Milano, 1930, pp. 203-261.

NICOSIA, G.,

— "La responsabilità del locatore per i vizi della cosa locata", RIGS 9, 1957-58, pp. 403-426.

NIEBUHR, M.B.,

— Histoire romanine I, trad. de **M. P. A. de Golbéry,** Chez F., Paris,1830-1840.

NOVKIRISKA-STOYANOVA, L.,

— "Fundamentos romanos del uso del litus maris", *RGDR* 27, 2016, *www.iustel.com.*

OLIVIERO, G. M.,
— La "Lex Icilia de Aventino publicando", INDEX 25, 1997, pp. 521-535.

ORESTANO, R.,
— Voz. Solarium. NNDI, p. 829.

PAIS, E.,
— Storia critica di Roma durante i primi cinque secoli I, Roma, 1918.

PALADÍNI, A.,
— Voz. Superficies. NNDI, pp. 941-944.

PALMA, A.,
— Iura vicinatis. Solidarietà e limitazioni nel rapporto di vicinato in diritto romano dell'età clasica, Torino, 1988.

PAMPOLONI, M.,
— "Sulla condizione giuridica delle rive del mare nel Diritto Romano e modierno", BIDR 4, 1891, pp. 197-246.

PASTORI, F.,
— "Superficie e negozio costitutivo", Studi in onere di Biondo Biondi, Milano, 1965, pp. 383-410.
— La superficie nel diritto romano, Milano, 1966.
— "Prospettiva storica del diritto di superficie", Studi Donatuti II, Milano, 1973, pp. 871-896.
— "Sulla struttura dell'actio de superficie" en Studi in onore di Arnaldo Biscardi VI, Milano, 1987, pp. 325-353.
— "Le influenze del Diritto postclassico nella configurazione del rapporto superficiario", AAC IX, 1993, pp. 121-137.
— *Prospetiva storica della superficie nel sistema dei diritti,* Milano, 1993.

PAVOLINI, C.,
— Ostia, Laterza, Bari, 1983.

PINELES, S.,
— "La coproprieté divise au communio pro diviso". Questions de droit romanin: étudiées. d'après la nouvelle méthode historique du droit comparé, Paris, 1911, pp. 13-32.

POLACEK, A.,
— "Proprietà e possesso nel diritto romano postclásico", Annali Facultà di Giurisprudenza di Genova XIV, 1975, pp. 518-537.
— Superficies (Aspectos jurídicos de una solución de la crisis de viviendas en el mundo romano)", Estudios jurídicos Álvarez Suárez, Madrid, 1978, pp. 367-381.

PUGLIESE, G.,
— "Note sulla superficie nel diritto giustinianeo", Temi Emiliana 21, 1943, pp. 119-144.
— Rec. a Kaser. Das römische privat recht, II Die nachklassischen Entwicklugen, IVRA 11, 1960, pp. 302-308.

QUINTANA ORIVE, E.,

— "Un manual de derecho bizantino: el Hexabiblos de Constantinus Harmenopulus", Anuario Jurídico y Económico Escurialense, 41, 2008, pp. 271-286.

RAINER, J.M.,

— "Superficies und Stockwerkseigentum im klassischen römischen Recht", en ZZS CVI, 1989, pp. 327-357.

RICCOBONO, S.,

— "Dalla communio del diritto quiritario alla comproprietà moderna", Essays in Legal History, Oxford, 1913, pp. 33-119.

— "La violazione del principio superficies solo cedit nel diritto giustinianeo" Scritti di Diritto Romano, Dal Diritto romano classico al Diritto moderno. [A proposito di d. 10.3.14 [Paul 3 ad Plautium], Palermo, 1964, pp. 301-317.

ROBBE, U.,

— La differenza sostanziale fra res nullius e res nullius in bonis e la distinzione delle res pseudo-marcianea (che non ha nè capo ne coda) I,. Milano, 1979.

ROTONDI, G.,

— Leges publicae populi romani, Hildesheim, 1966.

ROYO, J. M.,

— Palabras con poder, Madrid, 1997.

SACCHI, O.,

— *Regime della terra e imposizione fondaria nell'età dei Gracchi,* Napoli, 2006.

SANTALUCIA, B.,

— *L'opera di Gaio ad edictum "praetoris urbani",* Milano, 1975.

SAVIGNY, F. K.,

— Trattato del possesso secondo i principii del diritto romano, trad. de R. Andreoli, Napoli, 1857.

SCARANO USSANI, V.,

— "Privilegium exigendi e la ideologia della città negli anni di Marco Aurelio", en LABEO 29, 1983, pp, 253-279.

SCHIAVONE, A.,

— *Studi sulle logiche dei giuristi romani. Nova negocia e transactio da Labeone a Ulpiano,* Napoli, 1971.

SCHIDT, A.,

— "Das Recht der Superfizies" ZSS. XI, 1890, pp. 121-164.

SCHULZ, F.,

— Derecho Romano clásico, trad. de J. Santa Cruz, Barcelona, 1960.

SCIALOJA, V.,

— Teoria della proprietà nel diritto romano I, Spoleto, 1932.

SEGRE, G.,

— "Sulla distinzione delle<actiones in rem> <actiones in personam>, en BIDR 33, 1933, pp. 81-101.

SEGURA, S.,

— Diccionario etimológico latino-español, Madrid, 1985.

SERRAO, F.,

— Classi, partiti e legge nella repubblica romana, Pacini Editore, 1974, Pisa.

— "Lotte por la terra e per la casa a Roma", en Legge e società nella repubblica romana,

SILVEIRA MARCHI, E.,

— "La proprietà per piani nel diritto romano", INDEX 26, 1990, pp. 265-274.

— A propiedade horizontal no dereito romano, Sao Paulo, 1995.

SITIZIA, F.,

— Studi sulla superficie in epoca giustinianea, Milano, 1979.

— Voz Superficie, en ED, pp.1459-1463.

SOLAZZI, S.,

— "Usus proprius", en SDHI 7, 1941, pp. 373-420.

— Requisiti e modi di costituzione delle servitù prediali, Napoli,1947.

— "Sulla superficie come servitú", en SDHI 13, 1947, pp. 307-312.

— "Studi romanistici, Vectigales aedes", en RISG 24, 1949, pp. 23-29.

— "La superficies nel diritto giustinianeo", en AG 146, 1957, pp. 24-74.

SPANU, C.,

— *Mare et pe hoc litora maris (I.2.1.1) gestione del litoral maritimo nel diritto romano*, Sassari, 2012.

STOOP, B.,

— "Law and economy in antiquity: the housing shortage in ancient Rome and the response of the classical jurists to the demands of commerce", *Polis. Studi interdisciplinary sul mondo antico*, vol. II, a cura di F. Costabile, Roma, 2006, pp. 259-266.

SUÁREZ BLÁZQUEZ, G.,

— *Roma: edificiación en altura. El negocio urbanístico-inmobiliario de la superficie en el derecho clásico*, Vigo, 2010.

TIBELTTI,G.,

— "Il possesso del ager publicus", en Athenaeum 36, 1948, pp. 136-173.

TORRENT, A.,

— *«Locationes in perpetum» del «ager municipalis»*, INDEX 42, 2014, pp. 544-567.

TRISCIUOGLIO, A.,

— Sarta tecta, ultrotribua, opus publicum faciendum locare. Sugli appalti relativi alle opere pubbliche nell'età repubblicana e augustea, Napoli, 1998.

VACCA, L.,

— "Il C.D. duplex dominium e l'actio Publiciana", La proprietà e le proprietà,. Milano, 1988, pp. 37-74.

VALIÑO, E.,

— Acciones útiles, Pamplona, 1974.

VOGT,H.,

— Das Erbbaurecht des klassischen römischen Rechts, Marburg, Marburg Lahn, 1950.

VOLTERRA, E.,

— Diritto Romano e Diritto orientale, Napoli, 1983.

— "La base economica della elaborazione sistematica del diritto romano", en RISG. 11, 1963-1967, pp. 238-271.

WALDE-HOFFMANN,

— Lateinisches Etymologisches, Heidelberg,1972.

WENGER, L.,

— "Superficies solo cedit", en Philologus 8, 1933, pp. 255.

WOLF, H.J.,

— "Zur frühnachkassischen Kommentierung der klassischen Schriften", IVRA 3, 1952, pp. 132-141.

ZAERA GARCÍA, A.,

— "*Superficies solo cedit*", Anuario da Facultad de dereito da Coruña 12, 2008, pp. 1007-115.

— "El negocio de las rentas inmobiliarias en Roma: la explotación de la *insula*", Revista de estudios Históricco-Jurídicos XXIV, pp 43-53.

— "La tributación en la Roma republicana", Revista Brasileira de Direito Tributário e Finanças Públicas 36, 2013, pp. 151-168.

ZAMORANI, P.,

— Precario habere, Milano, 1969.

ZANCAN, L.- ALBIZATI, C.,

— "Tabella di Colombario Inedita", en Rendiconti della Pontificia Accademia di Archeologia, 13 1937, pp. 187-195.

ZOZ, M.G.,

— La costituzione tacita delle servità nell'esperienza giuridica romana, Milano, 2001.

— Riflessioni in tema di res pubblica, Torino, 1999.

Índice de fuentes

FUENTES EPIGRÁFICA

FUENTES JURÍDICAS

B) JUSTINIANEAS

INSTITUTIONES

CODEX

DIGESTA

FUENTES LITERARIAS

MONOGRAFÍAS DE DERECHO ROMANO Y CULTURA CLÁSICA

Director: Antonio Fernández de Buján

Catedrático de Derecho Romano de la Universidad Autónoma de Madrid
Académico de Número de la Real Academia de Jurisprudencia y Legislación

---

Derecho Administrativo y Fiscal Romano

- Estudios de derecho fiscal romano (2016). *Alfonso Agudo Ruiz. Prólogo de Antonio Fernández de Buján*
- Hacia un derecho administrativo, medioambiental y fiscal romano III (2016). *VV.AA. [Antonio Fernández de Buján y Andrea Triciuoglio (Directores). Gabriel Gerez Kraemer (Editor)]*
- Usufructo de la pecunia. Aplicación a los fondos de inversión desde la Ley de Jurisdicción Voluntaria (2015). *Sonia M.A. Mollá Nebot*
- La administración penitenciaria en el Derecho Romano: Gestión, tratamiento de los reclusos y mejora de la custodia carcelaria (2015). *José Luis Zamora Manzano*
- Los municipios de Italia y de España. Ley general y Ley modelo (2014). *Maria das Graças Pinto de Britto*
- Hacia un Derecho Administrativo y Fiscal Romano II (2013). *Fernández de Buján, Antonio (director) y Gerez Kraemer, Gabriel (editor)*
- Ordenamiento financiero de la antigua Grecia y el período helenístico (2013). *Sáinz de Bujanda, Fernando. Prólogo de Javier Sáinz Moreno e Introducción de Antonio Fernández de Buján*
- La Hacienda Pública en el Bajo Imperio Romano. Años 284 a 476 d. C. (2012). *Aparicio Pérez, Antonio*
- Urbanismo y Derecho en el Imperio de Justiniano. 527-565 d.C. (2012). *Rodríguez López, Rosalía*
- La regulación jurídico-administrativa del juego en el derecho romano y su proyección en el derecho moderno (2011). *Zamora Manzano, José Luis*
- Hacia un Derecho Administrativo y Fiscal Romano (2011). *Fernández de Buján, Antonio / Gerez Kraemer, Gabriel / Malavé Osuna, Belén (co-editores)*
- Algunos aspectos sobre el régimen fiscal aduanero en el Derecho romano. Reglamentación jurídica del portorium, control de mercancías y comiso por fraude fiscal (2009). *Zamora Manzano, José Luis*
- El derecho de aguas en Roma (2008). *Gerez Kraemer, Gabriel M. Prólogo de Antonio Fernández de Buján*
- Régimen jurídico del domicilio en Derecho Romano (2008). *López Huguet, Mª. Luisa. Prólogo de Antonio Fernández de Buján*

- Régimen jurídico de las fundaciones en Derecho Romano (2007). *Blanch Nougués, José María*
- Abogacía y ciudadanía: biografía de la abogacía ibérica (2007). *Barcia Lago, Modesto*
- El estatuto jurídico del empleado público en Derecho Romano (2007). *Varela Gil, Carlos. Prólogo de Antonio Fernández de Buján*
- Régimen jurídico financiero de las obras públicas en el derecho romano tardío : los modelos privado y público de financiación (2007). *Malavé Osuna, Belén. Prólogo de Antonio Fernández de Buján*
- Régimen jurídico de las vías públicas en Derecho Romano (2007). *Ponte, Vanesa. Prólogo de Antonio Fernández de Buján*
- Tabulae Publicae. Archivos municipales y documentación financiera en las ciudades de la Bética (2005). *Rodríguez Neila, Juan Francisco*
- Gallaecia: Romanización y ordenación del territorio (2004). *Rodríguez Ennes, Luis. Prólogo de Antonio Fernández de Buján*
- La actividad económica en el derecho romano. Análisis contable (2003). *Giménez Barriocanal, Fernando. Prólogo de Antonio Fernández de Buján*
- La protección o defensa del uso colectivo de las cosas de dominio público. Especial referencia a los interdictos de publicis locis (loca, itinere, viae, flumina, ripae) (2002 / Reimpresión 2010). *Alburquerque, Juan Miguel. Prólogo de Antonio Fernández de Buján*
- Régimen jurídico de la prestación de servicios públicos en derecho romano (2002). *Pendón Meléndez, Esther. Prólogo de Antonio Fernández de Buján*
- Régimen jurídico de las concesiones administrativas en el derecho romano (1996). *Castán Pérez-Gómez, Santiago. Prólogo de Antonio Fernández de Buján*

Derecho Público y Privado Romano

- La deuda histórica del arbitraje moderno (2017).
  Antonio Fernández de Buján
- La empresa pública en forma privada. Antecedentes romanos y un apunte histórico en la legislación de régimen local preconstitucional en España (2017).
  M ª Eugenia Ortuño Pérez.
- El derecho minero romano ante la Ilustración hispanoamericana (2016).
  Francisco José Tejada Hernández. Prólogo de Luis Rodríguez Ennes.
- Limitaciones a la libertad domiciliaria en derecho romano (2016).
  M ª Luisa López Huguet. Prólogo de Antonio Fernández de Buján
- *Exceptio utilis* en el procedimiento formulario del derecho romano (2016).
  Carmen Gómez Buendía
- Contribuciones al derecho romano de sucesiones y donaciones (2016).
  M ª Eugenia Ortuño Pérez. Prólogo de Antonio Fernández de Buján

- La restricción del lujo en la Roma republicana. El lujo indumentario (2015). *F. Javier Casinos Mora*
- La legislación religiosa en la compilación justinianea (2014). *Juan Antonio Bueno Delgado. Prólogo de Antonio Fernández de Buján*
- La cautio usufructuaria en derecho romano. Análisis jurisprudencial (2014). *Ana Mohino Manrique*
- La consensualidad contractual en derecho romano y el Código civil (2014). *Federico Fernández de Buján*
- Derecho de empresas en la Roma clásica (2014). *Guillermo Suárez Blázquez*
- La posición jurídica de la mujer en Roma (2014). *Gabriel Buigues Oliver*
- Ius hominum causa constitutum - Un derecho a medida del hombre (2014). *Sebastiano Tafaro // José Miguel Piquer Marí (traductor)*
- Mulier. Algunas historias e Instituciones de Derecho Romano (2013). *Rosalía Rodríguez López y Mª José Bravo Bosch (Editoras)*
- Digesto. Una auténtica obra legislativa (2013). Ana Martín Minguijón
- La *auctoritas* romana (2013). *Ana Isabel Clemente Fernández*
- El Padre Feijoo y el derecho de su tiempo: Una visión premonitoria de problemas candentes en la actualidad (2013). *Rodríguez Ennes, Luis*
- Las interrogationes in iure (2013). *Pendón Meléndez, Esther*
- Conspectus Constitutionum Diocletiani (2013). *Díaz Bautista, Antonio (coord.)*
- Las costas en el proceso civil romano (2013). *Agudo Ruiz, Alfonso*
- De la consignación en Derecho Romano a su proyección en el Derecho Civil (2013). *Martínez de Morentin Llamas, Mª Lourdes. Prólogo de Antonio Fernández de Buján*
- La vertiente iuspublicista de la institución adoptiva en derecho romano y su proyección en el derecho español (2013). *Ruiz Pino, Salvador. Prólogo de Juan Miguel Alburquerque*
- El valor del silencio en las fuentes literarias antiguas (2012). *Martínez Vela, José Antonio. Prólogo de Antonio Fernández de Buján*
- Las fuentes del derecho romano (2012). *Metro, Antonino. Traducción y comentario crítico realizado por María José Bravo*
- Concordia dicendi et exaudiendi. Claves del derecho romano para la interpretación jurídica moderna (2011). *Sainz-Ezquerra Foces, José María*
- La legítima defensa en el Derecho romano con referencia a la dogmática moderna (2011). *Domínguez López, Esther*
- Régimen jurídico de la tácita reconducción en derecho romano y su proyección en derecho actual (2011). *Martínez Vela, José Antonio*
- El binomio procesal. Derecho de acción. Derecho de defensa. Desde la concepción clásica romana hasta la actualidad (2011). *Calaza López, Sonia*
- La concurrencia de responsabilidad civil contractual y extracontractual en el contrato de arrendamiento. Del Derecho Romano al Derecho Civil histórico valenciano (2011). *Lázaro Guillamón, Carmen*

- La pluralidad hipotecaria. Excepciones al principio de prioridad temporal en Derecho Romano y en Derecho Civil españo (2010). *Bernard Segarra, Lucía*
- Las pruebas no racionales en Roma. Ab urbe condita hasta finales de la República (2010). *Piquer Marí, José Miguel*
- Estudios sobre Diocleciano (2010). *Díaz Bautista, Antonio (coord.)*
- Iudex Unus. Responsabilidad judicial e Iniuria Iudicis (2010). *Mollá Nebot, Sonia M.A.*
- La prestación de alimentos en derecho romano y su proyección en el derecho actual (2010). *Alburquerque, Juan Miguel. Prólogo de Antonio Fernández de Buján*
- Pacto de Melhor comprador: configuração no direito romano (in diem addictio) e projeções no direito actual (2010). *Bissoto Queiroz de Moraes, Bernardo. Dirección del Prof. Dr. D. Antonio Fernández de Buján*
- Origen de los poderes del paterfamilias. El pater familias y la patria potestas (2009). *Amunátegui Perelló, Carlos Felipe. Prólogo de Juan Miquél González*
- Magistrados, Jueces y Árbitros en Roma. Competencia civil y evolución (2009). *Robles, Juan Ramón*
- Sistema contractual romano 3ª edición (2008). *Fernández de Buján, Federico. Incluye CD-Rom*
- El largo camino de los hispani hacia la ciudadanía (2008). *Bravo Bosch, María José. Prólogo de Antonio Fernández de Buján*
- El huerto en la Roma antigua: : su problemática urbanística y agraria (2008). *Rodríguez López, Rosalía*
- Procedimiento concursal. La posición jurídica del bonorum emptor (2008). *Soza, Ma. Ángeles. Prólogo de Francisco Cuena*
- La eficacia real en las transacciones del comercio de esclavos (2008). *Mohino Manrique, Ana*
- La injuria verbal colectiva (2007). *Bravo Bosch, María José. Prólogo de Luis Rodríguez-Ennes*
- La responsabilidad objetiva en el transporte marítimo y terrestre en Roma: estudio sobre el receptum nautarum, cauponum et stabulariorum: entre la utilitas contrahentium y el desarrollo comercial (2007). *Salazar Revuelta, María. Prólogo de Antonio Fernández de Buján*
- Régimen jurídico de las presunciones (2007). *Martínez de Moretin Llamas, Mª Lourdes*
- De iure uerrino: el derecho, el aderezo culinario y el augurio de los nombres (2007). *García-Hernández, Benjamín*
- Instituciones políticas y sociales de Roma: Monarquía y República (2007). *Viñas, Antonio*
- El sistema jurídico ático clásico (2007). *Palao Herrero, Juan. Prólogo de Antonio Fernández de Buján*

- Terminología, definiciones y ritos de las nupcias romanas. La trascendencia de su simbología en el matrimonio moderno (2007). *Ortega Carrillo de Albornoz, Antonio*
- De hereditatis petitione. Estudios sobre el significado y contenido de la herencia y su reclamación en derech romano (2006). *Casinos Mora, F. Javier*
- Pactos en el contrato de compraventa en interés del vendedor (2006). *Mohino Manrique, Ana. Prólogo de Federico Fernández de Buján*
- De inutilibus stipulationibus (2006). *Casas León, Mª Etelvina de las. Prólogo de María Victoria Rodríguez Sansón*
- La vacante en los legados. A propósito de la Ley Única de Caducis Tollendi (C. 6,51) (2006). *Ortín García, Carmen*
- La argumentación retórica en Juvencio Celso (2005). *Parra Martín, Mª. Dolores*
- La injuria indirecta en Derecho romano (2005). *Guerrero Lebrón, Macarena*
- Régimen jurídico del tesoro en derecho romano (2005). *Agudo Ruiz, Alfonso. Prólogo de Antonio Fernández de Buján*
- De la filosofía personalista al ius personalismo (2005). *Viñas, Antonio*
- Pignus gordianum (2004). *Bueno Delgado, Juan Antonio*
- Teoría del derecho y experiencia jurídica romana (2002). *Viñas, Antonio*
- El proceso contra Jesús (2002). *AA.VV. Coordinadores: Amarelli y Lucrezi. Trad.: Antonio Fernández de Buján. Introducción: Federico Fernández de Buján. Prólogo: Francisco Paolo Casavola*
- Sine vitio nancisci possessionem. La adquisición de la posesión de los legados en el Derecho Romano Clásico (2003). *Salomón, Lourdes*
- La revocación de la donatio mortis causa en el derecho romano clásico (2003). *Tort-Martorell Llabrés, Carmen*
- Del trabajo como hecho social al contrato de trabajo como realidad normativa: Un apunte histórico-romanístico (1997). *Aleman Paez, Francisco/ Castán Pérez-Gómez, Santiago. Prólogo de Antonio Fernández de Buján*
- El edicto de los magistrados en el lenguaje de la jurisprudencia romana. Un estudio de Derecho Romano (1998). *Blanch Nougues, Juan Manuel*
- La intransmisibilidad de las acciones penales en derecho romano (1997). *Blanch Nougues, José Mª. Prólogo de Antonio Fernández de Buján*

Metodología docente. Causismo jurisprudencial. Fuentes de conocimiento

- Locuciones latinas y razonamiento jurídico. Una revisión a la luz del derecho romano y del derecho actual (2017). *Juan Manuel Blanch Nougués*
- Repensar la universidad. Reflexión histórica de un problema actual (2015). *Juan Alfredo Obarrio Moreno y José Miguel Piquer Marí*

- Gayo y el aprendizaje del Derecho Romano. Materiales didácticos para la adquisición de razonamiento jurídico. I. Personas y cosas (2012). *Rodríguez López, Rosalía / López-Muñoz, Manuel (eds.). Prólogo de Antonio Fernández de Buján*
- Innovación metodológica y Espacio Europeo de Educación Superior. Experiencias docentes en el ámbito del derecho (2011). *Pérez Álvarez, María del Pilar*

Sección Ius Commune

- La formación del derecho foral valenciano. Contribución al estudio de las tradiciones jurídicas hispánicas en el marco del ius commune (2012). *Masferrer, Aniceto / Obarrio Moreno, Juan Alfredo*
- Interdictum uti possidetis in regno valentiae (2011). *Obarrio Moreno, Juan Alfredo*
- Estudios de tradición romanística. Tutela et curatela (2011). *Obarrio Moreno, Juan Alfredo*
- El proceso por contumacia. Origen, pervivencia y recepción (2009). *Obarrio Moreno, Juan Alfredo*
- La preterición en el ámbito del ius commune: los comentarios de Tomás Cerdán de Tallada al fuero Declaran. Estudio, traducción y transcripción (2009). *Obarrio Moreno, Juan*
- Testamentorum sollemnia iuris romani medii aevi memoria (2009). *Obarrio Moreno, Juan Alfredo*

Sección Cultura Clásica

- 'Nomos ágraphos - Nomos éngraphos' Estudios de Derecho griego y romano (2015). *Alvarado Planas, Javier / Hernández de la Fuente, David / López Melero, Raquel / Rodríguez González, Ana María*

Made in the USA
Monee, IL
25 January 2026

42383778R00184